LA ESTRATEGIA DEL VERDUGO

Amir Valle

LA ESTRATEGIA DEL VERDUGO

Breve panorama de la censura cultural en Cuba

Premio de Ensayo 'Carlos Alberto Montaner' 2019

AMIR VALLE

Puente a la Vista Ediciones

Dirección ejecutiva: Idabell Rosales
Coordinación editorial: Armando Añel
Jurados del Premio de Ensayo 'Carlos Alberto Montaner 2019':
Manuel Gayol Mecías, Francis Sánchez y Armando Añel

COLECCIÓN ENSAYO
puentealavista.org

ÍNDICE

A aquel hombre le pidieron su tiempo / para que lo juntara al tiempo de la Historia. / Le pidieron las manos, / porque para una época difícil / nada hay mejor que un par de buenas manos. / Le pidieron los ojos / que alguna vez tuvieron lágrimas / para que no contemplara el lado claro / (especialmente el lado claro de la vida) / porque para el horror basta un ojo de asombro. / Le pidieron sus labios / resecos y cuarteados para afirmar, / para erigir, con cada afirmación, un sueño / (el-alto-sueño); le pidieron las piernas, / duras y nudosas, / (sus viejas piernas andariegas) /porque en tiempos difíciles / ¿algo hay mejor que un par de piernas / para la construcción o la trinchera? / Le pidieron el bosque que lo nutrió de niño, / con su árbol obediente. / Le pidieron el pecho, el corazón, los hombros. / Le dijeron / que eso era estrictamente necesario. / Le explicaron después / que toda esta donación resultaría inútil / sin entregar la lengua, / porque en tiempos difíciles / nada es tan útil para atajar el odio o la mentira. / Y finalmente le rogaron / que, por favor, echase a andar, / porque en tiempos difíciles / ésta es, sin duda, la prueba decisiva.

De: *En tiempos difíciles*, Heberto Padilla

La maldita circunstancia del agua por todas partes me obliga a sentarme en la mesa del café.
Si no pensara que el agua me rodea como un cáncer hubiera podido dormir a pierna suelta.

De: *La isla en peso*, Virgilio Piñera

Como dijo Virgilio Piñera, "todos teníamos un miedo enorme [...] Fidel aprovechó para terminar su discurso diciendo: 'Con la Revolución, todo; contra la Revolución, nada', y por supuesto, todos sabíamos que él era la Revolución y que él se reservaba el derecho de calificar de revolucionario y contrarrevolucionario lo que le pareciera".

De: *La censura en Cuba,* entrevista grabada, Guillermo Cabrera Infante

Les dejo pues como legado todos mis terrores, pero también la esperanza de que pronto Cuba será libre. Me siento satisfecho con haber podido contribuir aunque modestamente al triunfo de esa libertad. Pongo fin a mi vida voluntariamente porque no puedo seguir trabajando. Ninguna de las personas que me rodean están comprometidas en esta decisión. Sólo hay un responsable: Fidel Castro. Los sufrimientos del exilio, las penas del destierro, la soledad y las enfermedades que haya podido contraer en el destierro seguramente no las hubiera sufrido de haber vivido libre en mi país.

Al pueblo cubano tanto en el exilio como en la Isla los exhorto a que sigan luchando por la libertad. Mi mensaje no es un mensaje de derrota, sino de lucha y esperanza. Cuba será libre. Yo ya lo soy.

De: *Testamento literario y político,* Reinaldo Arenas

Tal vez un prefacio

La intelectualidad cubana, retos, miedos, oportunismos y otras "dolencias" históricas

o

Recuento memorioso del hoy con mirada a un pasado no tan gris como se dice...

"**En el terreno de la cultura,** el pensamiento social y el periodismo, Cuba, antes de 1959, era un páramo desolador". Esa frase, curiosamente, se ha repetido a lo largo de las seis décadas de propaganda revolucionaria, y millones de personas inteligentes, en la isla o en otras partes del mundo, la han aceptado como una certeza absoluta, pese a que su falsedad es fácilmente demostrable, mucho más en estos tiempos donde la información es más accesible y la posibilidad de encontrar fuentes históricas directas serias y fiables es comparativamente superior a esos años sesentas en los que un mundo, obnubilado por el profundo significado humanista de la triunfante Revolución Cubana, fue engullido por la poderosa plataforma propagandística que urdió Fidel Castro desde el mismo día en que tomó las riendas del poder.

No se trataba de una cultura masificada (quizás el verdadero logro cultural de "la Revolución" haya sido ese: la masificación y un acceso gratuito e igualitario de la población a todos los estratos de la formación cultural y el disfrute de la cultura como espectáculo), pero los testimonios, documentos históricos e informes de las instituciones internacionales anteriores a 1959 demuestran que el desarrollo de la Cultura cubana, pese al tamaño de la isla y a no sobrepasar los 7 millones de habitantes, era sólo superada por la poderosa y creciente industria cultural norteamericana, y países de Europa, como Francia, Alemania e Inglaterra, aunque justo es decir que estos apenas superaban a Cuba en algunos aspectos muy puntuales del ámbito cultural.

Aunque los propagandistas culturales de la Revolución Cubana no lo mencionen todavía en sus análisis, si nos limitáramos a observar fríamente el desarrollo infraestructural y tecnológico alcanzado por aquellas áreas vinculadas a la cultura, veríamos lo siguiente: más de 600 cines; 58 revistas, 126 periódicos y 160 emisoras de radio (que publicaban o transmitían cubriendo los intereses de todas las tendencias ideológicas, políticas o religiosas existentes en la isla); estudios de televisión que eran considerados los más adelantados tecnológicamente del mundo, incluso por encima de Estados Unidos; en el ámbito de la impresión internacional, ya desde finales del siglo XIX, La Habana era considerada "La Ciudad de las Imprentas", llegando a existir en 1958 cerca de 500 imprentas —contabilizando privadas y estatales— en todo el país. Todo esto ocurría en una islita que, según la ONU y la UNESCO, ocupaba el tercer lugar en América Latina en infraestructura y desarrollo educacional, y cuyo índice de analfabetismo (un 23%) la colocaba como la segunda mejor nación iberoamericana (aún por encima de España) en este renglón.

Durante años, como muestra clara del orgullo nacionalista cubano, ha circulado masivamente, primero de modo impreso y en los últimos tiempos a través de internet, un curioso documento que resume los más importantes hitos en nuestra historia, política, sociedad o cultura, en los cuales Cuba o los cubanos estuvimos a la cabeza del mundo antes de 1959. Es un documento cuyas aportaciones son fácilmente verificables y que, con la intención de permitir un acercamiento más puntual y abierto al escenario cultural previo a "la Revolución", reproduciré aquí, eliminando únicamente, y en aras de no abusar de la extensión del texto, los más de veinte puntos que hacen mención al desarrollo musical cubano y a su enorme influencia en el surgimiento de géneros musicales, o a su numerosa presencia, en Estados Unidos y Europa entre los siglos XIX y las cinco primeras décadas del XX:

Televisión:

- El segundo país del mundo que emitió formalmente televisión fue Cuba desde 1950. Las mayores estrellas de toda América, que no gozaban en sus países de tal adelanto, fueron a la Habana a actuar ante las cámaras cubanas.

- En 1951 un cubano se convierte en el productor más importante de la televisión norteamericana: Desi Arnaz, también el primero en el mundo en utilizar una tercera cámara en programas televisivos.

- En 1953 se construyeron en La Habana los más modernos estudios de TV del mundo en aquellos tiempos: C.M.Q. Televisión.

- En 1958 Cuba es el segundo país del mundo en difundir televisión a color y posee el tercer canal de TV a color de todo el mundo.

Radio:

- En 1922 Cuba fue la segunda nación del mundo en inaugurar una emisora de radio (La PWX), y la primera nación del mundo en radiar un concierto de música y en presentar un noticiero radial.

- En 1928 Cuba tenía ya 61 emisoras de radio, 43 de ellas en La Habana, ocupando el cuarto lugar del mundo, superada solamente por Estados Unidos, Canadá y la Unión Soviética. Sin embargo, Cuba era la primera del mundo en emisoras por número de habitantes y extensión territorial.

- La primera locutora del mundo fue una cubana: Esther Parea de la Torre.

- En 1935 Cuba se convierte en la mayor exportadora para Iberoamérica de libretos y grabaciones radiales. El cubano Félix B. Caignet, con su famosa obra "El derecho de nacer", crea el concepto de telenovelas y series radiales, que convirtió a los estudios radiales y televisivos cubanos, y a sus actores principales, en exportadores o protagonistas, respectivamente, del desarrollo que ese nuevo género alcanzaría en México, Colombia, Argentina, Brasil y Estados Unidos.

Cine:

- En 1942, un cubano se convierte en el primer iberoamericano Director Musical de una productora cinematográfica mundial y en el primer iberoamericano en recibir nominaciones al premio Oscar. Su nombre: Ernesto Lecuona, uno de los mitos de la música cubana.

- En 1957 la Habana se convierte en la segunda ciudad del mundo en tener cine en 3D y multi pantallas (El cine Radio Centro, hoy llamado Yara).

- En 1959, la Habana era la ciudad del mundo con mayor número de salas: (358) superando a Nueva York y París, que ocupaban el segundo y tercer lugar respectivamente.

Otros:

- La extraordinaria voz de la famosa soprano cubana Rosalía (Chalía) Herrera fue de las primeras mujeres que grabaron en cilindros y placas de discos.

- La primera mujer iberoamericana en cantar en la Scala de Milán (1946) fue la cubana Zoila Gálvez. La segunda fue Marta Pérez en 1950.

- En 1950 un músico cubano marcó un record mundial, no igualado ni por Elvis Presley ni The Beatles: Dámaso Pérez Prado con su pieza "Patricia" (mambo), estuvo 15 semanas consecutivas en el Hit Parade de EE.UU.

- Entre 1944 y 1956 la revista *Orígenes*, fundada por José Lezama Lima y José Rodríguez Feo, fue la publicación cultural más importante en lengua española.

- A partir de 1951 la *Fundación Cultural Nuestro Tiempo* se constituye en uno de los más importantes hitos del pensamiento social e intelectual cubano, con repercusión en sectores muy importantes de la sociedad civil.

- Hasta 1958, la revista *Bohemia* fue el medio de prensa considerado "El Decano de la Prensa Cubana" y considerada una de las máximas exponentes del periodismo moderno en lengua española.

En una de las más clásicas y fuertes manifestaciones de la creatividad nacional: el teatro, también había un auge enorme, que se equiparaba al nivel alcanzado teatralmente en Estados Unidos y otras naciones de Europa, como señala el mítico dramaturgo y crítico de teatro José "Pepe" Triana:

"…el teatro en la década de los años treinta y cuarenta me luce mero balbuceo. Escritores como Luis A. Baralt (también director de teatro con su memorable puesta en escena de *Juana de Arco en la hoguera*, de Arthur Honneger, y Juana de Costilla, de Hans Rothe, entre otras, con *La luna en el pantano* y *Junto al río* y José Antonio Ramos con *Tembladera* (1917) y *La recurva* (1941) dieron señales de un verdadero talento creativo. La irrupción de los jóvenes escritores Eduardo

Manet, René Buch, Rolando Ferrer, Ramón Ferreira, Niso Malaret, Matías Montes Huidobro, Fermín Borges, Gloria Parrado y Rine Leal crean un espacio donde se percibe la fuerza que llamaría «lo cubano» con la figura emblemática de Virgilio Piñeira con *Electra Garrigó* y *Jesús*.

"A mediados de los años cuarenta y en los cincuenta, el teatro tomó un impulso decisivo con las puestas en escena de Ludwig Shajovicz (seguidor de las teorías del director alemán Reinhardt) en el Teatro Universitario de los clásicos griegos —tengo vagas reminiscencias de esa época— y la aparición de los grupos de Theatralia, Patronato del Teatro, del ADAD (Academia de Arte Dramático), Talía, Farseros, Teatro Prometeo, el teatro Las Máscaras, y el Teatro Arlequín, que ofrecían lo mejor y más variado del teatro universal; así como las visitas de las compañías de Louis Jouvet, de María Terez Montoya, de Francisco Petroné, de Eugenia Zuffoli, de Carlos Lemos, de Magda Haller, de María Fernanda Ladrón de Guevara, y otras que se me escapan por negligencia o chochería; la promoción de directores, formados en La Habana y perfeccionados en las escuelas de Piscator, de Stanislavski, Stella Adler y Actors Studio de Nueva York, como Ramón Antonio Crusellas, Francisco Morín, Andrés Castro, Lorna de Sosa, Modesto Centeno, Cuqui Ponce de León, Julio Martínez Aparicio, Reinaldo de Zúñiga, Rubén Vigón, Julio Matas, Roberto Peléz, Erik Santamaría, Mario Martín, Osvaldo Pradere y Dume; y el conjunto de actores como: Marisabel Sáenz, Ana Saínz, Otto Sirgo, Violeta Casals, Gaspar Santelices, Miriam Acevedo, María Antonia Rey, Ernestina Linares, Minín Bujones, Adela Escartín, Carmen Montejo, Marta Elba Fombellida, Teté Casuso, Ángel Espasande, Helena Huerta, Parmenia Silva, Pedro Álvarez, Maritza Rosales, Vicente Revueltas, Alejandro

Lugo, Fedora Capdevila, Rosa Felipe (hermana de Carlos), Adolfo de Luis, María Brenes, Eduardo Egea, Ofelia González, Teresa María Rojas, Florencio Escudero, Eduardo Moure, Nena Acevedo, Juanita Capdevila, María Suárez, Helmo Hernández, Manuel Pereiro, René Sánchez, Reinaldo Miravalles y Berta Martínez. Tampoco puedo obviar las compañías ambulantes de Marta Muñiz y Cuca Forcade, respectivamente, y las del teatro vernáculo de Carlos Pous y Sindo Triana, y las temporadas de Garrido y Piñeiro, dos cómicos populares, y de Leopoldo Fernández (Pototo), Aníbal de Mar (Filomeno) y Mimí Cal (Nananina), otros cómicos de marcada relevancia. Sin contar con los escenógrafos, los luminotécnicos, los maquillistas, los vestuaristas y los pintores que integraban equipos disciplinados y de probada inventiva. El repertorio abarcaba los clásicos, los románticos y los contemporáneos ingleses, franceses, alemanes, rusos (Chejov), castellanos y catalanes.

El teatro norteamericano y el francés tenían una amplia difusión; una obra puesta en Broadway o París, de inmediato se ponía en La Habana. Las obras cubanas premiadas en los concursos que cada año los grupos promovían se exhibían dos o tres veces de acuerdo con la demanda del público. Sólo los autores Virgilio Piñera o Ramón Ferreira acaparaban el éxito de taquilla. Entre los excelentes montajes, aparte de los de Luis A. Baralt, mencionaré los de Andrés Castro (*Yerma*, de García Lorca; *Cándido*, de Bernard Shaw; *Las brujas de Salem*, de Arthur Miller; *Picnic* y *La oscuridad detrás de la escalera*, de William Inge; *Verano y Humo* y *El dulce pájaro de la juventud*, de Tennessee Williams; *Cocktail Party*, de T S. Eliot, y los de Francisco Morín (*Electra Garrigó*, de Virgilio Piñeira; *Las criadas*, de Jean Genet; *Calígula*, de Albert Camus; *Delito en la isla de las cabras*, de Ugo Betti; *Sur*, de Julien Green; *La zapatera prodigiosa*, de García Lorca; *Sangre verde*, de Silvio Gioveninetti; *Réquiem para una monja*, de Faulkner-Camus).

"El hecho de haber registrado esta larga lista de actores, autores, obras y directores evidencia la efervescencia y la curiosidad de nuestros teatristas, inclinados a aventurarse en los territorios de la investigación y experimentación. Era un teatro de búsqueda, de riesgo, de ardiente creatividad"[1].

En resumen, que toda la propaganda de "la Revolución" para echar el lodo de la confusión y el agravio sobre el escenario de la cultura cubana anterior a 1959, queda en entredicho con frases como las que siguen:

"...hago películas para fumar puros habanos gratis. Esa es la razón por la que tengo tantos héroes y villanos que fuman puros. Mi inspiración son los puros [...] pero, ahí está también su talento musical innato, sus grandes actores, sus pintores, ¿no es impresionante?"

Orson Welles,

entrevista por J. Dickie, 23 agosto de 1956.

"Nadie que se llame artista puede andar por ahí sin visitar esta isla. Por eso vengo siempre que puedo. Lo que produce hoy Cuba, en el cine, en la televisión, en la música, en el ballet, es increíble de creer si no se pone los pies aquí".

Mario Moreno, "Cantinflas", entrevista televisiva por German Pinelli, noviembre de 1956.

---

[1] Entrevista concedida por Jósé "Pepe" Triana a Ricard Salvat, París, agosto de 2003.

"Hay tantos artistas, tanta vida cultural y tanta fauna de diletantes culturales que mariposean dentro de eso que llamas cultura cubana, que tengo que esconderme porque todos quieren visitarme, entrevistarme, molestar. ¿Cuesta tanto entender que soy como un cangrejo ermitaño y que prefiero relaciones en otros espacios?"

**Ernest Hemingway, entrevista radial en CMQ
por Humberto Medrano, 6 de noviembre de 1959.**

Y si no bastara, podrían sumarse los elogios vertidos en distintos momentos de las décadas del 40 y el 50 por artistas e intelectuales de la talla de los cantantes Nat King Cole, Lola Flores o Frank Sinatra; de los actores María Félix, Jorge Negrete o Alec Guinnes; de los escritores Juan Ramón Jiménez, Gabriela Mistral o Grahan Greene, entre muchos otros, o la recreación que del desarrollo cultural de la época hicieron en sus libros, artículos y entrevistas, cubanos prominentes como los escritores Dulce María Loynaz, Gastón Baquero, Lidia Cabrera; historiadores como Fernando Ortiz o Manuel Moreno Fraginals; pintores como Wifredo Lam y Amelia Peláez; músicos como Celia Cruz y Bebo Valdés, e incluso figuras luego muy vinculadas al castrismo como la bailarina Alicia Alonso, el poeta Nicolás Guillén, el pintor René Portocarrero o el novelista Alejo Carpentier.

Ese amplio movimiento, mayormente ajeno a los avatares de la política y las ideologías reinantes, permitió el surgimiento en Cuba de un pensamiento intelectual múltiple, dialogante, inclusivo pese a su diversidad y a que se trataba de una época en que las controversias intelectuales, culturales, políticas, ideológicas, religiosas y de otra índole, eran reflejadas en la prensa escrita, radial o televisiva, y seguidas por amplios sectores de una población acostumbrada a escuchar —más que a los políticos de turno— los criterios de artistas, periodistas, músicos y escritores que tenían la oportunidad de convertirse en líderes de opinión capaces de movilizar a millones de cubanos; capacidad movilizadora de la intelectualidad y el mundo artístico, por cierto, que era usualmente muy aprovechada por las luchas políticas, sobre todo en los momentos cercanos a las elecciones. ¿Se atreverá alguien a negar hoy que la propia figura de Fidel Castro y de la guerrilla en la Sierra Maestra caló en el pensamiento del pueblo precisamente porque Fidel y sus intelectuales más cercanos conocían bien este fenómeno y armaron todo un entramado propagandístico para que los cubanos vieran en "los heroicos barbudos y en su mítico líder", respectivamente, a salvadores, al Mesías que Cuba necesitaba? Basta escuchar las confesiones de culpabilidad o de orgullo en esa trama de manipulación de la opinión pública por parte de quienes la protagonizaron: Carlos Franqui, Miguel Ángel Quevedo, José Pardo Llada, Gastón Baquero (los que se sintieron culpables) o Luis Gómez Wangüermert, Mario Kuchilán, Enrique de la Osa, Carlos Rafael Rodríguez, Juan Marinello (quienes manifestaban con orgullo haber sido artífices, incluso, de muchas de las mentiras que aún la propaganda del castrismo repite, como aquella de acusar al gobierno de Batista de haber asesinado a 20 mil revolucionarios, y que hoy se sabe fue una cifra inventada por el periodista Enrique de la Osa, desde las páginas de *Bohemia*, como él mismo confesara a varios colegas, para justificar ante el pueblo la radicalización del proceso revolucionario[2]).

Especial protagonismo en el desarrollo del pensamiento social cubano y en la necesaria búsqueda de una definición de "lo cubano" y de Cuba como nación, tuvieron las controversias

---

[2] La cifra se publicó el 11 de enero de 1959 en el artículo "Más de 20 mil muertos arroja el trágico balance del régimen de Batista", cuando en realidad las muertes por causas políticas, documentadas en el período 1952-1958, fueron 2741; de ellas 1816 perpetradas por fuerzas militares o la policía política batistiana y 925 por las fuerzas rebeldes a las órdenes de Fidel Castro o luchadores revolucionarios clandestinos.

intelectuales ocurridas en múltiples ocasiones durante todo el siglo XX; intercambio enriquecedor de ideas que, por cierto, no ha existido ni una sola vez desde 1959 hasta la fecha. Nombres como Jorge Mañach, Fernando Ortiz, Raúl Roa, Juan Marinello, Emilio Roig de Leuchsenring, Pablo de la Torriente Brau, Virgilio Piñera, José Lezama Lima o Juan Pérez de la Riva, entre otros, protagonizaron polémicas que hoy son consideradas definitorias por la historiografía cubana.

El mazazo del atontamiento revolucionario

POR QUÉ LOS INTELECTUALES cubanos abrazaron "la Revolución", es una pregunta que, a riesgo de parecer reduccionista, podría responderse de un modo bien simple: pese a la prosperidad y el nivel internacional alcanzado en ciertas áreas de la sociedad cubana, el país necesitaba cambios profundos en otros aspectos, entre ellos la corrupción administrativa, el gangsterismo organizado, el clientelismo político hacia Estados Unidos, la distribución desequilibrada de la riqueza nacional, la desigualdad entre el campo y la ciudad, e incluso se precisaba alcanzar cotas más amplias de desarrollo en aquellos asuntos, como la educación, la salud y la vivienda, en los que Cuba, como se ha apuntado antes, se encontraba adelantada respecto a otros países de la región, y en los cuales, se avanzaba cada año desde fórmulas instauradas por una imperfecta, pero existente democracia.

A ello se sumó el impacto nacional que tuvo la coartación de ese entorno democrático con el golpe de Estado de Batista, el 10 de marzo de 1952, al ver que claramente no resultaría ganador en los comicios convocados ese año.

Es vital apuntar que a esas aspiraciones populares se sumó con no escaso protagonismo la intelectualidad cubana. Era lógico que así sucediera: desde el siglo XVIII, los intelectuales habían ido adquiriendo cada vez más presencia en las luchas sociales y políticas por construir una nación libre de esas taras. Esa participación queda evidenciada, por sólo poner algunos ejemplos, en momentos como las luchas por la Reforma Universitaria en 1923; el alcance de los proyectos generados por el Grupo Minorista en 1927; la unidad y protagonismo de periodistas, escritores y otros líderes del pensamiento social cubano en la llamada "Revolución del 33" que sacó del poder al dictador Gerardo Machado y permitió el retorno del país a la democracia; el tejido intelectual visible en prominentes figuras de la cultura cubana que contribuyeron a la elaboración de la Constitución de 1940, considerada la más avanzada del mundo en su época, o el activismo periodístico, mediático e intelectual que propició la aceptación social casi masiva de Fidel Castro, una figura polémica sobre la que gravitaban antes de 1953 las sombras negras de probadas acusaciones de asesinato, revanchismo político, contubernio con las peores fuerzas del gangsterismo nacional, abiertas traiciones a proyectos en los que en sus años de líder estudiantil había participado..., en fin una desconfianza casi absoluta hacia su honestidad como individuo y como político.

"La Revolución" —que como se sabe, originalmente fue la conjunción de los intereses de todo el espectro político nacional en torno a un propósito: derrotar a Fulgencio Batista y recuperar la democracia— era el único camino que parecía conducir hacia un país más tranquilo, menos corrompido y sangriento que el que Batista había implantado tras el golpe de Estado, de ahí el apoyo que desde antes del triunfo recibió un Fidel Castro que, utilizando su seductor camaleonismo —y, repito, ayudado por una plataforma de propaganda creada por los sectores pensantes de la sociedad—, fue dando pasos agiles e inteligentes para que el resto de las fuerzas políticas se le subordinaran.

Uno de esos pasos, al mismo tiempo una prueba de su capacidad de establecer estrategias demagógicas de largo alcance, fue su discurso de autodefensa en el juicio tras haber sido apresado luego del intento fracasado de conquistar los Cuarteles Moncada, en Santiago de Cuba, y Carlos Manuel de Céspedes, en Bayamo, el 26 de julio de 1953. Como ya se conoce, fueron Haydée Santamaría y Melba Hernández, participantes también en dicho asalto, quienes luego de cumplir sus siete meses de prisión, se ocuparon de la divulgación clandestina del folleto "Mensaje al pueblo de Cuba que sufre", donde Fidel explicaba a los cubanos cómo habían sido salvajemente masacrados más de 50 revolucionarios que fueron apresados en esa acción. Haydée y Melba, con la complicidad de impresores, libreros, intelectuales, periodistas, estudiantes y profesores universitarios, etc., tuvieron también la responsabilidad de editar y distribuir las palabras de Fidel durante el proceso judicial en su contra, documento posteriormente llamado "La Historia me Absolverá". Ese documento, diría Carlos Franqui, "maquiavélicamente apelaba a los deseos de todos los cubanos, incluidos muchos de los militantes del propio Partido Auténtico, al que pertenecía Batista. Fue una primera demostración de su manipuladora capacidad en ese arte de movilizar conciencias abismalmente distintas alrededor de un propósito que él ya tenía claro: liderar toda la inconformidad social, centrar todas las esperanzas nacionales en lo que él y sus escasos seguidores incondicionales prometían hacer por Cuba. La coincidencia de esas promesas con lo que muchos soñábamos fue lo que faltaba para que casi todos, tanto la *Intelligentsia* nacional como esa parte mayoritaria del pueblo que siempre sigue a los líderes más con el corazón que con la cabeza, lo pusiéramos en el centro de nuestra fe, atontados por el mazazo de su carisma, su oratoria y sus engañosas estrategias"[3].

---

[3] Entrevista "Tres momentos con Franqui", comenzada vía telefónica, luego a través de un amigo común y, finalmente, cara a cara en Puerto Rico, 2000. Archivos del Autor.

Muros y más muros

"**Divide y vencerás**" ha sido la perfecta máxima del castrismo para mantener a raya a toda la población. La gama de métodos es tan amplia que podría escribirse un manual de cientos de páginas: desde imposiciones simples, aunque drásticas, como prohibir el intercambio de correspondencia familiar con parientes "traidores" o amigos que abandonaron el país[4], hasta absurdas reglas como enseñar a los niños en la escuela a desconfiar del compañerito de aula que viene vestido con "ropas burguesas", o la velada imposición ("es un honor revolucionario", decían) de denunciar secretamente a aquel vecino cuyo nivel de vida se vaya "sospechosamente" por encima del nivel de vida de otros vecinos. Y, pese a que cosas como estas podrían parecer irracionales, inventadas por una mente enferma, los métodos para dividir a esa *Intelligentsia*, a la que Franqui hacía referencia en el párrafo anterior, resultan cercanas a esa necedad ciega (pero efectiva) del fascismo que es la inoculación de conceptos, nociones y arquetipos sociales insostenibles intelectualmente, pero a los que se concede la monolítica consistencia de un dogma.

---

[4] Para ilustrar, un ejemplo: El hoy reconocido poeta de la Generación del 50, Manuel Díaz Martínez, decidió a toda costa mantener su amistad con ese otro gran escritor que fue Severo Sarduy, y en sus memorias así cuenta su absurdo personal: «fue un desafío a un régimen que penalizaba a los cubanos residentes en Cuba que mantuviesen relaciones de cualquier tipo, incluyendo las epistolares, con los que habían "desertado" de la revolución y vivían en el extranjero. En uno de los interrogatorios a que me sometieron en el Comité Central del Partido, con motivo de la "microfracción", me echaron en cara que yo siguiera carteándome con Severo Sarduy a pesar de que él se había quedado en Francia. Según mis interrogadores, ésa era una de las "debilidades ideológicas" por las que me juzgaban. La prueba de que nuestra correspondencia era violada por la Seguridad del Estado la tuve cuando mis interrogadores me mostraron la fotocopia de una carta que le envié a Severo mediante Julio Cortázar, quien se brindó como correo. En este caso, no sólo violaron mi carta sino también las valijas de Julio, registradas seguramente en algún momento en que éste estaba fuera del hotel».

Cobran sentido así las etiquetas denigrantes de quien se opone, se aísla o decide irse lejos (por ejemplo, a ese sitio del infinito más distante que es el exilio). Consiguen así una representación casi táctil en el imaginario cultural los estratos creativos del "dentro" y el "fuera", dignificándose artificiosamente la creación y los creadores que hacen su obra "dentro" (de los límites ideológicos y geográficos pautados por los estrategas culturales de "la Revolución"). Adquiere así matices similares a lo infernal (siempre enemigo, siempre resentido, siempre al acecho para el ataque, siempre ponzoñoso) el impresionante universo cultural e intelectual que la emigración ha ido conformando en la diáspora. Se extienden así, como contagiosas "realidades", el credo de que es absolutamente imposible la existencia creativa lejos de las raíces culturales: "si te vas de la isla, jamás podrás inscribir tu obra en la historia de la cultura cubana, simplemente mueres como creador porque perderás tus esencias patrias". Se asume así, como mecanismo oportunista o forzado de supervivencia, de competencia, y de simulación, la satanización de todo aquel que muestre independencia de pensamiento o acción, alguien de quién la mayoría renegará o huirá con el asco teatralizado (y público, el rechazo debe ser público para que las autoridades sonrían, complacidas) con el que se huye de un leproso.

"A todo eso, para quienes decidimos quedarnos y hacer valer nuestras ideas en medio de este rebaño de ovejitas baladoras de las delicias y maravillas de la Revolución, hay que sumarle que perdemos muchas zanahorias. Los comisarios tienen sus oficinas llenas de esas zanahorias con las que compran fácilmente a quienes no logran despojarse del miedo o a los que se suman con alegría y desvergüenza a la farsa cultural del gobierno. Pueden ser 100 CUC para que los viejos escritores, antes castigados por homosexuales o contestatarios, ahora puedan llevarse algo mejor de comer a sus bocas medrosas[5], o pueden ser viajes a eventos culturales de poca trascendencia en *países amigos* del régimen, o puede ser la publicación rápida de sus libros en editoriales nacionales. La única exigencia es no intentar salirse del corral, y balar lo más alto que se pueda las consignas políticas que orientan Abel Prieto y, como diría la genial Juana Bacallao, sus secuaces", dice el escritor y bloguero independiente Ángel Santiesteban[6].

Desarrollo cultural..., sin libertad de elección

UNO DE LOS ARGUMENTOS principales esgrimidos por los defensores de la Revolución Cubana es el alto nivel de desarrollo cultural conseguido desde 1959 hasta la fecha. Ese desarrollo, es innegable, propició que miles de cubanos de todas las clases sociales tuvieran (y hayan tenido hasta hoy) acceso, generalmente gratuito, en primer lugar a la formación en escuelas, institutos e instituciones estatales de fomento de las diversas manifestaciones del arte, distribuidas hasta en los lugares más remotos de la geografía insular; y en segundo lugar, en la promoción nacional y visualización del talento artístico resultante, a través de una amplia red de editoriales, eventos, premios y espacios de todo tipo. Luego de la Campaña Nacional de Alfabetización, que convirtió a Cuba en el país del Tercer Mundo más adelantado en ese índice, el gobierno insistiría en sucesivas y prolongadas Campañas Nacionales por la Lectura, curiosamente siguiendo esa máxima de José Martí cuando escribió: "Un pueblo instruido será siempre fuerte y libre". Y esas campañas permitieron que el

---

[5] Se refiere a los creadores que reciben los Premios Nacionales de Literatura, mayormente autores que sufrieron la represión en las décadas 60 y 70, a quienes mensualmente se les asigna ese dinero en la moneda convertible cubana, para mejorar un poco su depauperado nivel de vida.

[6] Santiesteban Prats, Ángel. Entrevista en Archivos del Autor.

nivel de lectura del pueblo cubano estuviera entre los primeros del mundo: según las estadísticas, cuatro de cada cinco cubanos tenía el hábito de leer, al menos hasta los años 90, cuando ese índice empezó a caer en picada, junto a la estrepitosa caída de la calidad en todos los niveles de la educación.

Otro de los logros en el terreno de la cultura, que también empezaría a declinar en los años 90, fue la subvención estatal para la realización material de todo tipo de productos culturales; subvención que ciertamente no había existido de modo tan amplio en toda la historia de la cultura cubana hasta 1959. Por sólo poner un ejemplo, gracias a esas subvenciones, un libro que costara más de un peso cubano era considerado un libro caro, pues se hacían ediciones de decenas de miles de ejemplares, que podían adquirirse en la amplísima red de librerías en todo el país a precios que oscilaban entre los 60 y los 85 centavos. Lo mismo sucedía con el precio de la entrada a los cines, teatros, e incluso a expresiones artísticas consideradas usualmente caras a nivel internacional como los conciertos de música clásica o el ballet, manifestaciones en las que, durante las primeras décadas del período revolucionario, Cuba adquirió notoriedad internacional por la alta calidad y la singularidad de las escuelas cubanas en la formación profesional de concertistas y bailarines.

La pregunta que, desde los primeros momentos, comenzó a torturar a los creadores e intelectuales "inconformes" era: ¿y las libertades de expresión y pensamiento? Seguida esa interrogante de otras que hacían más complicado, e incluso peligroso, conformar respuestas: ¿de qué sirve enseñar a leer a un pueblo, si luego se ponen límites ideológicos a lo que se lee?, ¿puede hablarse de un verdadero desarrollo si enseñas masivamente a crear y luego encauzas esa capacidad de creación por los caminos rígidos trazados por la propaganda ideológica de un partido único?, ¿no es una contradicción crear una red nacional de talleres literarios y otras estructuras para promover la creación literaria y luego impedir mediante la censura ideológica la publicación de centenares de obras que, cada año, muestran una cara de la realidad cubana que no es la que los estrategas de "la Revolución" quieren mostrar?, ¿cómo entender que se les haga creer a los creadores e intelectuales que "la Revolución" les ha permitido lograr sus sueños de expresión y luego bloquear la difusión internacional de esa expresión, si no se ajusta estrictamente a la imagen que la estrategia de la propaganda cultural cree que el mundo debe conocer sobre lo que sucede en Cuba?

Hay un innegable error que ningún defensor del "sueño revolucionario cubano" quiere reconocer: pretender que la creación artística, literaria e intelectual sea parte del entramado propagandístico de un grupo ideológico en el poder, promoviéndola como el resultante natural del hervidero del alma de una nación, es una idea aberrante y anticientífica.

Es imposible que la cultura se conforme sólo de aquellas miradas que resulten convenientes al poder. De ahí los profundos abismos conceptuales, los errores de interpretación y las hipótesis enlodadas de reduccionismos que vemos en la mayoría de los estudios académicos que pretenden demostrar cualquiera de los dos extremos del "tema Cuba": que la isla es el paraíso de la cultura en el mundo actual, o que la cultura cubana producida en la diáspora en estas cinco décadas es inmensamente superior a la cultura generada dentro de Cuba.

Nadie conseguirá entender cabalmente qué es la cultura cubana separando lo que algunos estudiosos han llamado "las dos orillas", especialmente y en las circunstancias actuales, porque si bien en los primeros años se podían establecer espacios estancos bien diferenciados, a partir de la emigración masiva y constante de varias generaciones de cubanos, los puentes, vínculos, puntos de contactos e incluso contrapunteos del diálogo cultural isla-exilio existentes entre ambas orillas son tan evidentes que —poco a poco y pese al intento de los comisarios culturales de "la Revolución" o de algunos sectores radicales del exilio—, han ido creando un escenario donde las divisiones artificiales se van diluyendo y se avanza hacia ese necesario espacio de confluencias en la diversidad que existía en Cuba antes del triunfo revolucionario, que comenzó a ser torpedeado en 1959 y que fue, en definitiva, abruptamente coartado a partir de las "Palabras a los Intelectuales" de Fidel Castro, el 30 de junio de 1961, y de su conocida frase: "Dentro de la Revolución, todo; contra la Revolución, ningún derecho".

Crear en la diáspora o luchar contra todos los molinos

YA EN 1971, en varias de sus entrevistas a raíz del escándalo internacional por el Caso Padilla, el escritor cubano Guillermo Cabrera Infante deslizó frases como "cuando un escritor cubano sale de Cuba, se convierte en un fantasma" o "parece que los cubanos que tuvimos que salir de Cuba, a los ojos del mundo dejamos de serlo". Y en 1987, otro reconocido escritor cubano, Reinaldo Arenas, exiliado desde 1980, le confesaba a su amigo, el escritor Carlos Victoria: "lo más difícil es ver cómo todos pretenden hacernos entender que no somos cubanos desde que escapamos". Ambos, Cabrera Infante y Arenas, pese a que sus nombres están hoy inscritos en el libro eterno de la cultura cubana, se referían preocupados a una circunstancia contra la que tuvieron que luchar apenas plantaron un pie en el exilio: la dificultad de que un exiliado, aun cuando su obra sea de una excelencia y una cubanía indiscutible, alcance el reconocimiento internacional, pues parece existir el consenso tácito y silencioso —atentaría contra lo políticamente correcto hablar de algo así, tan injusto y excluyente— de que cuando un cubano abandona su tierra deja de ser un genuino representante de su cultura.

Es algo que, por cierto, no se le aplica a ningún otro artista, escritor o intelectual latinoamericano que decide buscar nuevos horizontes fuera de su tierra y su cultura. Es, creemos muchos, una de las taras impuestas al pensamiento social internacional por aquella fortísima propaganda de "la Revolución" de los primeros años que establecía que quienes partían traicionaban su esencia, su país, los sueños de luchar por un mundo mejor y, por ese camino, los ideales de los seres pensantes progresistas del mundo. Irse, según esa propaganda, era condenarse a dejar de ser, una especie de salto consciente hacia la condición de "no persona".

Nada ha cambiado en ese aspecto hasta hoy: los cubanos que decidieron apostar por el exilio, o que —como en mi caso— fueron forzados al destierro y mantienen sus posturas críticas hacia "la Revolución", vagan por el mundo civilizado y democrático marcados por la cruz de ceniza de nuestra supuesta traición. Sólo aquellos que han decidido bajar la cabeza, atemperar sus críticas políticas y "dialogar" (no existe tal diálogo, es obvio) con sus antiguos represores logran despojarse de esa negra marca y reciben los beneficios de la promoción nacional del gobierno cubano, así como los apoyos y condescendencia para sus obras de sectores importantes del universo de la promoción internacional, que tal parece vuelven a considerarlos "representantes" (aunque no sean tan genuinos, incluibles) de la cultura cubana.

A raíz de un curioso suceso en la Feria Internacional del Libro de La Habana, en febrero de 2016: la visita de editores norteamericanos interesados en publicar en Estados Unidos la literatura cubana, el novelista Antonio Álvarez Gil escribió en una de sus columnas para la revista *OtroLunes*:

> "¿De la Isla? ¿Por qué solo de la Isla? ¿Es que los cientos de colegas que viven fuera de su patria no son dignos de ser conocidos en el país del Norte? Yo, que no soy tan buen conocedor, conozco a un buen número de excelentes narradores y poetas cubanos que viven allí mismo, en Miami, Nueva York o en otras muchas

ciudades norteamericanas. Son escritores que escriben mayormente sobre Cuba, sobre su gente y sus conflictos. Si de repente a los editores norteamericanos se les ha despertado el interés por las letras de la Isla, ¿por qué no traducen y publican a alguno de los excelentes autores cubanos que viven en aquel país? Los tienen muy cerca. ¿Por qué no se interesan por ellos, por su obra, encomiable en muchos sentidos? ¿Acaso no escriben sobre esa misma Cuba que ahora parece resultar tan interesante?

¿No significará todo esto que los escritores cubanos del exilio son doblemente discriminados, doblemente castigados? Pues sí, de veras lo son. En su patria se les detesta por suponerlos simpatizantes del enemigo exterior. Y en la casa de ese mismo enemigo tampoco han sido ni serán, al parecer, jamás reconocidos. ¿Acaso los cubanos son menos cubanos si viven lejos de la Isla? ¿Quién ha dicho que fuera de la patria no se puede escribir sobre la patria? ¿Dónde crearon Martí, Heredia, Carpentier su obra cumbre? [...]

En Europa las cosas no están mucho mejor para quienes nos dedicamos a la creación literaria. En alguna ocasión escribí que, para muchos editores en este continente, el escritor cubano es interesante solo si vive en la Isla. Una vez "suelto" por el mundo, una vez libre de cualquier atadura política o ideológica —una vez libre— pierde el atractivo extraliterario que busca el cazador de escritores exóticos. [...] Nadie que no haya pasado por él, puede imaginar el drama del escritor cubano en el exilio. Un drama que afronta con el solo equipaje de su mayor o menor talento literario, su vocación y su fuerza de voluntad. El cambio en su vida es tan dramático que puede significarle el fin de muchas cosas. Como resultado de este salto al vacío, numerosos escritores con obra contrastada en nuestro país han visto naufragar sus carreras sin poder explicarse cabalmente los motivos de su mala fortuna. Lo único que comprenden es que llegan a países con centenares de editoriales que se resisten a tomarlos en cuenta"[7].

La escenografía para este drama es complicada: además de asumir con entereza ver cómo su nombre y su obra desaparecen —a veces de golpe, a veces abruptamente— de los espacios culturales, estudios e investigaciones, e incluso de los diccionarios de arte o literatura donde alguna vez se les incluyó como ejemplos, el creador o pensador cubano ya en el exilio tendrá que enfrentarse al desprecio de los años de su carrera profesional y de su obra por parte de la inmensa mayoría de las editoriales, revistas, instituciones o promotores de la cultura internacional; tendrá que hacer frente a la sostenida guerra, pública o silenciosa, de los representantes de la intelectualidad de izquierda internacional, asentados por desgracia en importantes puestos de decisión de entidades "capitalistas" vinculadas a la cultura, desde donde siguen mirando a Cuba nostálgicamente y aplicando las denigraciones y consignas "revolucionarias cubanas" contra esos exiliados traidores; estará condenado además a plegarse o luchar contra el capillismo cultural de muchos exiliados cubanos (también asentados en revistas, editoriales o instituciones de cierto poder promocional) que ni siquiera viviendo en libertad han sabido despojarse de la mirada excluyente de la cultura con fórceps que aprendieron de sus represores cubanos, y si alcanza algún reconocimiento deberá saberse en la mira de las trampas, ataques y campañas difamatorias de las representaciones diplomáticas cubanas en el país donde vive o de los comisarios culturales y colegas "domesticados" u oportunistas que viajan al exterior y asumen con miedo o alegría la misión de lanzar el

---

[7] Álvarez Gil, Antonio. "El drama del escritor cubano en el exilio", *OtroLunes - Revista Hispanoamericana de Cultura*, No.40, Marzo 2016, Año 10.

descrédito sobre la vida y obra de esa oveja negra que, pese a todo, ha triunfado fuera de la isla. No por gusto hay tantos "lobos solitarios cubanos" haciendo su obra en silencio desperdigados por el mundo, solo mediante la persistencia y la conciencia de que un creador crea sin que importen las circunstancias.

El regreso del enemigo

En la filosofía del castrismo los enemigos, como Jesucristo, resucitan, aunque todos los ojos aseguren haberlo visto bien muerto y enterrado. Es una resurrección a conveniencia: el cadáver queda a buen recaudo tras la piedra enorme que cubre la boca de la cueva hasta que es necesario que la gente crea que ha resucitado. Llegado ese momento, como ángeles enviados por el Altísimo para despertar a Su Hijo Amado, algunas fuerzas apartan la piedra y se descubre que la tumba está vacía. Siguiendo lo establecido en la Biblia, se trata de una resurrección y, tiempo después, el resucitado aparecerá y dará evidencias del milagro.

Eso, justamente, es lo que diferencia las resurrecciones a conveniencia de sus enemigos planificadas por "la Revolución": se dice que el enemigo ha regresado a la vida con toda su peligrosa guerra, pero sólo los que proclaman esa resurrección del espíritu guerrerista del enemigo son capaces de verlo. El resto de los mortales, como en la historia bíblica, debe conformarse con aceptar, por fe, el milagro que algunos "iluminados" le cuentan.

Ha sucedido así en las relaciones del gobierno castrista con China, con ciertos países totalitarios árabes, con algunas naciones ingenuas de la Unión Europea, con ciertas personalidades importantes de la política y la cultura internacional y, más recientemente, con "el gran enemigo del mundo": Estados Unidos.

La política del presidente norteamericano Barack Obama de tender puentes a la isla, dejando a un lado la estrategia arcaica e ineficiente de confrontación asumida por las administraciones anteriores, abrió para el gobierno cubano un escenario para el cual parecía no estar preparado: expertos en el arte de la riposta, se vieron sorprendidos por una serie de concesiones en casi todos los terrenos en los cuales estaban acostumbrados a guerrear y tuvieron que dar un brusco giro a sus tácticas para reacomodarlas (y reacomodarse) al juego del diálogo con el enemigo. Y en esas circunstancias, el mayor peligro había sido calculado milimétricamente por los asesores de Obama: los pasos unilaterales asumidos por "el enemigo" borrarían de las cabezas de los cubanos la siniestra imagen que la propaganda castrista les había inyectado a lo largo de décadas sobre "el enemigo". De pronto, el pueblo de la isla vivía una situación singular: esperanzado en salir de una vez del agujero económico y social en que la pésima gestión gubernamental de Fidel y Raúl los había hundido, observaban asombrados cómo sus gobernantes insistían en las trincheras ideológicas como condición para abrirse al mundo y a su propio pueblo, mientras "el enemigo eterno" daba pruebas concretas de querer que las cosas cambiaran, que Cuba y los cubanos pudieran desarrollar todo su potencial. Y, finalmente, el discurso de Obama en Cuba, ante un Raúl inseguro y avejentado física y mentalmente, diciéndoles a la población cubana verdades que los gobiernos de Fidel y Raúl habían manipulado o escondido, terminó de convencer a los estrategas ideológicos de "la Revolución" de que la herida provocada por aquellas estocadas norteamericanas podrían infectarse y corromper incluso lo que ellos llaman "el espíritu indomable de la Revolución", si no se tomaban medidas urgentes.

La estrategia de contraataque se activó apenas Obama dejó Cuba: la prensa, en bloque, comenzó a hablar de "las verdaderas intenciones de Estados Unidos"; la red de historiadores y pensadores oficiales adquirió visibilidad en la televisión coincidiendo en un punto: la reformulación del marxismo ante la "nueva estrategia global del capitalismo", pues la Unión Europea (el otro enemigo de "la Revolución") comenzaba a manifestarse partidario de la estrategia de Obama de conceder-conceder-conceder, aparcando las exigencias del respeto de los derechos humanos y libertades coartadas en la isla, con la intención de, como aseguraban algunos comisarios culturales, "virar al pueblo contra el gobierno sembrando las dudas".

Es así que Abel Prieto, quien fuera Ministro de Cultura entre 1997 y 2012 y había pasado a ser ese año el asesor personal de Raúl Castro, vuelve a ser colocado en ese importante cargo. Desde su salida del ministerio, dos ministros le habían sucedido: el primero, un funcionario menor ascendido a ese puesto por su fidelidad, sería destituido por su incompetencia, y el segundo, un eficaz funcionario en otras ramas de la cultura, llegaría también a ser destituido con razones que apuntan todas a algo que no le gustaba a Raúl Castro: Julián González era partidario de favorecer una real comunicación, colaboración e intercambio abierto entre las instituciones culturales cubanas y norteamericanas. Y esto es fácilmente verificable: apenas regresó al Ministerio de Cultura, Abel Prieto implantó una estrategia mediante la cual todas las ramas de la cultura nacional deberían regresar a dos cauces importantes para la radicalización (otra vez) del Programa Cultural de "la Revolución": el respeto absoluto a la máxima fidelista "Dentro de la Revolución, todo; contra la Revolución, ningún derecho", y el rescate institucional del discurso antinorteamericano: "La política de Estados Unidos nos está serruchando el piso", aseguró Prieto en reunión del Consejo Nacional de la oficialista Unión de Escritores y Artistas de Cuba, en la cual centró su discurso en la necesidad de que la cultura luchara contra la política trazada por Estados Unidos para impulsar el sector privado en Cuba y empoderar la sociedad civil, puesto que "la Revolución" considera que son acciones enemigas emprendidas para destruir el proceso revolucionario desde dentro.

Es, como puede verse hasta aquí, una lucha estratégica de "la Revolución" para seguirse aprovechando del poderoso impacto de la cultura en la generación del pensamiento social cubano; batalla comenzada por Fidel Castro cuando llegó al poder en 1959, que ahora su hermano Raúl Castro se niega a abandonar nombrando a un presidente títere (Díaz Canel) y, como demuestran los cambios estratégicos en el poder, que pretende pasar a la nueva generación, los neocastristas, hoy ya posesionados en puestos claves de la política, la economía, las finanzas nacionales e internacionales y la esfera militar en Cuba.

De todas esas estrategias, de sus adaptaciones según las épocas y las circunstancias internas y externas, y de sus manifestaciones actuales, se habla en este libro.

I

Los caminos torcidos del sueño que pudo ser

"Resumiendo, la culpabilidad de muchos de nuestros intelectuales y artistas reside en su pecado original; no son auténticamente revolucionarios. Podemos intentar injertar el olmo para que dé peras, pero simultáneamente hay que sembrar perales. Las nuevas generaciones vendrán libres del pecado original. Las posibilidades de que surjan artistas excepcionales serán tanto mayores cuanto más se haya ensanchado el campo de la cultura y la posibilidad de expresión.

Nuestra tarea consiste en impedir que la generación actual, dislocada por sus conflictos, se pervierta y pervierta a las nuevas. No debemos crear asalariados dóciles al pensamiento oficial ni «becarios» que vivan al amparo del presupuesto, ejerciendo una libertad entre comillas. Ya vendrán los revolucionarios que entonen el canto del hombre nuevo con la auténtica voz del pueblo. Es un proceso que requiere tiempo".

Ernesto *Che* Guevara. De:
El socialismo y el hombre en Cuba, **1965.**

❝¿CÓMO ES POSIBLE que algo tan hermoso haya degenerado en algo tan monstruoso? Fidel Castro es uno de los políticos más brutos de la historia moderna: pudo ser considerado el verdadero Mesías de los pobres, pero, créeme, se le recordará alguna vez como un simple tiranuelo aplastado por sus errores, por estar aferrado el poder", discurseó ante mí Gunter Grass en uno de nuestros encuentros en Berlín, para una entrevista que me concediera dos años antes de morir. "¿Y qué es el poder? Una ilusión, la nada más absurda, el gran engaño que nos hacemos para huir de nuestra insignificancia, la enfermedad más letal de la humanidad".

El poder, decía, era la recurrencia más sórdida en todas las sociedades inventadas "por ese engendro de la naturaleza que es la especie humana". La prueba estaba ante nuestros ojos, reiteraba: lo que hoy le hacen los judíos a los palestinos es lo mismo que le hicieron los nazis a los judíos; lo que hoy le hacen los musulmanes a los cristianos en el mundo árabe es lo mismo que hicieron los cristianos con los "cerdos musulmanes" durante siglos desde las Cruzadas; lo que le hicieron los rusos a los prisioneros alemanes en los campos de concentración ocupados fue lo mismo que Hitler y los suyos hicieron a otros muchos, a quienes les tocó caer en el bando perdedor durante el nacionalsocialismo; lo que hoy hacen los extremistas a las naciones desarrolladas, es decir, Estados Unidos y Europa, es lo mismo que hicieron y hacen Estados Unidos y las naciones colonizadoras europeas cuando tenían sus botas de poder sobre las colonias o países ocupados "en nombre de la defensa de los Derechos Humanos y la democracia universal"..., una eterna cadena de repeticiones vergonzosas para eso que, aseguraba Grass, "llamamos inteligencia superior del ser humano".

"¿Recuerdas lo que te dijo Grass sobre el poder?", me escribiría tiempo después el escritor Peter Faecke, mi editor alemán, en uno de nuestros intercambios de correo electrónico: "Lenin, aunque lo hayan embalsamado, es hoy sólo un pellejo arrugado encerrado en un ataúd de cristal a quien debe visitarse más por morbo que por reverencia. Al Ché Guevara lo han ridiculizado tanto que ya existen hasta condones con su cara. Fidel es un vejete que hace reír al mundo con sus ocurrencias de viejo chocho. ¿De qué les sirvió tanto poder, si al final terminarán siendo lo que realmente fueron: seres humanos, como cualquier otro, llenos de vicios? Siempre que recuerdo lo que te hizo tu gobierno pienso en algo: un día todo ese poder pasará, ¿y que sobrevivirá?, el daño que hicieron. Es una triste ley humana: hacer bien es algo que se supone deba ser lo normal, que es fácilmente olvidable; sólo se recuerda el dolor, el horror. Quedan como marcas grabadas a fuego en la memoria de generaciones enteras".

Y han sido esas ideas recurrentes: ¿cómo algo tan hermoso pudo transformarse, kafkianamente, en algo tan monstruoso?, ¿cómo impedir que el dolor del horror vivido empañe la gloriosa epopeya que, pese a todos los avatares de la historia, ha logrado la cultura cubana en la isla y en el exilio?, las preguntas que cientos de escritores, artistas e intelectuales cubanos llevamos repitiéndonos durante años, unos en silencio, amordazadas sus ideas y palabras por miedos, conveniencias, oportunismos y egoísmos, y otros en alta voz, casi como un grito, intentando que ese alarido de libertad llegue a esos millones de oídos (sordos) y ojos (ciegos) que en muchas partes del mundo dicen estar atentos a la realidad cubana.

"Ninguno de los que luchamos entonces junto a Fidel tuvo la visión suficiente para escapar de su personalidad, aunque muchos ya habíamos notado señales de que en un gobierno futuro que él encabezara podría establecerse cualquier cosa menos una democracia. Pero en esos primeros años, muy cercana aún la impactante euforia popular del triunfo de 1959, la bestia del autoritarismo estaba todavía adormecida tras haber engullido el pasado contra el que habíamos luchado. Teníamos la mente sólo puesta en todo lo que podríamos lograr para Cuba, derrotado ya ese pasado de oprobios y desigualdades para nuestro pueblo. Nadie imaginaba que muy pronto la bestia despertaría"[8], me afirmaría el escritor y periodista Carlos Franqui (Cuba, 1921 - Puerto Rico, 2010), quien desde la Sierra Maestra y hasta poco después del triunfo de la Revolución Cubana en 1959 fuera designado por Fidel Castro para dirigir el periódico *Revolución* y la emisora *Radio Rebelde*, órganos de prensa oficiales del "Movimiento 26 de Julio", que había llevado a los rebeldes a derrotar al dictador Fulgencio Batista.

Su tesis, si se hace un análisis simplista de la historia, parece ser una verdad absoluta, un hecho tozudamente reiterativo: todas las revoluciones ciegan a sus hijos con la euforia del triunfo. Al menos, en los inicios de ese triunfo. Y Cuba no ha sido la excepción. Antes de 1959, la isla no estaba hundida en el caos absoluto, la inmoralidad política y la depauperación ética, económica y social que pintaría luego (y aún insiste en pintar) el discurso histórico oficial; un discurso falso y manipulador de la realidad en el que muchos, lamentablemente, aún creen como si se tratara de un dogma irrefutable y no una inteligente trama de lecturas a conveniencia de quienes asumieron el timonel del poder político tras la huida, el 31 de diciembre de 1958, del dictador Fulgencio Batista y Zaldívar (Cuba, 1901 - España, 1973).

He dicho en varias ocasiones que el documento más contrarrevolucionario, más antifidelista y el más "gusano" (para decirlo al modo con el que Fidel Castro etiquetó a sus enemigos) es precisamente su propio discurso de autodefensa en 1953, conocido como "La historia me absolverá"[9]. Basta

---

[8] Entrevista referida en la cita 2, en los Archivos del Autor.

[9] En 1953, luego de que fracasara el intento de tomar militarmente los cuarteles Moncada (Santiago de Cuba) y de Bayamo, con la idea de comenzar una revolución armada contra Batista, Fidel Castro es apresado y llevado a juicio, donde asumió su autodefensa y pronunció un discurso donde explicó lo que pretendía hacer con su revolución a favor del pueblo.

comparar el recuento valorativo que de la situación económica, política y social en Cuba hizo Fidel en ese alegato para comprobar que la Cuba que hoy existe, tras 57 años bajo el programa social de "la Revolución", es absolutamente peor, más caótica, más desigual y más depauperada ética, económica, financiera y socialmente, que la Cuba que él empezó a gobernar el 1 de enero de 1959.

Cuba, como expliqué en el primer capítulo de este libro, en 1958 era una nación en pleno desarrollo económico; su sistema financiero se encontraba entre los más sólidos de América Latina (entre otros índices, el peso cubano tenía el mismo valor que el dólar) y, además de ser una de las naciones del mundo más adelantadas en telefonía, comunicaciones y transporte, la isla era considerada por todos los organismos internacionales como un ejemplo de desarrollo, incluso en educación y salud pública, los dos "éxitos míticos", los logros más impactantes de la propaganda revolucionaria.

En Cuba regía, además, la Constitución de 1940, considerada la más avanzada de su época; los presidentes eran cambiados en elecciones democráticas cada cuatro años y el sistema político, con excepción de algunos momentos específicos en los gobiernos de Machado y Batista (en su mandato de 1952 a 1958, al que llegó tras un Golpe de Estado) permitía la libertad de expresión de los cubanos, fuera cual fuere su tendencia política o ideológica.

Sin ánimos de excluir o exagerar, la única diferencia real a favor de "la Revolución" entre la situación de Cuba en 1958 y la Cuba de 2015 puede encontrarse en la hermosa esperanza y en las promesas incumplidas del discurso revolucionario con el que Fidel Castro obnubiló a los cubanos y a buena parte del mundo: ese país más próspero, esa nación más digna, esa igualdad real entre todos los cubanos, esa independencia

---

Este discurso, luego de 1959, fue considerado oficialmente el Programa Económico y Social de la Revolución Cubana.

absoluta en todos los ámbitos de la vida nacional, etc., que aún los cubanos seguimos sin conocer.

Pero era también innegable que se trataba de una democracia aún imperfecta, que el país necesitaba cambios profundos: había grandes problemas sociales a resolver, especialmente la enorme diferencia de desarrollo entre el campo y la ciudad; existía una corrupción política cuyos índices variaban apenas gobierno tras gobierno; se mantenía un conciliábulo servil con las administraciones de Estados Unidos (que aunque llegó a ser una dependencia vergonzosa en algunos períodos de las primeras décadas del siglo XX, había ido disminuyendo notablemente a medida que el país y las fuerzas económicas, empresariales y financieras nacionales adquirían independencia); el golpe de Estado de Batista en 1952 atentó fuertemente contra pilares que enorgullecían a los cubanos (la democracia y la luchas por los derechos sociales, la separación de poderes y la Constitución más progresista del mundo en esos tiempos) y, sobretodo, los cubanos habían llegado a la conclusión de la necesidad imperiosa de salir de Batista de cualquier modo, debido a su decisión de dar vía libre y ordenar mano dura a las fuerzas represivas en un intento desesperado por frenar o eliminar el creciente descontento social, permitiendo así el exterminio físico de los grupos opositores, integrados mayormente por jóvenes obreros y estudiantes, que comenzaron a aparecer torturados y asesinados en rincones apartados de la geografía insular o, a modo de escarmiento para los sectores inconformes, en las calles más populosas de la mayoría de las ciudades más importantes del país.

Todo ello, tras el descalabro de la agrupación política con más apoyo popular: el Partido del Pueblo Ortodoxo[10],

---

[10] Fundado en 1947 por Eduardo Chibás, fogoso polemista que encabezó un movimiento de recuperación cívica y moral de gran arraigo entre las masas. En 1950, engañado por sus opositores, acusó públicamente a un Ministro de haberse robado fondos públicos y, al no poder probarlo, se pegó un tiro al

aprovechado por la inteligencia mediática de un muy joven pero también muy maquiavélico Fidel ("El Príncipe" era una de sus lecturas favoritas, como él mismo ha confesado a los periodistas), propició que en la población desencantada de la isla se creara una mirada edulcorada, mítica, sobre "el Doctor Castro y sus barbudos", llegándose a ver a Fidel incluso como una especie de Mesías que salvaría al pueblo. De ahí que resultara natural el apoyo eufórico, casi mayoritario, y en muchos sentidos ciego y sordo del pueblo cubano a "la Revolución" triunfante en esos primeros días.

Y nótese que digo "apoyo ciego y sordo" porque, como me diría otro de aquellos míticos barbudos, el Comandante Hubert Matos (Cuba, 1918 - Miami, 2014) en otra entrevista, cuando le comenté las palabras de Franqui: "No puede decirse que ninguno de nosotros tuvo visión para descubrir el totalitarismo. Fueron muchos los que, incluso desde antes del triunfo, se atrevieron a advertir el peligro que se nos venía encima. Y no sólo en lo tocante a las maniobras de los comunistas, sino a los graves problemas que podía traer a la democracia y la libertad la conjunción en un mismo escenario de poder de la influencia del comunismo y la personalidad autoritaria y ególatra de Fidel. No es que no tuvimos visión; es que no queríamos ver ni oír. Incluso yo, como he dicho muchas veces, aunque fui de los primeros castigados por oponerme a ese cambio de rumbo, antes no le había hecho mucho caso a otros compatriotas y amigos que me lo habían comentado"[11].

En Berlín, en una conversación con el más conocido de los periodistas cubanos, el también escritor Carlos Alberto Montaner, mientras intercambiábamos criterios sobre las

---

terminar un popular programa radial en el que siempre denunciaba la corrupción gubernamental. Su suicidio marcó el fin de su proyecto político; fin que el joven Fidel Castro aprovechó para instalarse mediáticamente como el nuevo "héroe del pueblo cubano".

[11] Matos, Hubert. Entrevista en los Archivos del Autor.

posibilidades actuales de un mayor alcance de la labor movilizadora de la oposición dentro de la isla, noté que ambos hacíamos referencia a un mismo asunto, vital para el desarrollo de una sociedad: el acceso libre a la información.

Coincidimos en un detalle: nadie podrá entender el proceso político cubano si deja de lado la personalidad de Fidel Castro y el significado del castrismo (la traspolación de sus vicios y limitaciones personales al proyecto político que implantó en la isla).

Montaner había escrito:

"No hay ninguna figura política viva que despierte la curiosidad antropológica que provoca Fidel Castro. Sus barbas y su chaquetón verde oliva pasarán a la iconografía del siglo XX junto al bigotillo de Hitler, el puro de Churchill y el bombín de Charles Chaplin. [...] Es un presidente repleto de esdrújulas: enciclopédico, oceánico, pedagógico, y su tono suele ser, además, apocalíptico. Quien no lo ha escuchado no se imagina el poder devastador que puede alcanzar la palabra. Un poder, a veces, de vida o muerte. Esos largos discursos tienen, además, una trascendental función litúrgica: ahí, en ese torrente de palabras desordenadas se define lo que es verdad o mentira; ahí, en medio de expresiones coloquiales, de burlas y de cóleras, de explicaciones complejas y de simplificaciones tontas, se dibujan los contornos de la realidad, se seleccionan los enemigos del pueblo, los amigos, lo que se debe creer y lo que se debe rechazar. La palabra de Castro es el libro sagrado del pueblo, la biblia revolucionaria que sirve de marco teórico para poder establecer juicios de valor o para amparar o condenar determinadas conductas. [...] Si Fidel lo afirmó, es correcto; si lo desaprobó, hay que rechazarlo. Es el conocido mecanismo de la filosofía escolástica: en el terreno religioso las cosas son ciertas o falsas de acuerdo con la opinión de las autoridades. Ése es el carácter infalible que poseen las verdades reveladas. En Cuba, Fidel es la única autoridad moral e intelectual"[12].

Y coincidimos además en que, desde que descubrió que no había funcionado su estrategia de imponerse en el mundo de la política cubana mediante su asociación con organizaciones gangsteriles y a través de un comportamiento abiertamente mafioso y matón, Fidel Castro abogó por una labor de proselitismo que, aprovechándose de sus dotes como orador y de su cultura, adquirió un fuerte matiz intelectual. Justamente ese conocimiento del poder de la palabra para movilizar conciencias, y la experiencia histórica de todo el daño que hizo a Batista la existencia de una prensa libre (el propio Fidel escribiría contra la dictadura utilizando algunos periódicos de la época), unido a su incapacidad innata de diálogo que le impulsaba a querer ser la única voz a considerar en cualquier tema importante para el país, le permitieron saber que no podría concentrar todo el poder si permitía la libertad de prensa. Para sus propósitos, a Fidel Castro no le era útil el periodismo; sabía perfectamente que cuando los medios de prensa están en manos de un sólo poder, termina el periodismo y empieza la propaganda: justamente lo que él necesitaba.

"...hay que tener siempre presente que antes que el periódico están los intereses de la Revolución. Primero la Revolución y después el periódico. Los intereses del periódico deben estar subordinados a los intereses de la Revolución". (Fidel Castro, Periódico *Revolución*, 27 de marzo de 1961, p. 5)

---

[12] Montaner, Carlos Alberto. *Viaje al corazón de Cuba*, Plaza & Janés, 1999, pp. 7-8

Para entender la radicalidad de los planes "revolucionarios" de control de la información a través de una censura increíblemente estructurada y controlada hasta en sus más mínimos detalles, hay que observar el desarrollo del periodismo, la libertad de información y las telecomunicaciones que encontró Fidel Castro cuando asumió el poder en 1959.

Con apenas poco más de 6 millones de habitantes, Cuba ocupaba el segundo lugar en América en estas áreas, sólo superada por Estados Unidos. Por su importancia, repito aquí las cifras que mencioné en el primer capítulo: los cubanos disfrutaban de 58 periódicos, 126 revistas, 160 estaciones de Radio, 600 Cines (había más cines que en Nueva York y el resto del mundo), tres cadenas nacionales: CMQ Televisión, Unión Radio Televisión y Telemundo, que competían entre ellas tan creativamente que la televisión y la publicidad televisiva cubana, además de la más moderna en América, era considerada la mejor del mundo luego de la televisión y la publicidad norteamericanas. Y lo más importante: todas las tendencias políticas e ideológicas tenían su propia prensa.

Terminaríamos de ejemplificar diciendo que en la actualidad, según organismos internacionales e instituciones no gubernamentales de la libertad de prensa e información, la isla es el último país en Latinoamérica en este terreno, con poco más de 19 periódicos (todos controlados por el Partido Comunista), apenas 30 revistas de escasa circulación (dependientes de organismos y ministerios estatales), 20 estaciones de radio (gubernamentales), dos canales de televisión en los mismos viejos estudios de 1958, dos canales "educativos" también nacionales, y transmisoras televisivas de alcance provincial (todos estos también bajo la égida del Partido Comunista), sólo una publicación independiente oficialmente permitida, aunque con limitaciones muy reguladas para su distribución: la de la Iglesia Católica, y aunque en los últimos años el gobierno ha tenido que permitir la existencia de órganos independientes y opositores en internet es válido aclarar que esto ocurre en un país cuya conectividad es ridícula: sólo el 30% de la población logra acceder básicamente para conectarse con sus familiares en el exterior, y apenas un 2% busca noticias.

En sus informes desde 2014, la Federación Internacional de Periodistas coloca a Cuba como el país más atrasado de la región en el desarrollo tecnológico de medios de prensa e información en internet, y todos los reportes de los últimos cinco años de Reporteros Sin Fronteras (RSF) y de la Sociedad Interamericana de Prensa (SIP) han denunciado a Cuba como uno de los países del mundo donde más se restringe y viola la libertad de prensa.

No se trata, entonces, solamente del control de los medios como ha sucedido en las últimas décadas en muchos países del mundo, incluidas algunas dictaduras y hasta algunas "democracias" (quizás la llamada "Ley Mordaza" en España, sea el ejemplo más reciente de este tipo de flagelo universal contra la libertad). Nada escapa a la mirada inquisitiva e inquisidora de los censores cubanos. Se trata de la monopolización del discurso público en una sola voz, eliminando el periodismo y estableciendo la propaganda gubernamental como único medio de comunicación e información al pueblo. Se trata de la concentración editorial en manos del gobierno revolucionario (desde la década del 70 no existen editoriales independientes sin control estatal). Se trata de la nacionalización de todas las emisoras radiales y televisivas, así como de todos los medios de comunicación telefónica y, en los últimos años, de internet. Se trata de la conveniente reescritura de la historia nacional a favor del "presente revolucionario" para ofrecer un panorama desolador de la Cuba que solamente el proyecto social de "la Revolución" podía cambiar. Y ese proceso de silenciamiento de la opinión pública cubana comenzó apenas unos meses después del triunfo cuando, tras la euforia colectiva nacional que convirtió a todos los periódicos, emisoras y canales de televisión en un coro que aplaudía la llegada de una nueva era para el pueblo cubano, los medios de prensa retomaron su curso habitual de trabajo, el de ofrecer la verdad en todos sus matices y complejidades: apenas comenzaron las primeras y aún entonces muy leves y cuidadosas críticas a la gestión revolucionaria, Fidel Castro estalló en cólera y comenzó paulatinamente a restringir las libertades de los periodistas, interviniendo medios de prensa, atacando duramente a los más importantes líderes de opinión que se le oponían, creando campañas de difamación para engañar al pueblo en torno al prestigio de periodistas y órganos de prensa de mucho arraigo popular (básicamente, culpándolos de defender la odiada y ya derrotada era batistiana), hasta que en 1965 dio la estocada final a la libertad de prensa y al periodismo creando dos importantes íconos de la propaganda oficial: los periódicos *Granma* (voz oficial del Partido Comunista de Cuba) y *Juventud Rebelde* (órgano de prensa de la Unión de Jóvenes Comunistas).

A partir de ese momento, y hasta hoy, no se publica una noticia en Cuba sin la aprobación de una estructura de control conocida como Departamento de Orientación Revolucionaria (DOR), dependencia del Comité Central del Partido Comunista, encargada de monopolizar y monitorear toda la información que circula en la isla; como tampoco se puede emitir una melodía que haya sido prohibida por esos censores; publicar una obra literaria, histórica, científica o de otra índole que no cuente con el voto de los distintos departamentos de control que existen en cualquiera de los ministerios del país; ni está permitido proyectar ningún documental o película que no cumpla los rígidos requisitos exigidos por la llamada Política Cultural de la Revolución, etc. A ese amordazamiento de las libertades expresivas y de prensa, contribuyen, por un lado, el monopolio actual de las telecomunicaciones e internet, concentrado en una sola compañía (ETECSA, que cuenta con un Departamento de Espionaje Cibernético perteneciente al

Ministerio del Interior), que permite el monitoreo incluso de los mensajes privados de aquellas pocas personas que pueden utilizar la mensajería electrónica (email) y de aquellas otras (aún más pocas) que pueden acceder a las redes sociales; y, por otro lado, el servilismo y colaboracionismo oficialista de instituciones gremiales supuestamente independientes del Estado, como la Unión de Escritores y Artistas de Cuba (UNEAC, registrada como ONG), la Unión de Periodistas de Cuba (UPEC), la Asociación de Publicistas y Propagandistas de Cuba, la Unión Nacional de Historiadores de Cuba (UNHIC, también registrada como ONG) y la Asociación "Hermanos Saíz" de Jóvenes Creadores (que, "curiosamente", depende de la Unión de Jóvenes Comunistas).

La información, en esencia, es uno de los poderes más defendidos por la dictadura, aunque (como se explicará con más detalles en el último capítulo de este libro), se han producido cambios estratégicos muy interesantes desde la asunción del poder de Raúl Castro en 2006, con el objetivo de ofrecer al mundo una imagen de apertura, relajamiento y respeto a la libertad informativa y de opinión. En simples palabras, un cambio más dentro de las muchas mudas de piel que, siguiendo la parábola de Carlos Franqui al inicio de este capítulo, tendría que hacer la bestia de la censura castrista después de haber despertado de su letargo; mudas de piel que no son otra cosa que cambios tácticos para adaptarse a las nuevas circunstancias históricas, a los cenagosos tiempos ideológicos y a los nuevos retos internacionales a los cuales tendría que enfrentarse la "Revolución, faro y luz de los pobres del Mundo" en esta, la llamada "Era de la Información" para que nadie descubriera la verdad oculta tras esa máscara.

Miedo, oportunismo, conveniencia, apatía, complicidad, ceguera..., son palabras que entran en todos los discursos que pretenden explicar la perdurabilidad del proyecto social que Fidel Castro implantó en una isla que se lanzaba en masa a las calles, o se levantaba en armas, cuando necesitaba librarse de algún tiranuelo o presidente más corrupto de lo aceptable. ¿Cuándo se torcieron los caminos de un sueño en el que creyó la inmensa mayoría de los cubanos? Mucho se ha discutido sobre la responsabilidad de nuestro pueblo en el desastre social que en el 2019 cumplió las seis décadas. Y entre todas esas opiniones, entre todos esos debates, resalta la claridad de la visión que sobre un tema tan polémico diera en 1969, según algunas fuentes, el periodista Ernesto Montaner en una *Carta Testamento* que erróneamente se le atribuye a Miguel Ángel Quevedo, director de la más prestigiosa y popular de las revistas cubanas de su época: *Bohemia,* publicación que apoyó fuertemente la insurrección y la revolución en contra del régimen de Fulgencio Batista (baste el ejemplo de que el 26 de julio de 1958 en sus páginas se publicó el "Manifiesto de la Sierra Maestra", un documento firmado por Fidel Castro, Raúl Chibás —del Consejo Director de la Ortodoxia Histórica, y Felipe Pazos, destacado economista y exfuncionario del gobierno de Carlos Prío Socarrás, cuyo propósito fue la unificación de los grupos contrarios y opositores que combatían a Batista). Lo triste, y terrible, es que esa visión autocrítica, en la cual se asume como una cruz la responsabilidad de la intelectualidad cubana ante el desastre nacional, circuló y tomó su auge de denuncia precisamente a partir del trágico acontecimiento que rodeó la desaparición física del propio Miguel Ángel Quevedo, sin dudas, uno de los más prestigiosos intelectuales cubanos de esa época: el suicidio en 1969, en Venezuela, ciudad a la que tuvo que huir precisamente por las amenazas, los ataques y la campaña de desprestigio que contra él lanzara el propio Fidel Castro. Dicha carta, que jamás pudo haber sido escrita por Quevedo, según atestiguan familiares y amigos cercanos, y que ni siquiera su posible autor, Ernesto Montaner, pudo explicar cómo y por qué razón se le atribuyó al director de Bohemia, es clara, dura y muy acertada en sus términos:

"Sé que después de muerto lloverán sobre mi tumba montañas de inculpaciones. Que querrán presentarme como "el único culpable" de la desgracia en Cuba. Yo no niego mis errores ni mi culpabilidad, lo que sí niego es que fuera "el único culpable". Culpables fuimos todos, en mayor o menor grado de responsabilidad.

[...]

"Fidel no es más que el resultado del estallido de la demagogia y de la insensatez. Todos contribuimos a crearlo. Y todos, por resentidos, por demagogos, por estúpidos, o por malvados, somos culpables de que llegara al poder. Los periodistas que conocieron la hoja penal de Fidel, su participación en el Bogotazo comunista, el asesinato de Manolo Castro, y su conducta gansteril en la Universidad de la Habana, pedíamos una amnistía para él y sus cómplices en el asalto al Cuartel Moncada, cuando se encontraba en prisión.

"Fue culpable el Congreso que aprobó le Ley de Amnistía. Y los comentaristas de radio y de televisión que lo colmaron de elogios. La chusma que le aplaudió deliradamente en las galerías del Congreso de la República. *Bohemia* no era más que un eco de la calle. Aquella calle contaminada por el odio que aplaudió "los veinte mil muertos". Invención diabólica del diplómano Enriquito de la Osa, que sabía que *Bohemia* era un eco de la calle, pero también la calle se hacía eco de lo que publicaba *Bohemia*.

"Fueron culpables los millonarios que llenaron de dinero a Fidel para que derribara al régimen. Los miles de traidores que se vendieron al barbudo criminal. Y los que se ocuparon más del contrabando y del robo que de las acciones militares en la Sierra Maestra.

"Fueron culpables los curas de sotana roja que mandaban a los jóvenes para la Sierra Maestra a servir a Castro y sus guerrilleros. Y el clero, oficialmente, que respalda a la revolución comunista con aquellas pastorales encendidas, conminando al Gobierno a entregar el poder.

"Fue culpable Estados Unidos de América, que se incautó de las armas destinadas a las Fuerzas Armadas de Cuba en su lucha contra los guerrilleros. Y fue culpable el State Department, que apoyó la conjura internacional dirigida por los comunistas para adueñarse de Cuba.

[...] "Todos fuimos culpables. Todos. Por acción u omisión.

[...] "Ojalá mi muerte sea fecunda. Y obligue a la meditación. Para que los que pueden, aprendan la lección. Y los periódicos y los periodistas, no vuelvan a decir jamás lo que las turbas incultas y desenfrenadas quieran que ellos digan. Para que la prensa no sea más un eco de la calle, sino un faro de orientación para esa propia calle. Para que los millonarios no den más sus dineros a quienes después les despojan de todo. Para que los anunciantes no llenen de poderío con sus anuncios a publicaciones tendenciosas, sembradas de odio y de infamia, capaces de destruir hasta la integridad física y moral de una nación, o de un destierro. Y para que el pueblo recapacite y repudie a esos voceros del odio, cuyas frutas hemos visto que no podían ser más amargas.

"Fuimos un pueblo cegado por el odio. Y todos éramos víctimas de esa ceguera. Nuestros pecados pesaron más que nuestras virtudes. Nos olvidamos de Nuñez de Arce, cuando dijo: "Cuando un pueblo olvida sus virtudes, lleva en sus propios vicios su tirano".

II
Estaciones, estrategias, mudas de piel...

"No podemos permitir que ninguna ilusión, ninguna ingenuidad, ningún infantilismo —por muchas buenas intenciones que tengan— sirva a los enemigos de la Revolución para herirnos de muerte. Fidel lo ha dicho bien claro: la prensa tiene que estar en manos de los revolucionarios, la cultura en manos de los revolucionarios, la educación en manos de los revolucionarios..., nada en este país pertenecerá jamás a quienes critican, atacan o se han apartado de la Revolución. Y ustedes, los jóvenes periodistas, tendrán en sus manos el poder de la prensa para defender las conquistas de la Revolución, así que no deben olvidar que están aquí, que la Revolución les ha educado como periodistas, para ser sólo una cosa: soldados ideológicos de la Revolución, es decir, revolucionarios conscientes y fieles a un único líder, nuestro Comandante Fidel".

**Carlos Aldana, Facultad de Comunicación,
Universidad de La Habana, 1987.**

1959-1971
Los rezagos del capitalismo

EN ESTE PERÍODO se observa una estrategia de censura muy singular: en el mismo 1959, en un intento de controlar desde dentro de los órganos de prensa cualquier información crítica al gobierno, se crean los llamados "Comités de Libertad de Prensa", encargados de demostrar al pueblo que "los obreros, la gente humilde, es decir, los periodistas revolucionarios" no estaban de acuerdo con las políticas editoriales de los dueños "capitalistas" de esos medios, y para ello, entre otros mecanismos de control, establecieron el método conocido como "Coletillas", breves textos que se imprimían contra la voluntad de los dueños en toda noticia que criticara a "la Revolución".

Aunque no hubo ni un órgano de prensa que se salvara de estas coletillas, en el libro *La imposición del silencio. Cómo se clausuró la libertad de prensa en Cuba*, el periodista Waldo Fernández Cuenca refiere una de las coletillas más representativas, publicada en el más importante periódico cubano de la época, el *Diario de la Marina*:

"Esta sección se publica por voluntad de esta empresa periodística en uso de la libertad de prensa existente en Cuba, pero el Comité Local de Libertad de Prensa de Periodistas y Gráficos de este Centro de Trabajo expresa, también en uso legítimo de ese derecho, que no comparte la opinión sustentada por la autora que en dicha sección se publica. El solo hecho de preferir la lectura de los escritos en que se pondera y elogia a los Díaz Lanz, Pedraza, Ventura y comparsa de asesinos y traidores a la Patria; en los que se cataloga el actual régimen que gobierna en Cuba con los regímenes brutales que viven Santo Domingo, Nicaragua y el Paraguay está diciendo a las claras que su autora integraría complacida aquel nefando coro de gritones: ¡Vivan las cadenas!" ("Una carta con sobre", en *Diario de la Marina*, 22 de marzo de 1960, p. 4).

Aunque las coletillas tuvieron una corta vida, pues solían terminar cuando el periódico o revista era intervenido por "la Revolución", este proceder se trasladó al sector editorial y no fueron pocos los libros que se publicaron con una hoja suelta, al estilo de las fe de erratas, que ofrecía "aclaraciones revolucionarias" en las cuales usualmente otros intelectuales se manifestaban en contra del contenido de dicho libro que se publicaba únicamente (según solían decir esas notas) por "respeto a la libertad de prensa existente en Cuba". El caso más sonado de este sutil proceder de la censura es el libro por el cual estalló el llamado "Caso Padilla", que analizaremos en un próximo capítulo. Su poemario *Fuera del juego*, con el que había obtenido en 1968 el Premio Julián del Casal, de la UNEAC, con un jurado de primer nivel integrado por los cubanos José Lezama Lima, Manuel Díaz Martínez y José Zacarías Tallet, el peruano César Calvo y el inglés J. M. Cohen, salió publicado con una nota de la directiva de la UNEAC en la que se expresaba el desacuerdo con el premio y con la obra en sí, por considerar que era ideológicamente contraria a la Revolución Cubana. Además de criticar a Padilla por defender en una polémica reciente al escritor Guillermo Cabrera Infante, a quien se tildaba de "tránsfuga [...], quien se declaró públicamente traidor a la Revolución", dicha nota aseguraba, entre otras cosas, que Padilla:

"mantiene dos actitudes básicas: una criticista y otra antihistórica. Su criticismo se ejerce desde un distanciamiento que no es el compromiso activo que caracteriza a los revolucionarios. Este criticismo se ejerce además prescindiendo de todo juicio de valor sobre los objetivos finales de la Revolución y efectuando transposiciones de problemas que no encajan dentro de nuestra realidad. Su antihistoricismo se expresa por medio de la exaltación del individualismo frente a las demandas colectivas del pueblo en desarrollo histórico y manifestando su idea del tiempo como un círculo que se repite y no como una línea ascendente. Ambas actitudes han sido siempre típicas del pensamiento de derecha, y han servido tradicionalmente de instrumento de la contrarrevolución".

Aunque existieron otras variantes de la censura "revolucionaria", nótese que tanto en las coletillas, como en estas notas editoriales, y como también en los ataques que el propio Fidel Castro y los intelectuales a su servicio realizaron contra periodistas, escritores y comunicadores de renombre en esos años, se definía una clara estrategia de corte propagandístico para establecer la censura: quienes ejercían cualquier tipo de crítica eran culpabilizados de apoyar al enemigo derrotado; es decir, al dictador Fulgencio Batista y cualquiera de los "rezagos capitalistas" que él y su derrotado gobierno representaban para la memoria colectiva del pueblo cubano.

Esos supuestos "rezagos del capitalismo" que, según la lógica ponzoñosa de los comisarios culturales, censores y represores "revolucionarios", ataban a muchos cubanos al pasado batistiano, sirvió para intervenir los medios de prensa y comunicación del país; para censurar películas (siendo el caso más conocido el de *PM*, realizada por Sabá Cabrera Infante y Orlando Jiménez Leal, un retrato de La Habana nocturna, en los que la rumba y los tragos, según los censores, pintaban una Cuba que había quedado atrás); para cerrar el suplemento cultural "Lunes de Revolución"; para marginar a José Lezama Lima, Virgilio Piñera y otras figuras intelectuales de importancia que, como diría la comisaria cultural comunista Mirta Aguirre, "siguen anclados en sus cómodas poltronas, encerrados en sus torres de cristal, lejos de la heroica cotidianidad del pueblo"; para perseguir por sus inclinaciones sexuales "impropias" o "deshonestas" o "antinaturales" a miles de artistas e intelectuales y encerrar a cientos de ellos en los campos de concentración llamados UMAP (Unidades Militares de Ayuda a la Producción); para censurar a escritores y grupos literarios (ejemplo más conocido, el del grupo "*El Puente*") por no hacer una literatura "acorde a los nuevos tiempos y al hombre nuevo que queremos construir" (como gustaba repetir el censor Luis Pavón Tamayo en sus artículos con seudónimo en la revista *Verde Olivo*, de las Fuerzas Armadas Revolucionarias), llegando incluso a encarcelar a más de una decena de jóvenes escritores, y finalmente, aunque con matices que anunciaban un cambio de la estrategia censora y represora, para condenar y forzar al exilio al poeta Heberto Padilla.

Avivar la llama del odio que gran parte de los cubanos sentía contra la dictadura batistiana resultaba muy efectiva: bastaba que Fidel Castro insinuara el colaboracionismo con Batista de alguno de esos críticos para que la población quisiera tomar la justicia por sus manos y entonces, asumiendo el papel de jueces justicieros que respondían "a la indignación genuina de nuestro pueblo revolucionario", el gobierno pudiera ejecutar la censura, la represión, la nacionalización, el destierro e incluso el fusilamiento, con el beneplácito de las masas populares. Fue la época en que esa propaganda perseguía un único propósito: que el pueblo gritara, como tanto gritó en esos años, ¡Paredón! ¡Paredón! ¡Paredón!, legitimando con su voz, sin saberlo, el inicio de la futura muerte de sus propias libertades individuales.

Etiqueta: Rezagados

"La idea de la Revolución no ha sido el obstáculo, porque la Revolución es loable en todo tiempo. El problema ha sido la forma: no hemos sido originales. Fuimos una revolución autónoma, con un ejército de campesinos, que pueden ser muy buenos guerrilleros pero no necesariamente buenos estadistas o gobernantes. Al aferrarnos a la llamada autenticidad caímos en los errores del absolutismo del partido único, que es un estorbo para el movimiento de las ideas. Se ha matado el diálogo y la lucha ideológica, puesto que se dispara de un solo lado y se produce un monólogo. Hemos mitificado nuestro triunfo y hemos exaltado una amenaza real, pero nos ha faltado realismo".

Reynaldo González, citado por Juan Cruz
en *El País*, Madrid, 28 de octubre de 1991

Además de esos "errores del absolutismo del partido único" al que hace referencia el escritor cubano Reynaldo González en la cita anterior; errores que nacen en la decisión de Fidel Castro de "entre los dos imperialismos que nos acosan, estratégicamente es mejor aliarse al que está más lejos, si queremos mantener la independencia que hemos ganado con las armas", como le confesó al Comandante Eloy Gutiérrez Menoyo en 1960, cualquier análisis sobre los cambios de estrategia de la censura y la represión cultural de la Revolución Cubana no puede obviar ni la personalidad ideológica y políticamente camaleónica y maquiavélica de Fidel, ni su profundo conocimiento sobre la presencia del movimiento intelectual cubano en los más importantes sucesos históricos en

Cuba desde sus mismos inicios como nación bajo el dominio colonial de España.

A ese concepto personal de la labor de zapa que podía significar la labor de la intelectualidad en los cambios de la conciencia social, lo cual convertía a un intelectual o a un simple creador en un potencial enemigo de cualquiera que ambicionara controlar la sociedad, Fidel uniría en esos primeros años de Revolución el concepto del Ché Guevara: "la culpabilidad de muchos de nuestros intelectuales y artistas reside en su pecado original; no son auténticamente revolucionarios. [...] Las nuevas generaciones vendrán libres del pecado original"[13]. Y bajo esa conjunción de ideas, ya de por sí censoras, a las que se unió el concepto de una fracción poderosa de los comisarios culturales sobre qué tendencias creativas debían ser establecidas como "revolucionarias" y cuáles había que combatir por encarnar el pasado que "la Revolución" había derrotado, fue que se asentaron tres pilares del ideario totalitarismo castrista que estarían muy relacionados con el mundo cultural: primero, la construcción del hombre nuevo, labor que todos los cubanos, sin distinción, estaban obligados a asumir como meta propia; segundo, la configuración de un reanálisis del pasado histórico nacional que sepultara definitivamente los rezagos del oprobio republicano (reescritura de la historia que la escritora Dulce María Loynaz, en varias entrevistas, se atrevería a definir como "la invención del término despectivo de *seudorepública*, con la pretensión de opacar una época histórica luminosa en la que Cuba se convirtió en la nación que hoy es"); y tercero, la adopción paulatina de una versión cubana del realismo socialista ruso como "ámbito creacional genuino de la épica

---

[13] Aunque "El socialismo y el hombre en Cuba" se publicó en el Semanario *Marcha*, de Uruguay, el 14 de marzo de 1965, esas ideas las había ido exponiendo en sus discursos y reuniones privadas desde el mismo inicio de la Revolución.

revolucionaria", según palabras de la comisaria cultural Mirta Aguirre, en una entrevista televisiva de 1967.

Bien abonado quedaba así el terreno para la consolidación del pensamiento censor "revolucionario": la desconfianza de los líderes revolucionarios sobre los protagonistas generadores del pensamiento social y la cultura, el reforzamiento ideológico impuesto por el acercamiento a pasos firmes a la Unión Soviética como nueva metrópoli (a pesar de todos los traspiés históricos ocurridos durante esos años en esa relación), el atrincheramiento en todas las esferas de la vida nacional debido a la política tozuda de agresividad de las administraciones norteamericanas, y las "metas ideológicas nacionales" para construir una Cuba nueva edificada al detalle según el credo egocéntrico de Fidel Castro, transportarían ese entorno volátil de nítido tufo guerrerista al escenario de la cultura, transformándolo en un verdadero campo de batalla donde los creadores intentaban sobrevivir en franca desventaja debido a todo lo que ideológica, política y pragmáticamente representaba para el poder su "pecado original".

1.- Caso *PM* (Pasado Meridiano)

"...ni remotamente pensamos que un pequeño acto de esa naturaleza pudiera tener ese carácter subversivo. Nunca pensamos que teníamos ese poder. Nosotros estábamos desarmados, lo único que teníamos era una pequeña camarita y una visión fantasmagórica de la gente divirtiéndose por la madrugada en unos bares habaneros. ¿Cómo podíamos provocar a alguien con eso? ¿Por qué iba a provocar tener otro punto de vista? ¿Por qué ese maniqueísmo? Nosotros creíamos —con ingenuidad— que toda manifestación artística era por definición revolucionaria. Entonces, ¿cómo una peliculita podía provocar a nadie?".

Orlando Jiménez Leal,
entrevista concedida a Fausto Canel.

Como Orlando Jiménez Leal cuenta en el libro *El Caso PM: cine, poder y censura,* la idea del hoy mítico filme *PM* surgió en 1961, mientras el joven artista Orlando Jiménez Leal trabajaba en el programa *Lunes en TV,* justo cuando sobre el pueblo cubano la propaganda revolucionaria comienza a regar el fantasma de una inminente invasión de Estados Unidos; amenaza a la que el propio Fidel daría cuerpo cuando anuncia que la invasión estaba a la vuelta de la esquina y decreta un estado de guerra que se extendió a toda la isla. Los medios de prensa, respondiendo al nacionalismo guerrero que bullía en las calles, amplificaron esa alarmante situación: todas las estaciones de televisión encadenaron sus trasmisiones, los programas culturales fueron sustituidos por programas, noticieros y llamados a la unidad ante la agresión, en un épico tono que parecía el anuncio del fin del mundo; las calles, parques y sitios de concurrencia popular se cubrieron de carteles propagandísticos que anunciaban el holocausto que caería sobre el pueblo si no se unía en lucha contra el agresor imperialista, y las emisiones radiales, al unísono, asumieron un idéntico toque de rebeldía y fidelidad a "la Revolución" que calcaba el estilo de Radio Rebelde, la emisora oficial del Movimiento 26 de Julio, grupo rebelde encabezado por Fidel Castro.

Jiménez Leal fue enviado a trabajar en el noticiero del Canal 2 de TV, como refuerzo para cubrir noticiosamente ese período de alerta revolucionaria, y el director, Julio Fernández Reyes, le pide que salga a la calle y reporte cómo se preparaba La Habana para la invasión. ¿Resultado?: un reportaje de cuatro minutos, en el cual se mostraba en paralelo a la gente divirtiéndose en los bares y a los milicianos preparándose para luchar. El director, que debía escribir el texto que acompañaría aquellas imágenes, le comunica a Jiménez Leal que no se iba a transmitir porque era "conflictivo", una palabra que ya desde esos días el comisariado cultural comenzaba a aplicarle a todo aquello que no se ajustara exactamente a los rígidos conceptos que la burocracia política consideraba correcto.

Esa primera censura es la que genera justamente *PM*. Creyendo que lo sucedido era lógico en el estado de emergencia que vivía el país, Jiménez Leal le muestra el reportaje a su amigo y colega Sabá Cabrera Infante, y le propone convertir la idea en un corto "quitándole toda la parte bélica para que no fuese un filme político, ni conflictivo, sino un pequeño poema a la noche", dice, y confiesa que no había en ellos ninguna intención de provocar, pues sólo querían "ponerla en los cine-clubes, en la Cinemateca, enseñársela a los amigos, llevarla quizás a algún festival de cortometrajes y después exhibirla en el programa de *Lunes*. Lo importante era hacerla. Era una visión que estaba ahí y de cierta manera se nos escapaba". Sabá y Jiménez Leal le proponen la idea entonces al escritor y periodista Guillermo Cabrera Infante (hermano de Sabá y director del Suplemento *Lunes de Revolución*, quien podía decidir lo que se trasmitía en el programa televisivo *Lunes en TV*). Cerrado ese acuerdo, y con la seguridad de que el corto podría trasmitirse en dicho espacio, empiezan a filmar:

> «Nos fuimos a filmar con una pequeña camarita Bolex y unos cuantos rollos de película que habíamos comprado en bolsa negra (no había otra manera de comprar película, ya que para entonces el ICAIC[14] tenía el monopolio de la importación de película virgen). Lo queríamos filmar todo en dos o tres noches porque a esos lugares ya habíamos ido muchas veces. Era un recorrido que podía hacer cualquier persona que vivía en Regla: los bares del Muelle de Luz, la Playa de Marianao, etc. El sonido lo hicimos con una vieja grabadora enorme que conectábamos en cada lugar donde llegábamos. Todo ello se hizo con luz ambiente, sin ningún tipo de artificios, sin repeticiones. Casi todo era una sola toma».

---

[14] Instituto Cubano de Arte e Industria Cinematográficas.

La emisión de *PM* no fue censurada: todo el país pudo verlo en uno de los espacios televisivos de mayor audiencia, pero el aparato de control de los censores se activó cuando propusieron seguir mostrando el corto en los cines de la capital cubana y, en opiniones de ambos realizadores, de Guillermo Cabrera Infante y otros testigos, la propuesta "poco heroica" que mostraba la obra fue criticada y bloqueada tanto por la Comisión de Estudio y Clasificación de Películas (organismo censor del universo audiovisual dependiente del ICAIC) como por figuras que, curiosamente, pese a que asumían en esos años con una fe ciega y militante el papel de censores, décadas después comenzarían a protagonizar (al menos en el plano discursivo) la necesidad de pluralidad, independencia y libertad creativa del cine cubano: Alfredo Guevara, quien entonces dirigía el ICAIC; el crítico de cine Mario Rodríguez Alemán y el cineasta Julio García Espinosa, que parecía haber olvidado la censura y represión sufrida por su película *El Mégano* seis años antes, en tiempos de la dictadura de Batista. Es importante agregar que estos censores, en diversas entrevistas donde se ha abordado el Caso *PM*, intentan minimizar su responsabilidad en los extremismos a los que se llegó, culpando a las presiones recibidas de las poderosas comisarias culturales Edith García Buchaca, directora del Consejo Nacional de Cultura, y Mirta Aguirre, así como a las posiciones beligerantes que existían entre *Lunes de Revolución*, en el que trabajaban individuos de casi todas las tendencias ideológicas existentes en el país, aunque defendieran a "la Revolución" desde una perspectiva menos dogmática y más liberal, y el ICAIC, donde se concentraban los revolucionarios de corte estalinista que abogaban por establecer la cultura como un arma ideológica y propagandística de "la Revolución".

El cisma que la censura a *PM* provoca en los escenarios de la cultura cubana llega a oídos de la alta dirigencia política, especialmente por las más de cincuenta firmas de importantes escritores y artistas que recoge Guillermo Cabrera Infante para condenar tal acto censor, por el profundo espíritu crítico (divisionista según el credo revolucionario) del artículo publicado en la revista *Bohemia* por Néstor Almendros, en mayo, y por lo escandalosa que resultó la osadía de Tomás Gutiérrez Alea (quien luego se convertiría en el más mítico de los cineastas cubanos y siempre mantendría una postura realmente independiente como creador) al llamar autócrata a Alfredo Guevara, amigo muy cercano de Fidel Castro.

Tal cisma obligaría a Alfredo Guevara a proponer una reunión en la Casa de las Américas, el 31 de mayo de 1961, donde las pretensiones de los censores fueron derrotadas por la ardua defensa que la mayoría de los asistentes hicieron de *PM*. Sin embargo, al día siguiente, el periódico comunista *Hoy* publicaba la decisión oficial de censurar el corto y mentía al decir que fue decisión mayoritaria de escritores y artistas, incluidos los autores del filme. Estos, impotentes, decidieron solicitar una nueva reunión y es cuando Fidel Castro, preocupado por el alcance que iba tomando el escándalo, decide poner las cosas en su sitio y para ello ordena organizar un encuentro con los intelectuales en la Biblioteca Nacional, tomando como punto de partida el corto PM para llegar a una "reflexión" sobre el lugar del artista en la sociedad que tenía en mente.

Aquella reunión se celebró durante tres viernes consecutivos, 16, 23 y 30 de junio de 1961. Fue allí donde Fidel pronunció su famoso discurso "Palabras a los Intelectuales", del cual el entramado censor elegiría una frase a modo de Caballo de Batalla para establecer, bajo un claro corte estalinista, la Política Cultural de la Revolución: "Dentro de la Revolución, todo; contra la Revolución, ningún derecho".

"Lo que sí quedó claro después de las reuniones con los intelectuales (revolucionarios) en la habanera Biblioteca Nacional fue que la más alta dirigencia revolucionaria (léase, Fidel Castro) tomó partido por la facción que más le convenía a sus intereses políticos, a su deseo de perpetuarse en el poder: así apoyó a los dirigentes del ex PSP optando por un camino burocratizador y estatalista de la cultura, donde los más críticos fueron absorbidos por el oficialismo recién creado. [...]

De esta forma, se reestructuró el panorama político-cultural cubano al antojo partidista del castrismo sovietizante: se crea la ya mencionada UNEAC, remedo de la soviética, presidida por Nicolás Guillén, con sus revistas oficiales: primero *La Gaceta de Cuba* y con posterioridad, en 1962, *Unión,* como órganos de dicha institución.

Sin embargo, unas de las consecuencias de las reuniones de la Biblioteca Nacional no solo fue el cierre de casi todos los suplementos literarios que existían en ese momento: *Lunes de Revolución, Hoy Domingo, Arte y Literatura* (del periódico *Diario Libre*), sino que muchos de sus colaboradores fueron destinados al servicio exterior como agregados culturales, desde Guillermo Cabrera Infante, destinado a Bélgica, hasta Pablo Armando Fernández (subdirector de *Lunes*) y Heberto Padilla, César Leante y Manuel Díaz Martínez; incluso Oscar Hurtado y Roberto Branly, etc. Con las excepciones de Calvert Casey, que optó por el exilio, suicidándose en Roma en 1969 ante el temor que lo deportaran a Cuba, y de Virgilio Piñera, que decidió quedarse en la Isla, viviendo en carne propia el más triste y desolador oscurantismo".

Felipe Lázaro, escritor y editor cubano.

2.- Cierre del suplemento cultural *Lunes de Revolución*

"*Lunes* tuvo una grandísima influencia entre los cubanos. Ahí se trataron todos los grandes temas intelectuales y artísticos contemporáneos, pero había un conflicto entre revolución y cultura, y como decía Martí, «la cultura es libertad» y en un sistema que iba acabar con todo, no podía permitirse un vehículo que hablara de libertad. Por eso había que liquidarlo, y lo liquidaron".

Carlos Franqui, escritor y periodista cubano.

Entrevista concedida a Luis de la Paz.

Como se ve, la censura contra el corto *PM* fue el comienzo del fin de *Lunes*, un suplemento cultural que, más allá de las nostálgicas defensas y los furibundos ataques que ha recibido desde su corta existencia (del 23 de marzo de 1959 al 6 de noviembre de 1961) hasta hoy, encarnó en esencia las contradicciones ideológicas, políticas y culturales de ese momento histórico.

Primero, fue fundado por intelectuales con ideas de izquierda pero creyentes en la democracia y recelosos del comunismo soviético: Guillermo Cabrera Infante y Carlos Franqui; el primero concibió la idea y el segundo le sumó su apoyo como hombre poderoso en el contexto monopólico de la prensa revolucionaria.

Segundo, sus realizadores, en mayoría abrumadora, se habían subido jubilosamente a la aplanadora de "la Revolución" en sus luchas contra un pasado que consideraban criminal, oprobioso e injusto; apoyo que es claramente distinguible en su primer editorial, donde anunciaron una política de trabajo que pretendía ser inclusiva, aunque en la realidad era contradictoriamente excluyente, coincidiendo con el lenguaje y la estrategia utilizada por el aparataje político del gobierno para amordazar a la prensa y a la cultura: ser incluyente siempre y cuando esa inclusividad no afectara a "la Revolución". Ese concepto tan particular y contradictorio de lo inclusivo se demostraría en las luchas generadas por el trabajo editorial de *Lunes*: se decían representantes de lo nuevo, de lo moderno, de la vanguardia cultural (sin embargo, los estudiosos coinciden en una serie de documentos, cartas y sucesos que demuestran el descontento de otros creadores jóvenes y de otras tendencias también de vanguardia que se sentían excluidos); iban en contra de la estética socialista (y por ello eran lógicas las constantes y feroces rencillas con los intelectuales comunistas y comisarios estalinistas atrincherados en el ICAIC y otras dependencias del poder cultural); se proclamaban enemigos de las viejas tendencias que encerraban las culturas en capillas de egoísmo e individualismo (de ahí que, aunque el escritor y periodista Pablo Armando Fernández —subdirector del suplemento— y algunos otros protagonistas lo hayan negado, fuera visible el posicionamiento de rechazo de los primeros números hacia José Lezama Lima, la revista *Orígenes* y los seguidores de ese grupo, así como hacia otras importantes figuras de la intelectualidad cubana de las viejas generaciones, curiosamente aquellas que no se habían sumado con tanta algarabía a la comparsa propagandística de "la Revolución").

Dirigido por Cabrera Infante, con Pablo Armando Fernández como subdirector y Jacques Brouté como diseñador gráfico, quien concibió el formato siguiendo la línea de diseño de los magazines culturales franceses, llegaron a imprimirse 131 números. Y pese a las contradicciones internas del proyecto, pese a sus choques con otros grupos de poder cultural, pese a evidentes inconsecuencias en su política editorial, pese al espíritu de capilla con el que marginó y luchó contra los ataques y críticas, y pese a las barreras que su filiación revolucionaria le imponía, es innegable que ha sido el proyecto más inclusivo, democrático y renovador en la historia de las letras cubanas: se publicaron obras de autores cubanos de todas las tendencias, géneros y generaciones; se hizo una actualización de la cultura nacional con la publicación de obras de Estados Unidos, los países comunistas de Europa del Este, y las literaturas olvidadas de Asia, África y América Latina, a través de creaciones de los más importantes escritores de esas regiones y lenguas; se incluyeron ensayos políticos de Fidel Castro, Ché Guevara, Mao, Lenin y Trotsky; se difundió lo más actual de la filosofía europea (Sartre, por ejemplo), el movimiento beatnik norteamericano, la disidencia antisoviética (Pasternack como muestra más representativa), y escritores que en esos momentos encabezaban nuevas corrientes de pensamiento en otras culturas; y se propagó un mayor conocimiento de la creatividad universal mediante números especiales dedicados a reconocidos intelectuales y escritores cubanos, latinoamericanos, europeos, estadounidenses, o a temas de importancia nacional como la Reforma Agraria y el Movimiento 26 de Julio, o internacionales como los conflictos raciales en Estados Unidos.

El ensayista y profesor universitario norteamericano William Luis, en su ensayo *"Lunes de Revolución* y la revolución de *Lunes"*[15] lo resume así:

> *"Lunes* se publicó durante dos años y medio, desde el 23 de marzo de 1959 hasta el 6 de noviembre de 1961, y en ese corto período de tiempo ganó gran reconocimiento y se convirtió en uno de los suplementos literarios más meritorios del siglo veinte. Su crecimiento fue paulatino pero constante: el primer número tenía sólo seis páginas y el último llegó a las manos del lector con sesenta y cuatro páginas. Por su significativa importancia llegó a distribuirse en mayor número de ejemplares que cualquier otro suplemento publicado en las grandes ciudades. Comenzó con una circulación de cien mil ejemplares y alcanzó doscientos cincuenta mil, convirtiéndose en el suplemento literario más leído e

---

[15] En: *OtroLunes - Revista Hispanoamericana de Cultura*, No 1, Año 1, Mayo 2007.

importante en la historia de la literatura cubana y probablemente en la del mundo occidental. [...] influyó en otros aspectos de la cultura cubana, ya que los miembros dirigieron la programación, primero del canal 2 de televisión, luego del 4, y también patrocinaron un programa de televisión semanal que aparecía en pantalla los lunes por la noche, llevando a los hogares presentaciones como los musicales de Ignacio Piñeiro y de Jazz; la representación de "Abril es el mes más cruel" de Cabrera Infante e incluso el documental controversial que marcó los cambios radicales que estaban por venir, *P.M.* (1961). El personal de *Lunes* mantenía también un programa televisivo de teatro con obras de Tennessee Williams y Chejov y otras como *Electra Garrigó* (1943), de Virgilio Piñera y *La cantante calva* (1950), de Eugene Ionesco. Igualmente, informaba al público de las nuevas tendencias artísticas y literarias de la época y contaba con una compañía grabadora, Sonido Erre, y una editorial, Ediciones Erre, que promovían obras cubanas".

Tal eclecticismo, tal amplitud de mira intelectual, tal impacto en la población era visto como un "libertinaje impermisible" por los comisarios culturales que pretendían unificar la voz creativa nacional en un único tono de loa, siguiendo especialmente los dictados de la muy controlada cultura revolucionaria soviética, cuyos creadores más genuinos agonizaban bajo la bota del "realismo socialista", tendencia ideologizante que llegaría a predominar más de 70 años en la URSS y de la cual apenas son recordables una decena de títulos.

Pero tanta diversidad, tanta inclusividad para intelectuales y tendencias que no eran tácitamente útiles a la propaganda de "la Revolución" y, sobre todo, tanta conjunción de ideas contrapuestas, tampoco eran del gusto de Fidel Castro y de su plan, comenzado ya, de convertir a la prensa, a la cultura y al pensamiento social en propagandistas fieles de su proyecto personal de poder. Por eso, el escándalo del error cometido por Alfredo Guevara al censurar al corto *PM* le sirvió como el pretexto perfecto para dejarle claro a los intelectuales cuál era su pensamiento sobre la cultura y el lugar del creador en "la Revolución"; un pensamiento que conduciría, en el caso del cine a: la censura posterior de *El final* (1964), *Desarraigo* (1965) y *Papeles son papeles* (1966) de Fausto Canel; *La jaula*, de Sergio Giral (1964); *Elena*, de Fernando Villaverde (1964) o *Una pelea cubana contra los demonios,* de Tomás Gutiérrez Alea (1971); al retiro de circulación de muchos filmes cuyos directores habían abandonado el país: *El bautizo*, de Roberto Fandiño (1967); *La ausencia* (1968) y *Tránsito* (1964) de Alberto Roldán, o *Un día en el solar* (1965) y *El huésped* (1966), de Eduardo Manet; y a eliminar de la historiografía del cine algunos documentales de Sara Gómez y Nicolás Guillén Landrián, entre otros.

"Durante las discusiones de la Biblioteca fue donde se decide cerrar *Lunes*. Fueron debates tensos. En ese momento yo llegué al convencimiento absoluto de que Cuba entraba en un sistema de tipo soviético comunista, con el que yo estaba en total desacuerdo [...] Muchos levantaron su voz contra aquella maniobra. Una mayoría se opuso, algunos de ellos habían hasta estado en la clandestinidad y otros eran milicianos, mientras que grupos católicos, con Cintio Vitier a la cabeza, apoyaron aquellas medidas. [...] En la segunda reunión, Alfredo Guevara hizo una tremenda acusación contra *Lunes*, diciendo que éramos revisionistas y partidarios de los polacos, que en aquella época eran la peste de los países comunistas. Yo le pedí a Fidel que se pronunciara sobre aquello y no lo hizo. En ese momento me di cuenta que era Fidel y no Guevara quien estaba detrás de toda aquella patraña".
Carlos Franqui, escritor y periodista cubano. Entrevista concedida a Luis de la Paz.

3.- "Palabras a los Intelectuales": sello legal de censura a la cultura cubana

> "Una vez más nos encontramos ante un gigantesco desafío cultural, que compartimos con el mundo conocido y especialmente con los pobres de la tierra. Ahora, en medio de la crisis y en el inédito escenario de las extraordinarias tecnologías de la comunicación. La política cultural de la Revolución, las ideas de *Palabras a los intelectuales*, enriquecidas por una práctica de decenios y prevenidas contra la repetición de los errores de antaño, conservan vigencia"[16].
>
> **Fernando Rojas**, Viceministro de Cultura, 201216

Llama la atención que en 2011, al cumplirse los 50 años de que Fidel Castro en un encuentro con los escritores y artistas cubanos en la Biblioteca Nacional pronunciara el famoso discurso que luego se conocería como "Palabras a los Intelectuales", los nuevos comisarios de la cultura cubana (Abel Prieto, exministro de Cultura y Miguel Barnet, presidente de la UNEAC, a la cabeza de un grupo de marionetas del poder político), pretendían validar la "vigencia" en los tiempos actuales de ese manifiesto ideológico censor. Podría ello entenderse como uno más de los tantos "homenajes" con los que la nomenclatura pretende falsear, suavizar o esconder imperdonables errores en esa larga lista de fracasos políticos, sociales e ideológicos que es en sí misma la Revolución Cubana. Pero el 30 de junio de 2015 el periódico *Granma*, órgano oficial del Partido Comunista de Cuba, publicaba unas declaraciones del escritor Miguel Barnet durante una reunión nacional de la UNEAC, a la cual habían asistido el actual Ministro de Cultura, Julián González, y Abel Prieto, esta vez en su condición de Asesor del presidente Raúl

---

[16] "Rojas, Fernando. "El universo de Palabras a los Intelectuales". Blog: "La pupila insomne", 12 de noviembre de 2012.

Castro. Barnet, que fue el más joven escritor en la reunión de 1961, recuerda:

> "Sus palabras fueron tan claras, de una lozanía y una transparencia que a mí me llamaron la atención, porque descubrí que era otro estilo, que iba a las cosas básicas sin regodeos y por supuesto, a los principios y necesidades de hacer un cambio radical en la estructura de poder en nuestra sociedad. [...] para publicar un libro en el capitalismo, un escritor tenía que sacar los fondos de su propio peculio, o buscarlos por aquí y por allá, haciendo concesiones. [...] Todo eso cambió con la llegada de "la Revolución". Surgieron el ICAIC, las casas de cultura, el movimiento de artistas aficionados y un proyecto tan hermoso como lo fueron los instructores de arte [...] Hoy tenemos tantas figuras, tantos grandes artistas que jamás hubieran tenido la posibilidad de desarrollarse, como ocurrió a partir de las *Palabras a los Intelectuales*, y la idea del Comandante de democratizar la cultura y estimular la búsqueda de nuevos valores en los lugares más remotos del país".

Tal simplificación del pasado y el presente de la cultura cubana, aunque maniqueo, parcial y oportunista, resulta conveniente para los convulsos tiempos actuales, pues configura sólo la parte de la verdad que conviene a los dictadores, comisarios culturales e intelectuales dóciles en Cuba; pero ellos, y la mayoría de quienes defienden hoy la supuesta validez de esas palabras, no mencionan jamás las partes de ese discurso que se refieren a las normas y los límites que los escritores, artistas e intelectuales estaban obligados a cumplir si querían ser aceptados por el poder político en una sociedad que respondería ciegamente a las órdenes de ese poder político. Es curioso que, tanto los unos como los otros, olviden la traición que esas palabras anunciaban: si otro famoso discurso de Fidel (esta vez su alegato de autodefensa en el juicio que se le hizo luego de ser derrotado al levantarse en armas contra la dictadura de Batista en 1953), conocido como "La historia me absolverá" es, sin dudas y como ya he dicho, el documento más contrarrevolucionario y más antifidelista que existe, pues en él puede leerse los graves problemas sociales, económicos y políticos de la Cuba que Fidel quería solucionar con su Revolución y, contrariamente, todos esos problemas aparecen multiplicados por diez en la Cuba actual, "Palabras a los Intelectuales" es un manifiesto de todo lo que "la Revolución" prometió y no cumplió en lo referido a la cultura y sus necesarias libertades, pues si se tuviera una cuota mínima de honestidad, nadie en su sano juicio, alabaría esa "vigencia" luego de cinco décadas de sectarismo, exclusiones, destierros, prisiones y hasta fusilamientos para aquellos que no acataban las normas que precisamente se implantaron a marcha forzada luego de esos fatídicos días de junio de 1961. Si se tuviera una cuota mínima de honestidad, se reconocería que el único éxito de la Política Cultural de la Revolución ha sido la masificación de la cultura, poniéndola al alcance de los cubanos en cualquier rincón de la isla (que no "democratización" como asume el discurso político del comisariado cultural castrista, pues la cultura en Cuba es cualquier cosa menos democrática y libre); pero también tendrían que aceptar que esa masificación era (y es aún hoy) la estrategia perfecta para convertir la cultura en un instrumento propagandístico de la política oficial totalitaria: no olvidemos que en el discurso mencionado ("La historia me absolverá"), que es considerado por el propio Fidel el programa de problemas que "la Revolución" debería eliminar, no aparece ninguna crítica a la cultura en esa sociedad contra la que él se había alzado en armas y no hace ninguna mención importante de intelectuales cubanos (salvo la de José Martí, para elogiar su patriotismo o la de algunos intelectuales extranjeros, elogiando a unos porque tienen pensamientos que justifican su tesis sobre la necesidad de una revolución y atacando a otros por "reaccionarios" y contrarrevolucionarios). Tampoco puede olvidarse que ninguno de aquellos barbudos rebeldes que tomaron el poder en 1959 y se convirtieron en la élite dirigente durante cinco décadas (salvo un negro, el comandante Juan Almeida Bosque) creía en la cultura. Ante esas evidencias de desinterés por la cultura como parte esencial de una sociedad y ante la ya demostrada desconfianza de Fidel y su grupo político hacia artistas, escritores e intelectuales debido a su "pecado original" (no ser "auténticamente revolucionarios", como diría el Ché), ¿que nos obliga a creer entonces que sea genuino ese interés en la cultura?

Pero, además, de que en esas palabras Fidel reconoció que la mayoría del pueblo no era revolucionario y definió claramente qué pretendía conseguir (*la Revolución debe tener la aspiración de que marchen junto a ella no solo todos los revolucionarios, no solo todos los artistas e intelectuales revolucionarios. Es posible que los hombres y las mujeres que tengan una actitud realmente revolucionaria ante la realidad, no constituyan el sector mayoritario de la población: los revolucionarios son la vanguardia del pueblo. Pero los revolucionarios deben aspirar a que marche junto a ellos todo el pueblo. [...] La Revolución solo debe renunciar a aquellos que sean incorregiblemente reaccionarios, que sean incorregiblemente contrarrevolucionarios.*), sin anunciar lo que estaba dispuesto a hacer para lograr esa aspiración de apoyo masivo a su proyecto; y además de dejar claro cuál debía ser el papel del artista, escritor o intelectual (*el revolucionario pone algo por encima de todas las demás cuestiones, el revolucionario pone algo por encima aun de su propio espíritu creador, es decir: pone la Revolución por encima de todo lo demás. Y el artista más revolucionario sería aquel que estuviera dispuesto a sacrificar hasta su propia vocación artística por la Revolución*), la mayor traición de "la Revolución" a esas palabras está en este párrafo:

"Permítanme decirles en primer lugar que la Revolución defiende la libertad, que la Revolución ha traído al país una suma muy grande de libertades, que la Revolución no puede ser por esencia enemiga de las libertades; que si la preocupación de alguno es que la Revolución vaya a asfixiar su espíritu creador, que esa preocupación es innecesaria, que esa preocupación no tiene razón de ser".

¿Cumplió "la Revolución" esa promesa? La respuesta es un rotundo NO, quedando este discurso como una de las joyas más enjundiosas del tradicional cinismo de Fidel Castro.

Con *Palabras a los intelectuales* quedó establecida la política que permitió crear un grupo de instituciones y proyectos culturales y educacionales de apoyo a la cultura que permitirían el desarrollo alcanzado posteriormente en todos los ámbitos de la creación artística y literaria, pero bajo un sello de indefinida censura que marcaría el destino de la cultura cubana: o se era fiel al régimen y se subordinaban las aspiraciones artísticas e intelectuales a los designios ideológicos de "la Revolución", apartando a un lado el espíritu crítico que sobre la sociedad deben tener el arte, la cultura y el pensamiento, o se quedaba el artista, el escritor, el intelectual, condenado al ostracismo (Lezama Lima, Virgilio Piñera, entre otros), a la prisión (Ángel Cuadra, René Ariza, Reinaldo Arenas, Néstor Díaz de Villegas —que pasó cuatro años de horror en la prisión cienfueguera de Ariza, por escribir "un poema contrarrevolucionario"— y algunos menos conocidos) o al exilio. Algunos decidieron bajar la cabeza y aceptaron ser corderos en el rebaño propagandístico de la dictadura; otros eligieron rebelarse y pagaron por ello con largas condenas a prisión o, incluso, el fusilamiento; y por suerte, otros miles apostaron por el exilio y, gracias a eso, hoy todo el mundo elogia que la diáspora cultural cubana haya creado una de las más grandes, variadas y poderosas culturas en la historia de las diásporas humanas, tan importante (y eso sí, menos condicionada por los avatares políticos) que la que se ha hecho dentro de Cuba.

Años después, cuando en el 2007 se produjo quizás la única "rebelión" de escritores cubanos contra un homenaje en un programa televisivo a uno de los comisarios que protagonizara la represión cultural de los años 70, el escritor y ensayista cubano Carlos Espinosa Domínguez, escribiría como parte de los mensajes, artículos y cartas de aquel intercambio:

"En 1974, el escritor y dramaturgo cubano René Ariza (La Habana, 1940 - California, 1994) fue condenado a ocho años de cárcel, de los cuales cumplió cinco. Cuentos, piezas teatrales y poemas inéditos suyos fueron descubiertos por la policía en el equipaje de un joven español, y eso bastó para que se le llevase ante los tribunales por "escribir propaganda enemiga". Y llamo la atención sobre ese detalle: únicamente por escribirla. Es decir, que en su caso, al igual que el de otros autores que fueron condenados a prisión o expulsados de la universidad (Carlos Victoria, Rafael E. Saumell, Manuel Ballagas, Leandro Eduardo Campa, Esteban Luis Cárdenas, Daniel Fernández, son algunos nombres que me vienen a la memoria), la penalización se sustentaba no en el delito, sino en la intención. El castigo se aplicaba, por tanto, a priori, antes de que las obras pudieran causar los supuestos daños que se les imputaban.

"Conservo una copia de la Resolución Rectoral 89/73, que lleva estampada al final la firma de Hermes Hernández Herrera, entonces rector de la Universidad de La Habana. La misma se refiere al expediente disciplinario seguido a Daniel Iglesias Kennedy, estudiante de la Escuela de Lenguas Modernas de la Facultad de Humanidades. Según se expresa en el documento, la Comisión Investigadora creada para analizar su caso (la integraban dos profesores y una alumna en representación de la Unión de Jóvenes Comunistas) solicitó una copia de la novela *Esta tarde se pone el sol,* que Iglesias Kennedy había presentado al Premio Casa de las Américas de ese año (1973).

"El dictamen fue que dicha obra «es, por sí misma, una prueba de las debilidades ideológicas de su autor y de la participación de éste en actividades antisociales desarrolladas por elementos disolutos en contubernio con agentes extranjeros, pues en dicha novela se recogen aspectos autobiográficos que reflejan esa participación en tales acciones; pudiendo concluirse que la referida novela está en contradicción con los principios establecidos por el Congreso de Educación y Cultura y con la moral comunista». Como circunstancia agravante, Iglesias Kennedy «ha mantenido una conducta social inaceptable para graduarse en la carrera que estudia en dicha Facultad, y aunque ha obtenido resultados docentes satisfactorios, sus relaciones con los demás estudiantes, en la esfera de las tareas sociales y políticas, no han resultado igualmente satisfactorias». Todo eso lleva al rector a declarar a Iglesias Kennedy «culpable de los hechos que se le imputan» y a sancionarlo «con la medida de separación indefinida como alumno».

[...]

"En esa categoría del absurdo tiene perfecta cabida un caso que está recogido en los anales de Human Rights. En 1983, el Tribunal Popular de 10 de Octubre y la Corte de Crímenes contra la Seguridad del Estado del Tribunal Popular de La Habana condenaron a Mario Gastón Hernández a tres años de prisión. Su «crimen» fue traducir un libro sobre las profecías de Nostradamus, lo cual fue considerado un intento de tratar de difundir propaganda enemiga. Se solicitó la opinión autorizada de miembros de la UNEAC, quienes dictaminaron que el texto en cuestión era «diversionista, anticomunista y antisoviético». Un representante alemán de la Comisión de Derechos Humanos de las Naciones Unidas calificó de insólita la sentencia, y expresó que Nostradamus había vivido en el siglo XVI. Pero ya se sabe que con los centinelas de la sociedad no valen las explicaciones sensatas o lógicas. Parafraseando a Pascal, la censura tiene razones que la razón no comprende"[17].

4.- La domesticación teatral

"Lo he olvidado por cuestiones curativas. Pero debí haber sufrido mucho esos catorce años que estuve metido en una biblioteca, sin publicar, prohibiendo que me visitaran allí. Con una serie de medidas coercitivas espantosas. Ni siquiera podía contestar el teléfono. Me levantaba a las seis de la mañana para llegar a las ocho y la directora me esperaba en la puerta. Revisaban todo lo que escribía, incluso lo que botaba en la basura. A la gente que preguntaba por mí, le decían que yo no trabajaba ahí.

"Las bibliotecarias me tenían pánico. *No se acerquen a él que es contra,* les decían. Después se dieron cuenta que no, que yo me estaba divirtiendo mucho. Era punto fijo de castigos en los Consejos de Trabajadores y me ponían a limpiar la biblioteca a las tres de la madrugada. Mis libros desaparecieron en esa y en todas las bibliotecas. Me sacaron de los catálogos de fichas. Yo no existía, jamás había publicado un libro, no era nada.

---

[17] Espinosa Domínguez, Carlos. "Censura, ¿estás ahí? (I)". Dossier "Pavongate o La Guerrita de los Email, 2007", en numerosos sitios de descarga gratuita en internet.

"Cuando aquello, la única persona que fue a verme fue Virgilio Piñera. Se produjo un escándalo en la biblioteca. Me llamaba desde la puerta. Gritaba mi nombre. Yo estaba en el sótano. Él, que la gente decía que era un cobarde, era capaz de valentías extraordinarias. Luego escribió un poema muy bonito que se llama "Antón en la biblioteca"[18].

Antón Arrufat, escritor y dramaturgo.

Como señalé al inicio de este libro, el teatro (en sus manifestaciones más puras, o en sus variantes musicales y humorísticas, de mayor impacto en la población) era una de las manifestaciones más fuertes y visibles en Cuba antes de 1959, precisamente, y además del respeto ganado como arte en sí misma, por esa histórica conjunción inherente a su desarrollo universal de funcionar al mismo tiempo como modalidad artística y como negocio de inversión con posibilidades de recuperación casi inmediata. Esa conjunción propició una eclosión de talentos y una ebullición en realidad impresionante de ofertas de toda índole (véase las páginas 4, 5 y 6), pero justo ese escenario de prosperidad y, sobre todo, de diversidad y diálogos artísticos, representaba un reto para un proceso social que deseaba dirigir el concierto por un único camino y a través de una voz unificada.

No por casualidad, mientras "la Revolución" reorganizaba la infraestructura teatral cubana y creaba una amplísima escena de desarrollo que favoreció en muchos aspectos al género, fueron languideciendo hasta desaparecer aquellas variantes (pongamos, por ejemplo, el teatro vernáculo) en las que históricamente dramaturgos, actores y directores habían colocado las más fuertes críticas a los gobiernos de turnos y a los más graves problemas nacionales del momento. Resulta,

---

[18] Suarez, Yoe. "Arrufat a retazos". Entrevista publicada en *El Caimán Barbudo*, 10 de diciembre de 2015.

más que significativo, conveniente para los comisarios culturales y censores, como me diría en una entrevista de 1997[19] el actor cómico Carlos Ruiz de la Tejera que "de esa hornada de grandes humoristas, escritores humorísticos y dramaturgos del humor que encarnaban la crítica social antes de la Revolución, e incluso hasta sus primeros años, luego del éxodo casi masivo y de los terribles años de la parametración, la expulsión de los homosexuales y las censuras, hayamos caído en lo que algunos llamamos *el humor del pan y la croqueta*. La mirada crítica se perdió, o como dice Zumbado[20] *la suicidaron*, y uno se asombra (otros se escandalizan, claro), cuando te encuentras una obra o un guión con propuestas serias en lo crítico".

Abelardo Estorino, considerado uno de los grandes dramaturgos en la historia de nuestras letras, condenado a la censura y la marginación por su homosexualidad (fue pareja del famoso pintor cubano, Raúl Martínez, hasta el fallecimiento de éste en 1995), prefirió siempre pasar un velo de compasión sobre esas épocas tan terribles: "En esos jodidos años escribí *Milanés*. Una vez viajamos a Matahambre a hacer unas funciones de *La discreta enamorada*. Allí nos encontramos con un director, yo no sé bien si era director de un grupo de aficionados, seguramente lo era, él había estado montando *La casa vieja*; de pronto un día recibió una comunicación en la cual había una lista de autores que él no podía montar. En esa lista junto con nombres como Ionesco y Pinter estaba el mío, así que era algo que me llenó de alegría, estar en esa lista con nombres tan famosos, aunque de todas maneras durante algún tiempo no escribí ninguna obra. Pero salió *Milanés*, salió mi experiencia de todo eso y enriqueció mi vida"[21].

---

[19] Ruiz de la Tejera, Carlos. Entrevista en los Archivos del Autor.

[20] Se refiere al escritor y humorista Héctor Zumbado (1932-2016), considerado uno de los maestros del humorismo escrito en Cuba.

[21] Valiño, Omar. "Yo soy el otro... y escribo teatro. Una conversación con Abelardo Estorino". *La Jiribilla*, No. 21 de 2001.

Otro de aquellos protagonistas, José "Pepe" Triana, autor de una de las obras clásicas del teatro cubano de todos los tiempos, prefiere ser más drástico y lo rememora así:

"El viejo sueño de tener un teatro nacional cristalizó con la llegada de los barbudos al poder, creándose por decreto gubernamental. Batista había construido, a medias, el edificio del Teatro Nacional enclavado en la futura plaza dedicada a José Martí, que se llamaría luego Plaza de la Revolución. Como era de esperarse, los grupos de actores, directores y técnicos de los años cuarenta y cincuenta fueron los rectores del movimiento. Ellos siguieron insuflándole a la juventud que se inicia en el 1959 el aliento creador y de experimentación. La burocracia «revolucionaria» supo aprovecharse de ellos, y desarrolló incluso los movimientos de teatro aficionado en toda la isla y sus festivales, el Festival de Teatro Latino Americano, patrocinado por la Casa de las Américas, la creación de los premios de Teatro de la Casa de las Américas y de la Unión Nacional de Escritores y Artistas de Cuba, las publicaciones específicamente de teatro de la UNEAC, la Escuela de Cubanacán para las Artes, y el Teatro Universitario de Oriente, el Teatro de Guiñol Nacional, dirigidos por Pepe Camejo, Pepe Carril y Carucha Camejo, el Teatro del Guiñol Provincial, dirigido por Osvaldo Pradere, el Conjunto Dramático Nacional, Teatro Estudio, Teatro Rita Montaner, Taller Dramático. Virgilio Piñera propició también la edición de obras de teatro en la colección «ERRE» del periódico *Revolución* y en el Consejo Nacional de Cultura imprimen los tomos de las obras teatrales de Gertrudis Gómez Avellaneda, José Jacinto Milanés y Joaquín Lorenzo Luaces, y en la Editorial Nacional de Cuba sacan a la luz a los dramaturgos clásicos universales. El mundo de las candilejas se masifica.

"Los cambios, desde mi perspectiva actual, fueron nocivos para el teatro en concreto, como para el país en general, puesto que irrumpieron elementos que perturbaron su natural crecimiento, es decir, su evolución; de hecho, impuso un sentimiento de «aguas turbias», de represión. Desde el comienzo se televisaban los juicios y los fusilamientos de los, unos connotados y otros supuestos, esbirros batistianos y se fue instalando el miedo, el terror, la deserción.

"La idea de cambio era válida en la medida que permitiera un avance equitativo de las fuerzas generadoras de la economía, de los problemas sociales, que las desigualdades existentes se aminoraran y desaparecieran de acuerdo a los conceptos democráticos. Pero ocurrió todo lo contrario. La fuerza revolucionaria impuso una ruptura, o mejor dicho, sufrimos un violento bocabajo y la intemperancia caprichosa de un poder absoluto, y en consecuencia la inestabilidad entre lo que se decía y lo que se hacía; y el pueblo, que no estaba preparado, ni tampoco los intelectuales, a sufrir semejante batuqueo, empezaron a resentir el desajuste que provocaba vivir situaciones de emergencia, y trataban de obrar en ese maremágnum creado, incrementando las potencialidades de sobrevivir, echando mano al doble discurso, a la demagogia, a la impostura —elementos que larvaban nuestra sociedad, que son propios de la naturaleza humana y que ahora fungían como maestros de ceremonias y ocupaban el primer plano de la escena nacional. El golpe de estado de Batista, en 1952, rémora nefasta, pensamos, tomaba cuerpo y se amplificaba.

"Los conflictos internos de los grupos pronto salieron a relucir y, con el paso de las semanas y de los meses, se fueron intensificando, permitiendo a los dirigentes agrupar a los actores, directores y autores bajo la égida de los principios revolucionarios, de abolir de un modo paulatino la iniciativa privada, de controlar qué se escribía, qué se montaba..., y de analizar la conciencia política y la actitud y actividades sexuales de los artistas, tergiversándolas con la moral, o mejor dicho, con la moralina.

"Asimismo, el gobierno castrista dedicó sus recursos económicos para respaldar una imagen de confianza y desplegar la propaganda a escala internacional —Primera Revolución Socialista de América Latina, se obviaba la Revolución Mexicana de 1912— asegurando el mantenimiento de la seducción, la exportación de las ideas subversivas y armas en los países tercermundistas y las incursiones de las guerrillas en Latinoamérica y África, por mencionar dos lugares comunes, mientras la escasez y la penuria se avistaban en todo el territorio nacional. Pero, ¿qué visitante invitado, el más reacio, no salía convencido de que la revolución ofrecía un bienestar absoluto al pueblo y a los artistas y escritores, si a ese visitante lo llevaban y traían los guías o intérpretes bien seleccionados y adiestrados en magnificar las conquistas y virtudes del régimen?

"Si aludo a ese momento, desde el punto de vista político, económico y social, lo hago con el objeto de mostrar la situación general que confrontaba la nación. En cuanto a nuestra posición, la de los escritores, artistas e intelectuales, los que optamos por quedarnos, muchos de nosotros veíamos avecinarse la catástrofe, sin embargo, queríamos cerrar los ojos y emitir frases consoladoras, esperando que las cosas pudieran arreglarse como por arte de magia. Detrás de esto, sin lugar a dudas, se encubrían nuestras ambiciones artísticas desmedidas, nuestras debilidades y nuestros miedos. Entramos en una danza maquiavélica, en un cachumbambé, en una toma y daca siniestros. Cuántas veces me oí repitiendo como un papagayo conceptos obsoletos, en los que no creía, con la finalidad de que me dejaran tranquilo, o, ingenuo de mí, que me permitieran hacer lo que traía en mente, que difería de lo estipulado, creyendo que el acto creador valía la pena, que sobrepasaba la contingencia y sería respetado, que un poema se hacía en el sacrificio y en la pobreza, ¡tonto de mí!, sabiendo de antemano que estaba solo, rodeado de enemigos, que no tenía un padrino que me bautizara, que mi vida pendía de un finísimo hilo de araña, que en definitiva esa declaración actuaría como un bumerán, y que yo seguiría siendo quien era: una hoja al garete en un torbellino de contradicciones mezquinas. Cuántas veces asumí el silencio, cuántas veces utilicé la sonrisa como medio de escape..., o jugando al imbécil, cuántas... No trato de hacer un mea culpa. Lo que hice, lo hice, y está ahí, y no me arrepiento de ello. Una manera miserable o desafortunada, lo admito, no tengo la madera de los héroes, que me evitaba la cárcel, la locura o el suicidio. Además lo consideraba un mal menor; pues a la hora de defender un principio artístico lo asumía con todas sus consecuencias. Como fue el caso de mi defensa de *Los siete contra Tebas*.

"Cuando me hablas «del año 1960 al 1968 La Habana fue un espléndido centro internacional del teatro, un lugar de experimentación», te confirmo que por eso luchábamos, la aspiración mayor. Es muy probable que al oír nuestras conversaciones, nuestros deseos, y vieras un montaje del Teatro del Guiñol Nacional, sacaras esas conclusiones. No obstante, el verdadero potencial estuvo a medias, lastrado por los miedos, por la venalidad de los intereses burocráticos, por las rivalidades internas. Los hallazgos de creatividad y experimentación se producían, naturalmente que se producían, contra viento y marea;

tenemos el ejemplo del Teatro de Guiñol Nacional, que lograron una libertad artística que todavía recuerdo.

[...]

"Si se hace un balance desapasionado, vemos que el teatro de empresa privada (que en estos casos eran los propios creadores quienes llevaban las riendas de las producciones y se permitían el lujo de hacer las obras que querían), desaparece, y los actores y los directores jóvenes forman parte de la oficialidad; por tanto, es un teatro que sigue las líneas determinadas por la dirigencia; un teatro político porque sirve a los intereses gubernamentales, en este caso, del marxismo leninismo; que de algún modo explica el desventurado final que tuvieron en la cárcel, en los campos de trabajo y luego el exilio, los hermanos Camejo y Pepe Carril del Guiñol Nacional, al exigir ellos imponer los criterios artísticos e intelectuales"[22].

Y como el propio Triana fue uno de los autores que sufrieron en carne propia la censura por parte de figuras que la historiografía oficial ha edulcorado como benévolos Mecenas y defensores de las libertades de los creadores, citaré *in extenso* la descripción que él hace de su caso:

"El problema de 1968 empieza en 1965 cuando se premia *La noche de los asesinos* (teniendo el voto en contra de Bernardo Canal Feijoó) y más tarde en 1966 se le otorga el premio El Gallo de La Habana por unanimidad a su montaje. Hasta la fecha ninguna obra mostraba al desnudo las interioridades de la vida cubana, su violencia y un sentido del humor incisivo y cruel en un marco cerrado, casi asfixiante de seres fácilmente

---

[22] Entrevista concedida por José "Pepe" Triana a Ricard Salvat, París, agosto de 2003.

identificables. [...] Como siempre acontece, nacían de las reflexiones que mantenía en silencio sobre qué es el poder, qué es una revolución..., ¿una conmoción y la imposición de una utopía o un enfrentamiento con los conflictos del país a fin de que evolucione? ¿Es romper con el pasado y borrón y cuenta nueva? ¿O un largo ejercicio de análisis de la tradición y del presente, lo positivo y lo negativo, los entrecruzamientos de uno y otro, las falacias y la demagogia implícitas en la actividad humana, y las novedades que son aplicables sin forzar el conglomerado de intereses de una nación? ¿La radicalización y la intemperancia no engendran un desequilibrio que inevitablemente nos conduce a la esquizofrenia colectiva?

"Al caer en las manos de diversos lectores el texto publicado, se desgranaban como mazorcas de maíz opiniones desorientadas y aberrantes. Una obra maestra, decían unos. Irrepresentable, decían otros. Una copia descarada de *Las criadas* de Genet. De técnica indudable, pero a qué conduce..., ¿a un nihilismo o a la catástrofe? ¿Con quién se identifica, con la revolución? ¡No, jamás! ¡Con la contrarrevolución! ¿Tú crees?... ¡Evidentemente el padre es Fidel, la madre es Cuba, y los tres hijos son la gente joven que quiere un cambio, o los delincuentes! ¿Por qué se celebra un juicio donde no interviene el abogado de la defensa? ¿Quiere meter el dedo en la llaga? ¡Ese tipo (el autor) es un francotirador y de poco fiar! ¡Un maricón de mierda! ¡Todos los maricones...! ¡Hay que romperles la siquitrilla! ¡Quién diablos se ha creído él...! ¡Clara subversión de Roberto Fernández Retamar, quien tenía una cuenta que saldar conmigo por una crítica irrespetuosa que yo le hice a su libro de poemas *En su lugar la poesía* en la revista *Casa de las Américas* en 1963. Juan Larco consideraba *La noche de los asesinos* una obra peligrosa, puro diversionismo ideológico.

[...]

"En ese mismo año de 1965 se publicaron dos poemas míos en la revista *Casa de las Américas* que produjeron un escándalo en el mundo literario, poemas que integran un pequeño fascículo titulado *Proyecto de olvido*.

[...]

"Días después de publicados los poemas, Haydée Santamaría me llamó a su despacho con el deseo de intercambiar opiniones sobre un asunto que le preocupaba y, al entrar, ya tenía la revista abierta en las páginas de los susodichos poemas. Sin muchos preámbulos, atacó directa y amable:

"—Estoy leyendo tus poemas... ¡Siéntate! —con aprensión, obedecí—. ¿Qué te parecen?

"—No lo sé —le respondí, atemorizado y haciéndome el loco—. Uno no sabe lo que escribe..., en otras palabras, su valor...

"—Ah, sí..., pues yo no estoy así de convencida...

"En ese instante oí unos golpecitos en la puerta, que se abrió e *ipso facto* asomó la cabeza «Chucho» Montané[23].

"—¿Has leído esto? —Chucho, turbado, negó; y ella le extendió la revista—. Léelos.

"Mientras Chucho leía, ella se dirigió a mí con tono agresivo:

"—No estoy dispuesta a que esto vuelva a ocurrir. ¿Qué significa eso de «Yo soy tú y tú eres / mi sombra,

---

[23] Se refiere a Jesús "Chucho" Montané Oropesa, revolucionario del grupo de Fidel Castro, que ganó los grados de Comandante y, después del triunfo, ocupó diversas responsabilidades, muy cercanas al máximo líder cubano.

mi cuerpo, mis ojos». —Repetía de memoria los versos—. ¿Qué sentimientos estás expresando...? ¡Yo, jamás he tenido una idea semejante! Por favor; Triana..., y luego cuando finalizas el otro poema con «entre sábanas manchadas de excrementos y espasmos»... ¡No te parece horrible! ¿Qué clase de actos practicas tú? ¡Y eso en una revista de la Casa de las Américas! ¡Dios mío! ¡Esto me desconcierta, inconcebible! ¡Qué dirán los intelectuales y los poetas de...! ¡No, Triana!

"Chucho se leyó los poemas y puso la revista abierta en la mesa.

"—¿Qué tú piensas, Chucho?

"—Haydée, son poemas...

"—¿Poemas? Pero, Chucho, seamos conscientes... —y me miró, y descubrí en sus ojos una especie de crueldad mezclada de ternura, y examinando a Chucho le espetó—: ¡Tú crees, Chucho!

"—Sí, Haydée, Triana es un hombre sensible y tímido; en muchos poemas contemporáneos hay más violencia, por lo que conozco, no soy un especialista...

"—En fin, Triana, esto no puede volver a ocurrir... Te admiro y creo que eres buena persona y vives aquí... Si no fuera por eso, quemaría la edición de la revista, te lo aseguro... ¡Inadmisible, Chucho!

"Se levantó y supe que el rapapolvo lo daba por concluido. Dos días más tarde, a Antón Arrufat, que fungía de jefe de redacción, lo despidieron. Roberto Fernández Retamar ocuparía su cargo.

"Volvamos a *La noche de los asesinos* en cuestión: debía presentarse en el Festival de Teatro Latinoamericano de este año y no se montó: 1) porque el consejo directivo de la Casa de las Américas estimó que se haría en el momento adecuado; 2) porque Vicente Revuelta —a quien di el texto, días después de recibir el premio literario, «Si te gusta, hazla cuando puedas», le dije— había sido suspendido de la dirección del Teatro Estudio por orden de presidente Dorticós, a causa de una conversación que tuvieron ambos y donde Vicente, escuetamente, le planteó que, viendo la orientación actual, si él, como homosexual, podía dirigir un teatro dentro del marco de la Revolución. La respuesta inmediata fue separarlo de sus funciones. Esta posición de Vicente correspondía a la situación caótica, ya planteada de la UMAP[24], y teniendo en su haber datos fiables sobre los escritores, actores y directores acusados y enviados a las granjas de trabajos forzados, si él no hablaba honesto y a calzón quitado y comulgaba con rueda de molinos.

"Existió un imponderable decisivo. Desde Colombia, Chile y Polonia llegaban noticias de las puestas en escena de *La noche de los asesinos* y la acogida entusiasta de los críticos y del público de esos países. En México apareció un elogioso análisis en la revista *Siempre*.

"Dada la intervención en las altas esferas de Raquel Revuelta, Carlos Rafael Rodríguez y Juan Marinello, de paso por la isla, según algunos amigos, el *asunto Revuelta* fue resuelto y en los primeros días del mes de marzo de 1966 éste me llamó y me confirmó que le encantaba el texto y que lo montaría, si se lo permitía la Casa de las Américas [...] La noche del estreno, de principio a fin, se deslizó como balsa sobre aceite. Algo mágico y sobrecogedor. La acogida del público fue impactante. Durante quince minutos el auditorio en pleno de pie aplaudió el trabajo de los actores y del director.

"Al día siguiente Marcia Leiseca y María Angélica Álvarez se presentaron en mi cuartucho de La Habana

---

[24] UMAP: Unidades Militares de Ayuda a la Producción. Especie de campos de concentración creados en Cuba entre 1965 y 1968, al cual se enviaban a homosexuales, religiosos y otros "elementos desviados" que no cumplían los estándares del proceso revolucionario cubano.

Vieja. El jurado internacional del Festival de Teatro Latino Americano quería conocerme y una vez allí se me embarullaron las discusiones. Sé que le otorgaron al montaje de *La noche de los asesinos* el primer premio y al de *Don Juan Tenorio* de Guiñol Nacional el segundo, y una mención especial a la versión teatral de los cuentos *Los años duros* de Jesús Díaz con el título de *Unos hombres y otros*, dirigida por Liliam Llerena, que hablaba pestes de la obra premiada. Mario Parajón, Rafael Suárez Salís, Luis Amado Blanco y Rine Leal, conspicuos críticos de teatro, me dieron un espaldarazo en la prensa, alabando las virtudes de la pieza y su significación en la cultura cubana. A pesar de esta imprevista solidaridad yo estaba apabullado y con un enorme sentimiento de ausencia; y de un modo instintivo sentí la necesidad de ser invisible, de alejarme de todo. Aterrado y conmovido. Sabía que un veinte de mayo me venía encima y debía asimilarlo.

"Llegaron las invitaciones del Teatro de las Naciones de París y los enemigos hacían de las suyas. La obra iría a la capital francesa, sin embargo, yo me quedaría por no reunir las condiciones revolucionarias requeridas. O porque el presupuesto lo habían reducido. O se evocaba el escándalo de los poemas. Elucubraciones de todo tipo pululaban en el ambiente hasta que Haydée Santamaría me llamó de nuevo a su despacho y me leyó la cartilla. Ella me apoyaría siempre que me comportara como un representante oficial de la Revolución Cubana, que tenía confianza en mí y me deseaba un buen viaje.

"La obra en París tuvo la misma aceptación que la noche de su estreno en Teatro Estudio. La prensa francesa catalogó los tres mejores espectáculos mostrados ese año en el Festival de Teatro de las Naciones: *La noche de los asesinos* (Cuba), *Los gigantes de la montaña* (Italia) y un grupo de danzas de la India.

Al finalizar la temporada invitaron a Vicente y al grupo a Avignon, y yo me fui a Londres donde la obra se ensayaba, dirigida por Terry Hands en el Theatre Adwych de la Royal Shakespeare Company. Visitamos después Suiza, Italia y Bélgica. En Milán, me entrevisté con José Tamayo, que nos preparaba un ciclo en Madrid y Barcelona, que concluiría con un recorrido por los festivales de España. Llamé a Haydée informándole con detalle del proyecto y me dijo que era imposible puesto que nos esperaban para la apertura de un seminario nacional de teatro.

"Nos recibieron con todos los honores en el aeropuerto José Martí la mañana del 9 de diciembre de 1967. Y al instante nos comunicaron José Lanuza y Lisandro Otero que participaríamos en el evento más importante programado por la Revolución en todos estos años. Me di cuenta de que caía en una trampa. Se crearon diferentes equipos que discutirían los problemas que confrontaba el teatro nacional, en general y en particular, presididos por dramaturgos renombrados; entre ellos me encontraba yo, vivito y coleando. Cada equipo debía preparar una ponencia que abordaría una síntesis de las discusiones llevadas a cabo durante los días del seminario y se leería en la clausura. Del resultado de este seminario se dictaría la política cultural y se pondría en vigor. El cuadro lo habían calculado de antemano; un simple juego, una mascarada, que serviría de tape a la burocracia para eliminar lo que consideraba un rezago corruptor de la cultura contemporánea: el teatro del absurdo, el teatro de la crueldad, y así todos aquellos que se manifestaban sus adeptos. [...] El equipo que yo presidía lo integraban Virgilio Piñera, Abelardo Estorino, Antón Arrufat, Vicente Revuelta, Humberto Arenal y Armando Suárez del Villar. Apenas puedo concretizarte cómo se formaron los otros equipos; sé que lo constituían

Nicolás Dorr, Sergio Corierri, Flora Lauten, Liliam Llerena, Héctor Quintero, etc.

"La clausura del evento se celebró en el teatro Mella, repleto hasta el tope por los participantes de todas las provincias. Todos los equipos se hallaban en el escenario. Después de la presentación y mostrar su satisfacción, la maestra de ceremonia, Liliam Llerena, anunció que el equipo que yo presidía leería su ponencia, la cual se uniría a las otras y se redactaría un resumen de la política teatral a seguir. Avancé hacia el estrado de los micrófonos y me dieron una ovación; emocionado comencé a leer, no terminé la mitad de una cuartilla cuando irrumpió Liliam Llerena, vociferando su indignación revolucionaria y apartándome del estrado:

"—¡Compañeros, compañeros, esto traspasa los límites del diversionismo ideológico! Me siento avergonzada, me siento humillada de tener que oír semejante mamotreto...

"La ovación inicial que recibí se transformó en una rechifla violenta y en una algarabía de «¡Que se vaya! ¡Contrarrevolución!», y daban palmadas: «¡Que viva la Revolución! ¡Afuera, gusanos! ¡Hay que siquitrillar a la gusanera!»

"Tembloroso, sin saber qué hacía, me retiré del estrado improvisado y a partir de ese instante no tengo idea de lo que sucedió. Lo cierto es que allí se oficializó la creación del grupo de teatro *Escambray* con el objeto de alfabetizar a los guajiros y crearle una conciencia ideológica; con la misma intención, pero dirigida a los citadinos, se puso en marcha el Teatro Político Bertolt Brecht, que tenía su sede en el Teatro Mella, y se organizaron los grupos que irían a trabajar con las brigadas de la construcción y del ejército.

[...]

"He tratado de sintetizarte todos estos hechos, que quizás desconozcas, que convergen en el premio UNEAC de 1968. Punto crucial y álgido.

"Todavía me pregunto por qué me invitaron a participar de jurado en este concurso. ¿Querían las autoridades ratificar qué posición iba a tomar? ¿Pensaban que, atemorizado, me ablandaría, que agacharía la cabeza como un perrito faldero, me amoldaría y votaría lo que Raquel Revuelta y Juan Larco guardaban en la manga? Me parece iluso ese pensamiento. ¿Pensaron que enviándome a Ambrosio Fornet de mensajero me aterrorizaría al decirme que si no transigía caerían rayos y centellas? Tanto Fornet como los personajes del Ministerio de Seguridad[25] y del Partido se equivocaban de medio a medio. Yo sabía que defendía la causa noble del teatro. *Los siete contra Tebas*, de entrada, no es una obra perfecta. ¿Qué obra humana lo es? [...] *Los siete contra Tebas* era la mejor obra presentada al concurso de la UNEAC de ese año. Por eso di la batalla [...]"

5.- Represión, censura y cierre de Ediciones El Puente

"...sentir en carne propia el atropello del poder revolucionario contra los homosexuales, las persecución de muchachos que sólo querían decir algo distinto a los cantores oficiales de la Revolución y el despotismo irracional con el cual se ensañaron contra los escritores de *El Puente* y, con más saña, con José Mario, por su doble condición de contestatario y homosexual, me hizo entender que la Revolución en la que creí tenía caras muy sucias".

Allen Ginsberg, Conferencia de Poetas en Berkeley,

Actas, julio de 1965.

---

[25] Se refiere a los oficiales de la Seguridad del Estado, policía política.

Poco se ha escrito sobre este otro gran escándalo de la censura en Cuba, mayormente testimonios de los escritores censurados y, nadie lo niega, sigue siendo el menos comentado de estos episodios, como si se olvidara que fue el primer parte-aguas para el comienzo masivo del éxodo político de los escritores cubanos. Y es que si lo sucedido con *PM* y *Lunes* terminaría llevando al exilio años más tarde a algunas figuras culturalmente ya establecidas, el impacto de la censura contra el grupo literario *El Puente*, fundado por el entonces irreverente poeta homosexual José Mario Rodríguez (La Habana, 1940 - Madrid, 2002), representa al mismo tiempo el primer movimiento intelectual en el período revolucionario y el primer acto de represión cultural contra esos jóvenes escritores que, según las pretensiones políticas, deberían estar llamados a conformar "el Hombre Nuevo".

Pero nótese que utilizo el término "irreverente poeta homosexual", palabras que definen a José Mario pero, también, marcan tres rasgos difíciles de digerir para los líderes revolucionarios: irreverente (pues ya Fidel había dejado claro que había que plegarse a sus normas sobre "la Revolución" y la cultura), poeta (por aquello de ser portador del pecado original: no ser auténticamente revolucionario) y homosexual (porque blandenguería, sensibilidad y afeminamiento nada tenían que ver con los ingredientes machistas de una Revolución hecha por "esos genuinos representantes de la hombría cubana que son nuestros viriles barbudos", como anunciaba la famosa locutora Violeta Casal, considerada "la Voz" de Radio Rebelde. A esas cuestionables cualidades habría que añadir que el grupo estaba formado por jóvenes provenientes de sectores tradicionalmente marginados: los negros y las mujeres, por lo cual, como diría la poeta Belkis Cuza Malé, se los veía como "seres raros" que, además, se habían atrevido a crear un proyecto que funcionaba con una independencia total de las estructuras de control culturales establecidas por "la Revolución".

Desde ese convulso 1961 hasta el portazo censor de cierre en 1965, aprovechándose de que aún existían en el país imprentas independientes (que luego el gobierno monopolizaría para concentrar el poder editorial en sus manos), Ediciones *El Puente* además de publicar 38 títulos (25 poemarios, 8 libros de cuentos y 5 obras de teatro), promovió las primeras obras de, entre otros, su director José Mario (Rodríguez), Reinaldo García Ramos, Ana María Simo, Nancy Morejón, Rogelio Martínez Furé, Isel Rivero, Manuel Granados, Georgina Herrera, Gerardo Fulleda León, Lina de Feria, Nicolás Dorr, Ana Justina Cabrera, Manuel Granados, Miguel Barnet, Belkis Cuza Malé, Mariano Rodríguez Herrera, Manuel Ballagas, Joaquín G. Santana, Mercedes Cortázar, Guillermo Cuevas Carrión, Ana Garbinsky, Santiago Ruiz, Pío Serrano, Silvia Barros, Évora Tamayo y el peruano Rodolfo Hinostroza.

La mayoría de los testimonios de estos protagonistas (incluso aquellos que, años después, como Miguel Barnet o Nancy Morejón terminarían convirtiéndose en comisarios censores) apuntan a una serie de problemas que un grupo así representaba para casi todos los estratos del poder político y cultural, por lo cual se situaba, sin saberlo, en el centro de todos los ataques.

El primer problema, como muchos de ellos afirman, era que sus obras no eran reconocidas por las instituciones oficiales creadas por "la Revolución". Según palabras de Isel Rivero: "Ni siquiera *Lunes de Revolución*, el semanario cultural del periódico *Revolución*, nos abría las puertas". De modo que no fueron pocas las críticas que miembros de este grupo hicieron contra el mayor promotor de la literatura en esos primeros años, *Lunes*, que supuestamente se enorgullecía de democrático e inclusivo de todas las tendencias creativas, y respondió a esas críticas convirtiéndose en un poderoso enemigo en la sombra de *El Puente* y sus miembros.

El segundo problema era justamente la decisión de José Mario, y de quienes de algún modo eran junto a él gestores intelectuales del proyecto, de defender su propia voz, sus particulares modos expresivos y su derecho a un espacio público, con lo cual se lanzaban abierta e ingenuamente contra el aparato censor, controlado desde ese año 1961 (tras las "Palabras de los Intelectuales") por el bando de quienes pretendían que toda la creación respondiera a una única voz propagandística al servicio de "la Revolución".

El tercer problema, como se ha explicado, era que, aún cuando todavía no había estallado la persecución contra los homosexuales, y los negros seguían viendo con ojos de mucha esperanza "la Revolución", era ya bastante escandalosa la homosexualidad manifiesta de muchos de los integrantes del grupo. A esto se sumaba el hecho de que muchos eran negros y comenzaban a exponer las reivindicaciones que como raza marginada habían sido obligados a callar (reivindicación, por cierto, incluida en el proyecto de cambios radicales que "la Revolución" pretendía implantar, pero que eran hechos "fuera del cauce y de los mecanismos" establecido por los estrategas del proceso revolucionario, quienes llegaron a acusar a los negros miembros de *El Puente* de pretender establecer en Cuba algo similar al Black Power que operaba en Estados Unidos en esa época). Por si no bastara con el color de la piel, muchos eran practicantes de las religiones afrocubanas y eso se contraponía peligrosamente con las aspiraciones de Fidel Castro de establecer una hegemonía ateísta basada en los postulados del materialismo dialéctico marxista. Contradicción similar ocurría con la obra de las mujeres "puenteras", pues es necesario decir que fue este también el primer movimiento que aceptó con total naturalidad la presencia y el protagonismo de escritoras, muchas de las cuales luego se convertirían en nombres imprescindibles de las letras cubanas, ya fuera en la isla o el exilio. Aunque lo "conflictivo" en este caso, además de su discurso, era el lesbianismo de algunas (con trazas de un feminismo primitivo que más adelante se consolidaría, como en el caso de Ana María Simo) y el negrismo de otras (que, pese a lo emancipador y revolucionario que en sí mismo era, tampoco era bien visto en un país de blancos, dirigido por hombres blancos).

Fue tan activo el trabajo de José Mario y *El Puente*, tan independiente su gestión, que incluso comenzaron a recibir ataques de otros grupos de jóvenes creadores, estos sí afiliados a instituciones revolucionarias, como las revistas *El Caimán Barbudo*[26] y *La Gaceta de Cuba*, desde la cual el narrador Jesús Díaz (de aquellos jóvenes que asumieron tareas de comisarios culturales el único que tuvo la honestidad de pedir perdón públicamente por su ceguera política) acusó al proyecto de no estar vinculado al espíritu revolucionario de los tiempos y de acogerse a una estética intimista, egoísta, hermética y existencialista, a lo cual se sumó la acusación de publicar y promover la obra de autores exiliados sobre los que ya se había dictado la orden de ser borrados del mapa literario nacional por sus posturas críticas contra "la Revolución".

La estocada final contra el *El Puente* llegaría mediante otra de las estrategias censoras que a partir de entonces se extenderían a toda la sociedad, incluida la propia familia: se prohibía mantener cualquier tipo de contacto o relaciones personales con intelectuales o personas que habían salido al exilio o que se pronunciaban críticamente contra "la Revolución". El propio Fidel Castro institucionalizó con su sello personal la represión contra los homosexuales cuando, en un discurso del 13 de marzo de 1963, dijo cosas como estas (Nótese el tono despectivo de los subrayados):

---

[26] Director de *El Caimán Barbudo* en sus primeros 17 números, hasta que fue cerrado por su disonancia y por no adaptarse a las normas estéticas de los jerarcas de la cultura, desde el exilio, al cual partió en 1991, Jesús Díaz pidió perdón a quienes había afectado con su intolerancia. A partir de ese momento, y aunque siguió existiendo, *El Caimán Barbudo* se convirtió en un instrumento cultural en manos de la Unión de Jóvenes Comunistas.

"Muchos de esos pepillos vagos, hijos de burgueses, andan por ahí con unos pantaloncitos demasiado estrechos (RISAS); algunos de ellos con una guitarrita en actitudes "elvispreslianas", y que han llevado su libertinaje a extremos de querer ir a algunos sitios de concurrencia pública a organizar sus shows feminoides por la libre. [...] nuestra sociedad no puede darles cabida a esas degeneraciones (APLAUSOS). La sociedad socialista no puede permitir ese tipo de degeneraciones".

José Mario había violado esas dos prohibiciones: mantenía con orgullo su homosexualidad y, si no fuera ya suficiente con eso, estrechó amistad con el poeta norteamericano Allen Ginsberg, miembro internacionalmente reconocido de la llamada "Generación Beat", activista radical contra las fuerzas destructivas del capitalismo, quien había sido invitado a La Habana en 1965 por Haydée Santamaría (que dirigía entonces la Casa de las Américas y oficiaba como una especie de Ministra de Cultura). Ginsberg fue poco tiempo después expulsado de la isla por sus declaraciones críticas sobre la persecución oficial contra los homosexuales, y apenas salió de la isla comenzaría el calvario para José Mario, pues fue apresado, acusado de "tendencias homosexuales" y enviado a reformarse a los campos de trabajo forzado llamados Unidades Militares de Ayuda a la Producción, de los que hablaremos más adelante en este mismo capítulo.

En su artículo "Allen Ginsberg en La Habana"[27], el propio José Mario recuerda esos traumáticos sucesos y agrega un dato que muchos han pasado por alto: Fidel Castro en persona juró "volar *El Puente*".

---

[27] El artículo puede leerse íntegramente en *OtroLunes - Revista Hispanoamericana de Cultura*, No.4. Septiembre, 2008. Año 2.

"Conocí a Allen Ginsberg en 1965: nos disponíamos a publicar una revista que se llamaría *Resumen Literario El Puente I*, en uno de cuyos números se incluiría "Aullido". El traductor, David Bigelman, trataba de hacer contacto con Ginsberg, mediante unos estudiantes norteamericanos que estuvieron en Cuba y decían conocerle. Después supimos por la prensa que la Casa de las Américas le invitaba a formar parte del jurado de poesía de ese año.

[...]

"Eran cerca de las siete cuando entramos al hotel. El ascensorista se negó a subirnos y nos mandó a la carpeta. Le explicamos al empleado de la carpeta que veníamos a ver al poeta norteamericano para confrontar unas traducciones. Nos dijo que estaba prohibido subir a su habitación. Le hicimos llamar a Ginsberg. Este bajó y nos hizo subir a su habitación, mostrándose molesto por la actitud que tuvieron con nosotros. Después de un rato de conversación en que le expliqué en qué consisten las *Ediciones El Puente* y los jóvenes poetas y escritores que publicamos en ellas, le enseñé los libros. [...] En unas horas Ginsberg logró informarse de muchas cosas y no cesaba de confrontarlas. En esto subieron del periódico *Hoy*. Venían a hacerle una entrevista. [...] "¿Qué le diría usted si encontrase a Fidel Castro?" Ginsberg le respondió que si no había otra cosa que ver en La Habana que a Castro, pero, en fin, si él lo viera le diría que no continuase fusilando. Que en vez de fusilar castigase a los condenados a ser ascensoristas en el Hotel Riviera. Que no persiguiese más a los "enfermitos", pues estos representaban el caudal de sensibilidad del pueblo cubano, y permitiese la venta libre de mariguana, pues los médicos habían probado que era menos dañina que el alcohol. Y que no persiguiese a los homosexuales, porque, como le dijo su amigo el poeta Voznisenski, el comunismo era una cosa del corazón y él creía que el homosexualismo también, pues cuando dos hombres se acostaban contribuían a la paz y a la solidaridad, por lo que no era incompatible con el comunismo.

[...]

"Comencé a notar que mi apartamento continuaba vigilado por la policía. Ginsberg había dicho que pensaba, después de terminado el concurso, quedarse en Cuba, tratar de alquilar un coche e ir por toda la isla para escribir un libro. Visitó varias veces mi apartamento. La Casa de las Américas se lo llevó con todo el jurado a Santiago de Cuba. Le preparábamos una comida en casa de unas amigas para cuando volviese. Fijamos un día para la comida. Esa mañana pasé por la Unión de Escritores y supe que había sido expulsado: la policía lo sacó del hotel y lo metió en un avión rumbo a Praga. El escándalo del día consistía en diversos comentarios sobre la actitud de Ginsberg en Santiago de Cuba y ciertas declaraciones relativas al "Ché" Guevara y Raúl Castro.

"Días después recibíamos una carta desde un hotel de Praga. La carta era de Allen Ginsberg, el cual atestiguaba que nosotros nunca lo molestamos y citaba como testigos de sus palabras a los intelectuales reunidos en el evento de la Casa de las Américas de ese año y a la propia Haydée Santamaría [...] Dando todos los detalles posibles, Ginsberg trataba de anticiparse con esa carta a cualquier hecho que pudiera realizarse contra nosotros. Las precauciones de Allen fueron justificadas: pasados unos días recibimos una citación, por la cual íbamos a ser sometidos a un juicio.

"Mi apartamento era vigilado día y noche. Temí lo peor. Empezó a decirse que el libro de Manuel Ballagas *Con temor* era un libro contrarrevolucionario. Fui a la imprenta y me encontré con la sorpresa de que el libro no aparecía. Una persona de la UNEAC me llamó para decirme que estaban tratando de cerrar las ediciones. Específicamente, Onelio Jorge Cardoso y Fayad Jamis. Uno de éstos se apoderó del libro de Manolo y se lo entregó a un comandante, quién a su vez se lo hizo llegar a Fidel Castro como prueba de que Ediciones *El Puente* corrompía a los jóvenes. Pensé que la cosa no tenía razón de llegar a tanto y lo tomé como un chisme o intriga.

[...]

"Una noche conversaba con unos amigos en 23 y O. Se acercó un conocido de la Universidad. «¿No te has enterado?», me dijo. «¿De qué?», le contesté. «Fidel Castro acaba de nombrarlos a ustedes en la Universidad». «¿A mí?», le dije. Fidel, por lo visto, estaba en lo que iba a ser la Escuela de Filosofía y un grupo de alumnos comandados por Jesús Díaz empezó a hablar de la cultura. Fidel se refirió a Carpentier, a la Casa de las Américas y al ICAIC, después de la Unión de Escritores, expresándose despectivamente respecto a Guillén. Uno de los presentes le gritó: «Fidel, ¿y *El Puente?*». «*El Puente* lo vuelo yo», dijo Fidel agitando un manuscrito que tenía en la mano, y prosiguió hablando. (El manuscrito del libro era el de Manolo, al decir de Rodríguez Rivera[28], que manifestó haber estado presente.) Después de esto, Nicolás Guillén me citó, comunicándome que en vista de lo ocurrido la UNEAC no se responsabilizaba con las ediciones".

En febrero de 1968, José Mario logra salir a España y continuar en Madrid con su proyecto *El Puente*, pero en Cuba ninguno de los integrantes de ese grupo que no salieron al exilio logró escapar de la censura.

---

[28] Se refiere al escritor cubano Guillermo Rodríguez Rivera (1943 - 2017).

6.- El "Caso Padilla": la gran ruptura

> "Lo que ha mellado de alguna manera la imagen de la Revolución son las autocríticas de los compañeros Heberto Padilla, Pablo Armando Fernández, Belkis Cuza Male, César López y Manuel Díaz Martínez, acusándose de traiciones imaginarias, y las alarmantes declaraciones de Fidel sobre la cultura en general y la literatura en particular en su discurso de Clausura del Congreso de Educación. Yo no he hecho más que protestar por estos sucesos que contradicen lo que siempre he admirado en la Revolución Cubana: haber mostrado que la justicia social era posible sin despreciar la dignidad de los individuos, sin dictadura policial o estética. Pienso que lo ocurrido en estas últimas semanas mella esta imagen ejemplar de Cuba y que ha levantado trascendentales protestas en el mundo".
>
> **Mario Vargas Llosa**, revista *Caretas*, junio de 1971

Tantos libros y artículos se han escrito sobre este escándalo que me permitiré resumirlo: el poeta Heberto Padilla (Cuba, 1932 - Alabama, Estados Unidos, 2000) fue inicialmente uno de los tantos intelectuales que creyeron en "la Revolución" y, para servirla, formó parte del periódico *Revolución*; fue corresponsal de la agencia revolucionaria cubana Prensa Latina en la Unión Soviética desde 1962 a 1964; ocupó en 1964 el cargo de director de Cubartimpex, una empresa encargada de seleccionar libros extranjeros para la isla y, además de sus usuales colaboraciones con el sistema editorial y de la prensa cultural oficialista, representó al Ministerio de Comercio Exterior en los países socialistas y escandinavos. Pero esa estancia en los "aires soviéticos" le permitió ver la verdadera cara del socialismo y, luego de su regreso a La Habana en 1966, fueron habituales sus críticas al sistema y a la gestión del gobierno de Fidel Castro, especialmente en lo referido a la rigidez ideológica en la que se había encerrado a la cultura; rigidez que intentó romper a través de opiniones y escritos donde elogiaba la obra de autores o temas ya prohibidos. Su nombre, por ello, ocupó espacios destacados en polémicas culturales de las publicaciones oficiales de esos años.

En 1968 envía un poemario sumamente crítico: *Fuera del juego*, al Premio Julián del Casal, de la UNEAC, y se alza con el galardón gracias a la integridad de un jurado compuesto por los cubanos Manuel Díaz Martínez, José Lezama Lima y José Zacarías Tallet, el peruano César Calvo y el inglés J. M. Cohen, quienes no aceptaron ninguna de las presiones que se les hicieron para evitar que el libro de Padilla ganara dicho premio. Justo es decir que, aunque la represión contra él ocupó todo el protagonismo, censura similar sufrió el escritor Antón Arrufat con su obra de teatro *Los siete contra Tebas*, que también se alzó con el premio ese mismo año. El Comité Director de esta institución, luego de una larga discusión con los jurados, aceptó publicar ambas obras, pero incluyéndoles una nota en la que manifestaban su desacuerdo y aseguraban que eran obras ideológicamente contrarias a la Revolución Cubana.

El justo desencanto de Padilla ante estos hechos agudizó su postura crítica, que comienza a exponer abiertamente en sus encuentros con otros colegas cubanos y extranjeros, sin imaginar que cada uno de sus pasos estaban siendo vigilados muy de cerca por la policía política. Finalmente, el 20 de marzo de 1971, debido a un recital que ofreció en la sede de la UNEAC, donde leyó duros poemas de su libro *Provocaciones*, fue arrestado junto con la poeta Belkis Cuza Malé, con quien acababa de casarse ese mismo año, acusados de "actividades subversivas" contra el gobierno. Permaneció poco más de un mes encarcelado en Villa Marista, la prisión central de la policía política y, forzado por la tortura psicológica a que fue sometido, aceptó protagonizar un show al estilo de las purgas estalinistas contra los intelectuales: en una reunión especial en la Unión de Escritores, ante un grupo de artistas y escritores que la contrainteligencia cubana tenía en la mira, Padilla leyó su famosa "Autocrítica", en la que "confiesa" su equivocación ante la gloriosa Revolución y acusaba a otros colegas allí presentes de ser, como él, intelectuales malagradecidos y traidores a la grandiosa obra revolucionaria que Fidel Castro encabezaba.

Su encarcelamiento, primero, y esa "confesión" que a la intelectualidad internacional le resultó claramente forzada y peligrosa para la pureza que equivocadamente conferían ellos al proyecto revolucionario cubano, provocó airadas protestas en la prensa internacional, cartas de condena a la represión revolucionaria y listado de firmas de apoyo a Padilla por parte de conocidísimos intelectuales, entre los que figuraban Julio Cortázar, Simone de Beauvoir, Marguerite Duras, Carlos Fuentes, Juan Goytisolo, Alberto Moravia, Octavio Paz, Juan Rulfo, Jean-Paul Sartre, Susan Sontag, Mario Vargas Llosa, y muchos otros, la mayoría de los cuales rompieron definitivamente con "la Revolución".

Totalmente condenados al ostracismo cultural durante ocho años, en 1979 Belkis logra salir con Ernesto (su hijo con Padilla) y al año siguiente, gracias a la presión internacional y a las gestiones del senador Edward Kennedy, el poeta pudo reunirse con ellos en Nueva York. Y así lo recuerda la propia Belkis:

"El 20 de marzo de 1971, cuando no eran aún las siete de la mañana, tocaron a mi puerta. Acosada por el miedo, quise saber quién era. «Telegrama», me respondió una voz al otro lado. Corrí a informarle a Heberto, que aún estaba en cama. «Diles que lo tiren por debajo de la puerta», me respondió. «Dice que tengo que firmar», regresé al instante con la nueva respuesta. «No abras, que tumben la puerta». Pero, aterrada, intuyendo que con cada minuto que pasaba poníamos nuestras vidas en peligro, fui y abrí. Tras casi aplastarme contra la puerta, al negro alto y corpulento le siguieron por lo menos doce personas.

"Venían armados con pistolas y hasta ametralladoras
y la mayoría corría a la habitación, como fieras que
buscaran su presa. Minutos después contemplé cómo,
custodiado por seis hombres armados, como si se tratase
de un peligroso criminal, se llevaban a Heberto y
quedaba yo a mansalva de cinco o seis matones, que
comenzaron a lanzar los libros y a romper cuadros y
cuanto les pareció sospechoso. Buscaban el manuscrito
de la novela *En mi jardín pastan los héroes*, pues temían
que el escritor chileno Jorge Edwards la hubiese sacado
del país. En poco segundos, el verdadero rostro del poder
revolucionario había entrado como un ciclón por la
puerta y pisoteado nuestra condición humana. Luego,
cuando comenzaron a cerrar las ventanas y a decir que
tenía que acompañarlos a firmar unos papeles, supe que
yo también estaba detenida. Apenas la noche anterior,
Heberto había visitado en el hotel Riviera a Zaverio
Tuttino, corresponsal del periódico comunista italiano
L'UNITA, quien se despedía tras una larga estancia en
Cuba.

"Sabiéndose vigilado y seguido a donde quiera que
iba, como medida de seguridad me llamó ese noche
desde un teléfono público, y a su regreso me comentó
que allí se encontraba también el escritor Norberto
Fuentes. Había estado en casa esa misma mañana, en una
larga y extraña visita llena de interrogantes que aún
recuerdo, pues no era amigo de Heberto, ni nunca antes
nos había visitado. Hoy, a la luz de los años, uno puede
releer la "famosa" autocrítica de Heberto Padilla y
encontrar las claves que llevarían a descubrir entre líneas
la verdad de lo acontecido.

"Por ejemplo, vemos cómo es el propio Heberto
quien nos dice de Norberto Fuentes: «Y yo recuerdo que
justamente estuvimos un día antes de mi detención
juntos, hablando siempre sobre temas en que la

Seguridad aparecía como gente que nos iba a devorar».
Fue también el autor de *Condenados de Condado* quien
precisamente intentó darle verosimilitud a la farsa, al
levantarse y refutar a Heberto. Todos los presentes
sospechaban que, tanto Heberto como cada uno de los
escritores por él mencionados, no hacíamos más que
seguir la pautas del libreto asignado por la Seguridad del
Estado, allí presente aquella noche llena de policías que
iban de un sitio a otro del salón. Heberto no acusó a
nadie, no "se embarró", como afirma groseramente
Norberto Fuentes en ese artículo que se apresuró a
escribir y publicar ahora en España, aún insepulto su
cadáver.

"El estigma de cobarde y delator de sus compañeros
—y hasta de mí, su propia esposa— fue la segunda parte
del programa macabro ideado por Fidel Castro como
escarmiento a la voluntad de independencia de un poeta.
No cesaban los agentes castristas de utilizar todos los
medios a su disposición para calumniar e intentar
«embarrar» al autor de *Fuera del juego*. A partir de
entonces, confinado a un estatus de no persona, bajo un
mal disimulado arresto domiciliario, haciendo
traducciones desde casa, sin amigos —pues todos nos
habían abandonado, salvo Pablo Armando Fernández,
César López y Manuel Díaz Martínez—, estaba claro que
en lo adelante la literatura cubana, tras la arremetida de
Castro contra los intelectuales izquierdistas que se
atrevieron a escribirle dos cartas en contra de la represión
y la abominable autocrítica, no podría más que repetir
consignas y cantar loas al tirano.

"Yo, que participé en aquella autocrítica, que dije
también —no sin temor— la parte del papel que me
correspondía, sé que Heberto no sólo no denunció a
ningún escritor, sino que avisó a cada uno de ellos de lo
que iba a suceder. Y, en cambio, ese acto de obligada

autodegradación fue el boomerang que no esperaba Fidel Castro. En lo adelante, el caso Padilla lo perseguiría eternamente —y lo continuará persiguiendo—, como ese búho que dicen aletea siempre en la tumba de otro poeta, Plácido, a quien el escarnio y la calumnia no lograron borrar del corazón de los cubanos, porque hay un «Ser de inmensa bondad» que todo lo ve, que todo lo sabe".

Ahora bien, más allá del escándalo internacional que mostró por primera vez las zonas oscuras de la censura y la represión cultural que se perpetraba enmascaradas en actos de legítima defensa contra "los representantes de la burguesía decadente", "los nostálgicos del pasado batistiano", "los incapaces de comprender los cambios radicales que "la Revolución" tiene que implantar" o "los blandengues que no quieren compartir el sacrificio que el pueblo asume en la lucha por un futuro mejor", etiquetas estas que solía repetir la prensa, ¿por qué el Caso Padilla afectó tanto a Fidel Castro como para borrar definitivamente de su libro de futuras conquistas (o reconquistas) a todos esos prestigiosos intelectuales, artistas y escritores que se atrevieron a echarle en cara tamaño error?

En el año 1998, en una cena con escritores extranjeros asistentes a la Feria Internacional del Libro en La Habana, organizada por el escritor y general Efigenio Ameijeiras, a la cual asistió también el Comandante de la Revolución Juan Almeida Bosque, tuve la suerte de escuchar la versión que Almeida ofreció a un conocido poeta español que se atrevió a preguntarle sobre lo que consideraba "un manejo excesivo e inexplicable de violencia política contra un simple poeta". Por azar asistía yo a ese festejo tan exclusivo (que es uno de los modos en que la nomenclatura política tiene de comprar conciencias de la intelectualidad extranjera): el general Efigenio iba a publicar uno de sus libros y, perdido en el laberinto de oficinas del Palacio del Segundo Cabo (entonces sede del Instituto Cubano del Libro), llegó a la Dirección de

Literatura, donde yo trabajaba. Animado por su afabilidad y su naturalidad (algo muy raro en la élite militar cercana a Fidel) me atreví a comentarle que una amiga común me había pedido que leyera un libro de relatos que él había escrito. "Pues tenemos que conversar", dijo, y por eso no me extrañó aquella invitación días después. Pero también por azar yo conocía al Comandante Juan Almeida Bosque: una hermana de mi madre, pediatra, había sido la doctora personal de los hijos del que era considerado el tercer hombre más poderoso en la isla; por eso Almeida me conocía desde niño y, como hacía años que no sabía nada de mi tía, apenas me vio, me llamó para conversar. Poco después, el poeta español le lanzó aquella incómoda pregunta. Han pasado muchos años, así que intentaré reproducir de memoria las que pudieron ser sus palabras:

> "Ninguno de nosotros tenía experiencia política; Fidel era el más adelantado, pero tampoco tenía una experiencia real, así que muchos de aquellos errores se debieron a la improvisación y al empuje de la épica que nos envolvía a todos en esos tiempos. Recuerdo que el Ché regresó de su reunión con Sartre y Simone, en 1960, muy interesado en una idea que le dio el francés. Enseguida fue a contársela a Fidel. Sartre le hizo ver al Ché que nadie, ni en el capitalismo ni en el socialismo, había sabido aprovechar el poder que tenía la cultura en la transformación de la conciencia de un país. Que con la salvedad de algunas excepciones, había sido la intelectualidad la que se había sumado a los procesos revolucionarios y que, aún así, como había pasado con Rusia, Stalin había desconfiado de ellos y había terminado por reprimirlos. La idea de Sartre, o al menos la que había entendido el Ché, era que el verdadero mecanismo para atraer a los creadores, a los intelectuales, no era reprimirlos, como había hecho Stalin, ni comprarlos como sucedía en los países capitalistas. Creía

que eran una raza siempre marginada, observada con desconfianza y ávida de reconocimiento, y por ello lo más inteligente para implicarlos a favor de cualquier proceso era concederles poder para que tuvieran que generar estrategias, fundar proyectos, orientar a los demás..., darles protagonismo en lo que se quería lograr. Fidel, como hace con todo, fue más allá y se preguntó qué pasaría si se tomaba lo mejor de esas tres opciones: no reprimir, pero controlar; no comprar, pero darles un mejor lugar en la sociedad y no darles el poder en un campo tan importante, pero sí concederles cierto protagonismo individual dentro de las luchas revolucionarias. Se le ocurrió que eso podía hacerlo no sólo con la cultura en Cuba, sino a nivel mundial, con todo aquel que demostrara querer ayudarnos. Todo eso se hizo polvo con lo de Padilla. Y no hay nada que encienda más a Fidel que alguien haga fracasar un plan suyo que iba siendo exitoso".

Aun cuando puedan ser cuestionables estas ideas (sobre todo porque en lo tocante a su aplicación dentro de Cuba tal estrategia sólo se realizaría en ciertos campos y con ciertas figuras muy fieles al proyecto fidelista), lo cierto es que fue esa la ruta que comenzó a establecer la Política Cultural de la Revolución a través de las instituciones cuyo trabajo tenía alcance internacional, básicamente, la Casa de las Américas. Fue también en esos años cuando creció la importancia de la figura del Agregado Cultural en las representaciones diplomáticas de Cuba en el exterior, nombrando en la mayoría de los casos a escritores y artistas de prestigio o con suficientes contactos fuera de la isla. Es conocida también la anécdota en la que Fidel confiesa que Vargas Llosa no es sólo un enemigo de "la Revolución", sino también un enemigo personal suyo, algo explicable por el protagonismo que el hoy Premio Nobel de Literatura tuvo en la intensa campaña gracias a la cual cientos de intelectuales de todo el mundo rompieron su apoyo al líder cubano, considerando que traicionaba el proyecto revolucionario original. Vargas Llosa, Octavio Paz, Carlos Fuentes y algunos otros, se convertían así en enemigos personales del líder cubano porque, mediante su prestigio y poniendo al descubierto pruebas de sus críticas, habían destrozado en pedazos el inmenso aparato de propaganda internacional que a través de la intelectualidad Fidel había conseguido dentro de las universidades, las editoriales, y otros escenarios alternativos a la cultura capitalista aprovechando que la Revolución Cubana representaba muchos de los sueños y búsquedas de justicia que, en esencia, siempre habían defendido los escritores, los artistas y los intelectuales en todas las épocas de la historia humana. Eso explicaba que hasta el escándalo del Caso Padilla el proyecto social popular cubano fuera incluso apoyado por intelectuales de todas las tendencias políticas. A partir de ese descalabro, el trabajo de la propaganda cultural cubana solamente tendría efecto en la intelectualidad internacional de izquierda.

Pero además de esa ruptura, el Caso Padilla aplastó de golpe y porrazo, dentro de la isla, la ingenuidad de aquellos que creían en los nobles propósitos de la política cultural revolucionaria, comenzando así el éxodo (a veces silencioso, a veces público: como pasó con todo esos que se fueron por el Mariel en 1980) de centenares de artistas, escritores, intelectuales y profesionales de la cultura hacia Estados Unidos, Venezuela, Colombia, Panamá y España, los mayores receptores de la diáspora cultural de esas primeras décadas. Quienes no pudieron o no se atrevieron a emigrar optaron por las tres opciones posibles: la capitulación de sus ideas sobre qué debía ser y cómo debía comportarse un creador en un proceso social como el cubano (plegándose con un oportunismo humillante a los postulados establecidos por los caprichos totalitaristas de Fidel); la simulación (la historia demostraría que esta fue la elección mayoritaria) o el autoaislamiento (siendo los casos más notables el de José Lezama Lima y Virgilio Piñera, a quienes se sometió a una marginación disfrazada con alguna que otra permisibilidad promocional, acusándolos de "elitistas" y homosexuales).

Todos, oportunistas, simuladores y autoaislados, compartirían el imperio del miedo que se apoltronó en todos los escenarios culturales. En 1961, durante las reuniones de Fidel con los intelectuales en la Biblioteca Nacional, Virgilio Piñera había levantado la mano para intervenir y sólo logró decir: "Yo sólo sé que tengo miedo, mucho miedo". Estoy convencido de que Fidel supo al instante que esa palabra, "miedo", era el arma más poderosa que podía utilizar para hacerse el amo y señor todopoderoso de la cultura cubana.

1971-1989
La traición al pueblo revolucionario

EN ESTE PERÍODO, el ego de Fidel Castro sufre dos grandes reveses que, en muchos sentidos, pueden considerarse los responsables del cambio de la estrategia censora y represiva del gobierno. Se cerraba casi una década en la cual el mundo concentró en Cuba todas sus miradas. El proceso encabezado por Fidel representaba una luz, en apariencia más nacional, más autóctona, más pura, que el socialismo que había impuesto Rusia a los países de Europa del Este, aprovechándose de su triunfo con las huestes fascistas de Adolfo Hitler; un proceso de implantación ideológica que desde el primer momento tuvo fuertes resistencias dentro de los pueblos a los que se les obligó a asumir ese proyecto social. Y ese renacer de la pureza que muchos vieron en la Revolución Cubana ocurría en momentos en que la polarización guerrerista del conflicto entre el imperialismo norteamericano y el imperialismo soviético se iba diluyendo por razones que aquí sería muy largo analizar (pero entre las que destacaban mucho los errores evidentes del socialismo "a la soviética" y el fracaso también notorio de la economía socialista a nivel internacional).

El primer revés, según los propios protagonistas, compañeros de lucha de Fidel Castro, profundizó el radicalismo y la obcecación del que ya era considerado el "Máximo Líder": desoyendo los consejos y la asesoría de quienes en verdad eran especialistas en el tema, se le había ocurrido que la industria azucarera nacional podría producir 10 millones de toneladas de azúcar. Ideó esta locura luego de su visita a la URSS en 1963, influenciado por el compromiso del presidente soviético Nikita Jrushov de comprarle a Cuba hasta cinco millones de toneladas de azúcar anuales a precios preferenciales. Diferentes funcionarios le advirtieron que todos los ingenios azucareros del país, analizando objetivamente todas sus condiciones tecnológicas, podrían llegar apenas a 7 millones y medio de toneladas. La respuesta de Fidel fue la de siempre: destituyó de sus cargos a estos funcionarios "que desconfían del poder de la Revolución" y ordenó poner todos los recursos del país en función de ese empeño. Pero, como lo habían vaticinado los expertos y funcionarios destituidos, apenas se alcanzaron 8 millones de toneladas, a un costo económico absurdo, ya que se gastó más de lo que podría obtenerse con la venta total de esa producción. Sería ese el más notorio de los muchos descalabros que sufriría Fidel por su sueño de gigantismo económico, pero en todos los casos, otra vez, la propaganda mostraba todo lo contrario a la verdad, anunciando que pese a no cumplirse las expectativas, se trataba de victorias parciales de "la Revolución".

El segundo revés, en palabras del escritor y periodista chileno Jorge Edwards, en entrevista que le realicé en Berlín durante el 2015, "fue una sacudida más fuerte para Fidel. Fidel tenía muy claro que contaba con muchos argumentos para justificar las derrotas que iba sufriendo en esos años en el terreno económico, pero no estaba dispuesto a perder terreno en lo ideológico, y el Caso Padilla es, sin discusión, la mayor herida ideológica que ha recibido la Revolución en toda su existencia, pues le quitó una de sus armas propagandísticas más sólidas: el monopolio que llegó a tener de la intelectualidad internacional"[29].

Como se explicará más adelante, tras la represión contra Heberto Padilla, que se haría extensiva a otros escritores luego del discurso de autoinculpación al estilo purga estalinista que le

---

[29] Edwards, Jorge. Entrevista en los Archivos del Autor.

obligaron a realizar, en el cual Padilla acusó a otros colegas de ser también débiles ante "la grandiosa epopeya de la Revolución", la mayor parte de la intelectualidad internacional de izquierda, pero especialmente la latinoamericana, abre los ojos ante las señales totalitarias del gobierno revolucionario y rompe públicamente con La Habana.

No puede pasarse por alto un detalle importante: a partir de 1970 comienza a evidenciarse el deseo de Fidel Castro de convertirse en ese líder internacional que muchos anunciaron debía ser, incluso desde los primeros momentos en que su propaganda regaba por el mundo que en Cuba se había alcanzado "la primera victoria de los pueblos de América contra el imperialismo mundial" y que el ejército revolucionario había propinado al ejército de Estados Unidos su "primera gran derrota en América Latina" tras el intento de invasión en Bahía de Cochinos de 1961. Comenzaba además el imperialismo soviético a interesarse directamente en los movimientos guerrilleros que habían surgido en Centro y América Latina y para ello necesitaba un peón, con lo cual (como han analizado muchos estudiosos de la era soviética y de sus intentos expansionistas por el mundo) Moscú decide ayudar al posicionamiento internacional del liderazgo de Fidel Castro, aparcando a un lado las diferencias surgidas entre ambos gobiernos cuando Fidel criticó la decisión soviética de sentarse a negociar con Estados Unidos la existencia de armamento nuclear ruso en territorio cubano, a espaldas de Cuba, durante la llamada "Crisis de los Misiles" en octubre de 1962.

Toda la propaganda internacional del socialismo se centraba entonces en promover al Movimiento de Países No Alineados, pues aunque en la letra escrita este movimiento decía ser ideológicamente independiente, en los hechos concretos era la alternativa más viable que tenía Moscú de enfrentar al "imperialismo mundial" en el terreno de la diplomacia, y resulta entonces muy significativo el incesante "lobbismo" que realizó, directamente o a través de sus satélites dentro de esa institución internacional, para implementar el liderazgo de Fidel Castro, que comenzaría a asentarse con la celebración en La Habana de la VI Cumbre del Movimiento de Países No Alineados y que terminaría de consolidarse entre 1980 y 1985 con la resonancia internacional que el bloque socialista en conjunto concedió a una de las más "progresistas" y "libertarias" ideas de Fidel, a través de sus denuncias de que ni la deuda externa de América Latina (ascendiente en 1985 a 257 mil 400 millones de dólares), ni la de otras naciones pobres del mundo, debían ser pagadas a sus acreedores, pues justamente esas naciones acreedoras eran las verdaderas culpables de la miseria y el saqueo sufridos por los países pobres del Tercer Mundo.

Ante ese nuevo escenario, ante esos nuevos retos para la izquierda internacional y para "la Revolución", la censura y la represión de las ideas no podía seguirse justificando con los viejos esquemas de "rezagos del capitalismo" o "defensores del pasado batistiano". Tanto en las opiniones de Fidel en respuesta a los intelectuales que se manifestaron contra la represión a Heberto Padilla, como en las cartas y respuestas públicas de los intelectuales cubanos que el gobierno revolucionario utilizó para responder a lo que consideraban una puñalada por la espalda, comenzó a tomar protagonismo justamente esa idea, la de la traición, concentrándose la propaganda en etiquetar a los críticos extranjeros como "traidores a los ideales de la Revolución Internacional de los desposeídos", y, en catalogar a los críticos cubanos como "traidores al pueblo revolucionario", imponiéndose así (aunque ya existían antes para algunos casos) las etiquetas de "ratas", "apátridas", "desafectos a la Revolución", "desviados ideológicos" y "gusanos" o "escorias", estas últimas establecidas con mucha más fuerza a raíz del éxodo masivo de 1980, cuando más de 125 mil cubanos decidieron abandonar la isla por el puerto del Mariel y el gobierno ordenó los llamados (y hasta hoy existentes) "actos de repudio" en los que masas vociferantes de movilizados gritaban ante quienes pedían irse del país, entre muchas otras ofensas, un coro tristemente conocido:

"¡¡¡Pin Pon Fuera, Abajo la Gusanera!!! "

Para imponer su liderazgo, Fidel Castro no podía volver a repetir los escándalos internacionales estilo "Caso Padilla", y tampoco las denuncias recibidas por haber permitido en la década anterior la existencia en la isla de campos de concentración como las UMAP, por lo cual da la orden de ajustar los mecanismos de control impuestos a través de la amplia red de informantes de la Seguridad del Estado y de la presencia de esta policía política en todos los escenarios laborales y sociales de la isla, al tiempo que ordena a sus comisarios intelectuales establecer una estrategia cultural nacional que permitiera a un mismo tiempo el fomento, desarrollo y masificación de la cultura, y su control estricto por instituciones que comenzaron a crearse en todas las ciudades y provincias del país, llegando incluso a las zonas más remotas.

Y lo cierto es que, aun cuando algunos casos de censura y represión llegaron a escaparse del cerco de silenciamiento internacional impuesto por el gobierno cubano, la gestión censora y represora se hizo más sutil, se especializó, se concentró en ofrecer la imagen de una isla donde el pueblo gozaba de una amplia oferta de posibilidades de desarrollo cultural, y por ello, aunque pudiera hoy hablarse de otros "Casos Padilla" en este período, con excepción de la resonancia internacional que alcanzó lo sucedido al escritor Reinaldo Arenas (Holguín, Cuba, 1943 - Nueva York, 1990), son muy poco conocidas las terribles circunstancias vividas por el resto de los escritores e intelectuales reprimidos, incluso aunque esa represión ocurriera con mucha más dureza que la perpetrada contra Heberto Padilla.

Etiqueta: Traidores

"...fue una época terrible. Muchos, al escapar de aquella locura, intentaron olvidarlo, y otros, como Reinaldo (Arenas), la asumieron como un lastre. Cuando andábamos en la armadura de la revista *Mariel*, Reinaldo me dijo que era una sombra vestida con traje verde olivo que lo perseguía hasta en los sueños. A lo mejor porque fue una época histórica que coincidió con ese momento personal de la adolescencia y la juventud en que uno es tallado con las cosas que va a arrastrar siempre en la vida, pero ¿cómo escapar de esa atmósfera de terror que nos rodeaba, de las prohibiciones por simplezas como usar un pantalón campana o llevar pelo largo, de las verdades tragadas por miedo a una delación por *desviación* ideológica o moral, de las represalias por oír música en inglés o que no fuera la música cubana hecha por cubanos que no habían traicionado, de las llamadas de atención porque una frase dicha o escrita en un cuento o en un verso sonaba rara para los puristas de la ideología, de las torturas en las cárceles y esa humillación de hacerte sentir una *no persona*?; es una pregunta que ninguno de nosotros ha podido responder convincentemente".

Carlos Victoria, escritor y periodista cubano

Carta en los archivos del Autor.

La quiebra de la credibilidad de la Revolución Cubana había sufrido un duro golpe con el Caso Padilla en 1971, pero ese sería sólo el comienzo de un fenómeno mayor para el cual ni el ego de Fidel Castro ni la estructura propagandística internacional castrista estaban preparados: intelectuales de enorme prestigio, que gozaban de un gran impacto mediático, al sentirse engañados y burlados por el gobierno cubano, comenzarían a hurgar en las esquinas más sórdidas y tenebrosas del proyecto revolucionario; zonas vergonzantes que habían sido disimuladas de las miradas curiosas bajo el manto de paradisiaca seducción con el que el andamiaje de la propaganda del bloque socialista pretendía engañar al mundo y conquistar adeptos para su "heroica lucha contra el imperialismo". A esos intelectuales desilusionados se les unirían otros cientos, tanto de la derecha como de la izquierda, y todos ellos, la inmensa mayoría por convicción y algunos (es necesario reconocerlo) impulsados y también financiados por instituciones de la derecha internacional, llegaron a establecer un férreo muro de contención que frenó la avalancha de mentiras, manipulaciones de la verdad y edulcoración de la realidad nacional cubana que siguió enviándose al mundo desde la isla.

La repercusión internacional que tuvo el Caso Padilla durante la década del 70, ese contragolpe de la intelectualidad internacional denunciando la cara represiva y censora del proyecto revolucionario, la demoledora derrota al supuesto "paraíso revolucionario" que fue el éxodo de más de 125 mil cubanos por el Mariel en 1980 (con la siguiente ola de denuncias que hicieron renombrados intelectuales y artistas cubanos que saldrían de la isla en esa oleada migratoria, siendo el caso más publicitado el del escritor Reinaldo Arenas), las convulsiones ideológicas del socialismo "a la soviética" con el inicio de la Perestroika y luego con la Glasnost en la URSS que hicieron que Fidel previera la caída del socialismo y comenzara un proceso de reformas para evitar que algo así sucediera en Cuba, conformaron el caldo de cultivo perfecto para un cambio de lenguaje en el terreno de la represión y la censura que, como se dijo en el primer capítulo, se hizo más sutil de cara al mundo, aunque no por sutil los descalabros y las violaciones puedan considerarse menos lesivas.

Aunque el término "traidor" había sido utilizado en el período anterior para designar algunos casos concretos, aplicándose sobre todo en el terreno político, a partir de 1971 se expande con una fuerza incontenible a otras zonas del ámbito social, en especial al de la creación y el pensamiento. Los críticos al gobierno, según esa nueva estrategia, cometían una traición de lesa humanidad: traicionaban a Fidel, a "la Revolución", al pueblo cubano, a los pobres y marginados del planeta, al socialismo, a los ideales de un mundo libre de la explotación imperialista... y un largo etcétera. Tamaña traición, en los primeros años, se pagaba con la muerte, pero, como dijo en entrevista para Radio Rebelde (23 de mayo de 1972) uno de los mayores represores culturales de este funesto período: el comandante José "Papito" Serguera, "el carácter magnánimo de nuestra Revolución los condena, pero que nadie lo dude, les dará la oportunidad de limpiar la mancha de su traición y muchos tendrán la oportunidad de luchar a nuestro lado, una vez que limpien esa mancha".

Todo parece iniciarse en el Congreso Nacional de Educación y Cultura, de abril de 1971. El escritor y crítico Ambrosio Fornet intentaría definir el inicio de este período llamándolo "Quinquenio Gris" (1971-1976), aunque otros investigadores hablan de la "década gris" (1971- 1980) y otros, entre los que me cuento, preferimos extender este singular momento de la represión hasta 1989. La atmósfera de miedo que existía ya gracias a la detención de Padilla, el accionar movilizador del ala extremista pro-soviética de la intelectualidad, las intervenciones censoras y represivas contra la libertad creativa en diversas manifestaciones artísticas de alcance popular como la radio, la televisión, el teatro y el cine por parte de los comisarios culturales de todos los bandos en pugna por el poder cultural, y la constante propaganda revolucionaria sobre la necesaria unidad del pueblo en torno a "la Revolución", provocaron el cierre de filas de escritores, artistas e intelectuales que derivó en la "Declaración" final de dicho Congreso, que puede considerarse el primer *Manual del Censor* en la cultura cubana, aprobado masiva y eufóricamente por quienes serían las víctimas.

Entre otras muchas singularidades, en esa declaración quedan establecidas las vías que emprenderían los comisarios políticos e ideólogos del castrismo para terminar de amordazar la cultura: se establece que todo trabajo artístico pertenece a la Nación, eliminándose así el derecho a la propiedad intelectual; se instaura la negativa a reconocer a los artistas homosexuales, entendiendo que por su "patología" y su "inmoralidad" no debían integrar la vanguardia artística que "la Revolución" necesitaba, quedando así abierto el ruedo de un circo romano llamado "parametración" mediante el cual fueron expulsados del cine, la radio, la televisión, el teatro y el ballet todo aquel individuo que manifestara "tendencias homosexuales"; se crean las bases para una ley promulgada poco después, "la ley contra la vagancia", al considerar que la creación artística sólo podía entenderse como trabajo si se ponía a disposición del pueblo y no, como según los comisarios sucedía antes de 1959, si el creador se encerrada a crear en una capilla de cristal, aislado de la épica que vivía el pueblo; y, muy importante, se establece que la "observancia de las leyes revolucionarias" era una misión obligada de todo creador si este se consideraba en verdad parte del pueblo, con lo cual la censura y persecución de las ideas contrarias a lo dictado por las "leyes revolucionarias" comenzó a formar parte orgánica de las instituciones y de todo aquel cubano que dijera ser revolucionario. Sumamente notorio en ese evento fueron las palabras de Fidel Castro inaugurando en el escenario de la cultura un método que antes sólo había utilizado en la lucha política: la inculpación de fuerzas foráneas como responsables de algún suceso bochornoso o error político propio que empañara la imagen de pureza de "la Revolución", pues llegó a asegurar el absurdo de que el Caso Padilla había sido concebido por medios de comunicación extranjera, financiados por los enemigos de Cuba, para tener un escándalo que les permitiera vilipendiar a "la Revolución".

También en el Congreso se dejaron establecidas las normas de "lo revolucionario": la poesía debía evitar el pesimismo y resaltar el canto triunfante de los nuevos tiempos; la narrativa debería eliminar las costumbres pequeño-burguesas y asumir como temas la recreación de la vida "revolucionaria y esperanzada" de sectores marginados como los campesinos, al tiempo que atacaba males del pasado como la prostitución, la represión batistiana y el racismo; el teatro, la televisión y el cine estaban llamados a reflejar la épica de "la Revolución" y las luchas por las conquistas del futuro luminoso que anunciaban los discursos de Fidel (por eso era lógico que fueran censuradas las películas *Techo de vidrio*, de Sergio Giral, en 1982, y *Hasta cierto punto*, de Tomás Gutiérrez Alea, en 1983); la radio debía rescatar en toda su magnitud la música cubana (siempre que fuera hecha por músicos residentes en la isla), eliminando de sus programaciones cualquier tipo de música "extranjerizante", especialmente la música hecha en la que empezó a ser llamada la "lengua del enemigo", el inglés.

Para tener una idea de la atmósfera cultural irrespirable que provocaba el control político y la autocensura derivada del miedo generado por estas políticas oficiales entre los creadores, podría comenzarse con esta anécdota, que cuenta el escritor José Ma. Fernández Pequeño:

"En septiembre de 1975 tenía aún 21 años y estudiaba Letras en la Universidad de Oriente. Los que conocen el escenario saben que el extremo oriental cubano es la parte del país que ha recibido con mayor fuerza no solo los escasos eventos sísmicos que a veces nos remecen, sino también los períodos de rectificación de errores, las etapas de reafirmación revolucionaria, las profundizaciones ideológicas de diverso tipo y cualquier otro ajuste o apriete de tornillo de los muchos ocurridos durante el último casi medio siglo cubano. La Universidad de Oriente fue duramente castigada por estremecimientos de esa clase entre 1968 y los primeros años setenta, una historia en la que tomaron parte (y sufrieron) amigos intelectuales que encontré a mi llegada a la alta casa de estudios y con algunos de los cuales fundaría luego la Casa del Caribe. Pero esa es otra historia. Resulta que en septiembre de 1975 un grupo de escritores radicados en La Habana (es decir, nacionales) y miembros de la UNEAC visitaron el taller literario de la Facultad de Humanidades. Yo no pertenecía al taller (nunca pertenecí a ninguno) pero fui al encuentro, curioso por ver y escuchar a los escritores consagrados. La directiva del taller había impreso (en mimeógrafo, como correspondía a la aldea aún no global) un folletito con obras de los talleristas, y así se llegó a la noche esperada. Todavía puedo ver el salón, en el Decanato de Humanidades: no demasiado grande, con una mesa oval (la misma que luego este humilde servidor trasladaría a uno de los cuentos de *Un tigre perfumado sobre mi huella*) alrededor de la cual nos sentamos: los aprendices en una cabeza y los escritores nacionales desplegados como un tribunal sapiente y magnánimo, siguiendo la ya mencionada disposición oval.

"Todo en principio transcurrió normalmente (las presentaciones, los primeros intercambios, las bromas típicas de esos encuentros, las indicaciones de cómo se desarrollaría la actividad), hasta que el azar hizo concurrir dos hechos aparentemente desconectados. El primero y decisivo corrió del lado de la falta de malicia. Cuando se abrió la lectura de los materiales acopiados entre los miembros del taller, <u>alguien de su directiva colocó una grabadora en el centro de la mesa</u>. Para grabar las opiniones de los experimentados escritores, aclaró, toda vez que así podrían ser estudiadas luego por los neófitos presentes y ausentes. Era una grabadora de cinta y, ahora que la miro desde el tiempo transcurrido y los modernos microchips, me doy cuenta de que se ha ido haciendo más tosca, más imponente, más antediluviana.

"El segundo hecho traía también su toque de ingenuidad, aunque en otra dimensión. En el folleto preparado por el taller, más bien hacia el final, aparecía un poema que había sido favorecido con alguna circulación entre el alumnado de Letras. No tanto por su calidad, sino más bien por la persona a quien estaba dedicado: el profesor Ricardo Repilado. Muchos de los que estudiamos en la Escuela de Letras de la Universidad de Oriente por aquellos tiempos hemos reconocido la deuda discipular que tenemos con el Repi, pero también recordamos su estricta disciplina, su cortante ironía y la culta exigencia que imperaba en sus clases. Pues, como Repilado era por norma el último que entraba a su aula y al parecer había dejado fuera varias veces a cierto estudiante con aspiraciones de poeta, este último le dedicó un breve poema bajo el título de "Los poetas llegan tarde a clases". ¿Quién podía suponer que esta leve venganza estudiantil se convertiría en explosivo detonante ideológico al casual encuentro con una grabadora? Nosotros no.

"Aun cuando en la actividad se había establecido la regla de que solo serían debatidos los textos de aquellos talleristas que estuvieran presentes (y el autor del poema antes señalado no estaba), a media sesión <u>uno de los visitantes, escritor con enorme poder por aquella época en la UNEAC, alzó su mano y dijo que había leído en el folleto un texto que él no podía dejar de comentar. Y ahí mismo se largó una encendida diatriba contra la actitud elitista de aquel autor, que por escribir poesía se consideraba diferente al resto de sus compañeros y exigía un trato distinto. Así comenzaban las desviaciones de los intelectuales que, como en el caso de Heberto Padilla, terminaban en la traición, el hipercriticismo pequeño burgués, etc., etc.</u>

"Se produjo un momento de honda estupefacción, pero únicamente entre los principiantes. <u>Con extrema celeridad y durante casi una hora, cada uno de los avezados escritores visitantes fue tomando la palabra según el orden que ocupaban en torno a la mesa y</u>

declarando enfáticamente ante el monótono girar de los carretes de la grabadora su rechazo a aquella terrible actitud elitista de los intelectuales que se iban alejando del pueblo y terminaban haciéndole el juego al enemigo. Uno a uno y sin pausa, aquellos adultos (algunos tendrían hijos de nuestra edad o poco menos), profesionales de la escritura (se suponía, se suponía), llenos de libros publicados y premios recibidos repetían los mismos argumentos, casi con las mismas palabras, no para grabárnoslas por insistencia, sino para dejar grabado en la cinta magnetofónica el testimonio de su espíritu combativo.

"Al joven de 21 años que entonces era le costó mucho trabajo entender lo que estaba pasando, y si no salí de allí directo a pedir una cita con el psiquiatra, fue porque a la hora de recoger los bates Grillo Longoria (que era o había sido hasta fecha muy reciente Fiscal de la República) echó mano a su mejor tono de abuelo comprensivo para preguntar a sus colegas si no estaban siendo demasiado suspicaces y convirtiendo en terrible acto de traición ideológica el poema escrito por un estudiante universitario a quien le costaba trabajo levantarse temprano. La comprensión total de lo sucedido y del protagonismo que la grabadora había tenido esa noche me llegó al día siguiente, en conversación con el poeta guantanamero Marino Wilson Jay, quien no había podido asistir a la actividad. No pocos de los escritores invitados esa noche y la inmensa mayoría de los entonces jóvenes anfitriones aún viven".

Y ese espíritu de miedo, autocontrol y represión oficial iría eliminando poco a poco espacios de libertad creativa que habían sido representativos de la cultura cubana hasta ese momento. Basta un ejemplo: el de las artes danzarias, y basta la voz de un nombre mítico en esa modalidad artística, Ramiro Guerra, que resume así la debacle:

> "La danza bien sufrió el descalabro [...] Nombres importantes del movimiento teatral fueron "parametradamente" enviados al Ministerio del Trabajo, donde solo encontraron el bacheo de calle y el sepultureo en el cementerio como opciones de trabajo. El teatro guiñol fue inmisericordemente desvastado y sus hermosos muñecos fueron enviados al Cayo Cruz de la basura, que aun existía en la bahía. Y los Camejos perseguidos de forma especial, borrados de la cultura nacional.
>
> "Mientras, fue suspendido el *Decálogo del Apocalipsis*, obra mía que debía de estrenarse según invitación impresa en bello rojo vivo con fecha para el 15 de abril de 1971 después de un trabajo arduo de un año y un enorme gasto de vestuario y escenografita y que debió marcar un hito importante en el desarrollo de la danza contemporánea en Cuba, y cuya falta han lamentado las generaciones surgidas después de mí en esa área por los graduados de las escuelas de arte, quienes perdieron las referencias danzarias promovidas por mí en 12 años y que marcaron el desarrollo exitoso de un movimiento de danza enraizados en una identidad nacional pero bien informados de las vanguardias de la época. Mucho se ha escrito sobre ese fenómeno por los coreógrafos que me siguieron, especialmente Marianela Boan, heredera de mi quehacer creativo con su grupo Danzabierta"[30].

Lo innegable, en todo caso, es que Fidel Castro y sus comisarios culturales, al tiempo que establecían una estrategia de mostrar al mundo una cara engañosamente próspera de la realidad cultural, estaban dispuestos a hacer cualquier cosa

---

[30] Dossier "Pavongate o La Guerrita de los Email, 2007", en numerosos sitios de descarga gratuita en internet.

dentro de la isla para garantizar que la cultura no escapara de su control. Veamos algunos casos:

1.- Eduardo Heras León: El otro "Padilla".

"Al Chino Heras lo mataron como escritor con toda aquella jugarreta sucia que le hicieron, le inyectaron un miedo en la sangre del que no ha logrado escapar nunca y, como muchos de nuestra generación, pienso que ha sido triste ver cómo por miedo se resignó a vivir de la poca gloria que logró con sus cuentos y, sobre todo, cómo un hombre de su talento se pliega tan dócilmente al mismo poder que le arruinó la vida".

Raúl Rivero, Pinar del Río, 2002[31].

Fue junto al dramaturgo y poeta Antón Arrufat una de las víctimas más afectadas por el escándalo del Caso Padilla, puesto que la inmensa mayoría de los análisis olvidan que la censura y represión sobre él ocurrió en el mismo año (1971) y, en honor a la verdad, si bien Padilla pudo continuar luego una carrera de ascenso literario y Arrufat llegaría a escribir una vasta obra de singular importancia para las letras cubanas, a Heras León esa experiencia y el miedo que le generó (y que aún le dura) le mató al gran escritor que pudo ser, por lo cual apenas se ha logrado inscribir como un clásico del cuento cubano precisamente por el libro que lo lanzó a ese infierno: *Los pasos en la hierba.*

Arrufat, incluso, tuvo la suerte de que, como castigo por haber escrito *Los siete contra Tebas* y por una homosexualidad que no negaba, lo enviaran a trabajar a una biblioteca, donde pasaría varios años, eso sí, muy vigilado. Lo mismo le sucedió a otros escritores castigados: fueron destinados a "corregirse" en imprentas, almacenes de la industria del libro, archivos de

---

[31] Conversación con el Autor durante los Premios Vitral, Pinar del Río, 2002, en que fueron jurados: Rivero en poesía y el Autor en narrativa.

empresas culturales o universidades. Y aunque sobre ellos se ejercía la presión e incluso las humillaciones que sufre usualmente un reo en una prisión, pudieron irse reintegrando a la sociedad menos traumáticamente que Heras León, a quien enviaron como obrero a una importante industria de procesamiento de acero en las afueras de La Habana: la fábrica "Vanguardia Socialista".

Años después, Heras León sería mi mentor literario, así que pude escuchar en detalles su calvario de varios años que, resumido, podría ser este: luego de haberse graduado de artillero en una escuela militar en la URSS y de haber luchado como artillero contra la invasión lanzada por Estados Unidos contra Cuba en 1961, el joven revolucionario que era entonces decide hacer una carrera universitaria y comienza a escribir, vinculándose a un grupo de amigos, jóvenes artistas y escritores entre los cuales se encontraba un joven trovador aún desconocido llamado Silvio Rodríguez y un jovencísimo poeta, Raúl Rivero, hoy uno de los más temidos enemigos de la dictadura cubana. Todos creían con firmeza en "la Revolución", en los nuevos tiempos y, con la fuerza de su juventud, comenzaron a crear de un modo distinto: le cantaban al esfuerzo, al sacrificio, pero no edulcoraban la realidad, no ocultaban muchas situaciones y problemas que ocurrían ante sus ojos, y tampoco mentían. Por ello, tanto las canciones de Silvio (quien como se sabe, luego de un período de censura, llegaría a ser un ícono propagandístico de "la Revolución") como los cuentos de Heras León, no cumplían los requisitos que los comisarios culturales habían establecido, y ya desde que en 1968 ganara el importante Premio David de la UNEAC con su libro *La guerra tuvo seis nombres*, Heras León empezó a estar en la diana de los censores. ¿La causa?: que en este libro, que contaba la historia de seis soldados que lucharon contra la invasión en 1961, se dejaba ver, entre otros "pecados", que aquellos jóvenes, aunque estaban dispuestos a dar su vida por "la Revolución" y por Fidel, tenían miedo mientras luchaban, eran imperfectos, críticos, débiles, no estaban ideológicamente definidos; "debilidades" que, según los comisarios culturales, no eran sellos de identidad del revolucionario, ni del "Hombre Nuevo" que el proceso revolucionario pretendía edificar.

El propio Heras León, años después, intentaría explicar las causas de aquel "equívoco[32]":

"...la literatura tenía que penetrar en los estratos más hondos del ser humano, revelar al ángel y al demonio que es el hombre, descubrir sus procesos más íntimos y rescatar para todos la única verdad posible: somos imperfectos y la lucha más importante es con nosotros mismos, y tendríamos que elevarnos sobre nuestros defectos, sobre nuestros errores, miedos, rencores, angustias, para convertirnos en seres humanos, como afirmaba Antonio Machado, «en el mejor sentido de la palabra, buenos». ¿Cómo lograrlo? ¿Qué debiéramos escribir? ¿Cómo hacerlo para no traicionar esa verdad? ¿Qué fronteras debíamos respetar?, como preguntaba Silvio, «si alguien roba comida y después da la vida, ¿qué hacer?». La única respuesta posible, la única respuesta revolucionaria, era no ocultar nada: hablar del coraje, pero también de la cobardía: hablar del amor, pero también del odio, incluso entre los revolucionarios; hablar del heroísmo, pero también de la traición. Era, en otras palabras, la búsqueda de la forma más pura de la verdad que es, en última instancia, el objetivo supremo de la literatura. No había ningún otro secreto. La única

---

[32] En todas nuestras conversaciones siempre le escuché referirse así a los numerosos actos de represión que tuvo que sufrir: "todo proceso comete errores, equívocos, y lo heroico es estar preparado para superar los traumas que esos errores puedan ocasionarle a uno", solía repetirnos a sus discípulos.

fórmula era, sencillamente, decirlo todo. Esa era la estética de nuestra generación[33]".

A ese "problema" se le añadió un pecado mayor: a partir de murmuraciones delatorias de compañeros de estudio, los censores comenzaron a sospechar que Heras León tenía "tendencias homosexuales", y aunque nunca lograron demostrar que padecía de esa "patología", quedaron activadas todas las alertas censoras, que sonarían estruendosamente en 1970, cuando ganó la única mención del Premio Casa de las Américas en el género cuento con *Los pasos en la hierba*, un excelente libro que mostraba descarnadamente contradicciones de la épica revolucionaria dentro de las filas de los milicianos y oficiales que defendían "la Revolución".

La maquinaria represora se puso en marcha y utilizó como punta de lanza a un censor que luego traicionaría a "la Revolución": el escritor y periodista Roberto Díaz Muñoz, entonces director de la revista *El Caimán Barbudo*, donde trabajaba Heras León, publica un artículo contra *Los pasos en la hierba* tildándolo de texto contrarrevolucionario y atestado de problemas ideológicos. Poco después, la propia revista publicaba otro artículo donde anunciaba su expulsión del Consejo de Redacción. En la Universidad, en la Escuela de Periodismo, donde, debido a la falta de profesores, Heras León ofrecía clases de Técnicas y Redacción, y de Literatura Hispanoamericana, se hizo una reunión a sus espaldas donde se le acusó incluso de contaminar ideológicamente sus clases. La prensa cultural publicó varios artículos cuestionando el libro por "tendencioso y reaccionario", y hasta llegó a hacerse una encuesta sobre el autor y el libro en toda la Universidad de La Habana, buscando apoyo para el castigo que ya se preparaba: fue expulsado de la Universidad, de la Unión de

---

[33] Heras León, Eduardo. "Quinquenio Gris: Testimonio de una lealtad". Conferencia, Casa de las Américas, 2007.

Jóvenes Comunistas, de su trabajo como profesor, y le engañaron diciendo que iría a una fábrica de acero como "Capacitador", a cargo de la formación educacional de los obreros. Pero al llegar, el director le dio otra noticia: "me dijeron que te pusiera a trabajar como obrero, directamente en el taller, con el hierro caliente".

Aunque el propio Heras León ha intentado achacar el ensañamiento en su caso a "errores entendibles de la Revolución" y aunque, cuando alguien en ese tiempo le preguntó por qué no se iba del país, respondió que "Cuando todo el mundo decida irse, nos quedamos Fidel y yo", lo cierto es que tuvo que sufrir injustamente un acoso tan descomunal que enfermó de tuberculosis, cayó en la depresión, tuvo deseos de suicidarse (curiosamente con una pistola que Fidel le había regalado por destacarse en ejercicios de tiro en su etapa como artillero), perdió su matrimonio y, lo peor, jamás volvería a escribir con la fuerza de años antes, aún cuando no pueda negarse la belleza y singularidad de su libro *Acero*, considerado un clásico de la literatura de tema obrero en Cuba, del cual el argentino Julio Cortázar diría que era "uno de los libros más bellos, poéticos y humanos escrito por un cubano", e incluso llegando a comentar que aquel joven escritor demostraba que el famoso boom de la literatura latinoamericana, del que ya comenzaba a hablarse mucho en Europa, estaba sucediendo también en Cuba. Sobre ese descalabro, Heras León confesaría:

"En lo literario, somos una generación frustrada. ¿Cómo podría ser de otra forma? Nuestros primeros textos auguraban una obra considerable en extensión y calidad, y hoy muchos de nosotros apenas hemos podido publicar un puñado de libros que pueden contarse con los dedos de una mano. Seguiremos escribiendo, quién lo duda. Tal vez logremos algo perdurable, pero nunca será igual. El tiempo ya nos ha pasado la cuenta".

Se necesitaría un libro entero para contar las historias de escritores cubanos de distintas generaciones que, al igual que Heras León, en este período fueron "castigados". Basta mencionar a sus propios colegas de generación: Guillermo Rodríguez Rivera (por *El libro rojo*), Víctor Casaus (por *Girón en la memoria*), Rodrigo Moya y Renato Recio (por *En el año más largo de la historia*), Norberto Fuentes (por *Condenados de Condado*), Jesús Díaz (por *Los años duros*), y aunque muchos de los escritores de esos años, profundamente heridos y desilusionados, partieron más tarde al exilio, lo más interesante es que otros muchos decidieron quedarse y se convertirían en propagandistas, dirigentes o activos ejecutores de la Política Cultural de la Revolución, siendo justamente Heras León el caso más notable de esta fidelidad al verdugo. Después de su castigo de cinco años, y tras regresar a la Universidad para graduarse de Periodismo y Letras, comenzó un lento y tozudo camino de reinserción en el mundo cultural, que avanzó aceleradamente desde que en 1976 le permitieran abandonar la fábrica de acero y comenzar a trabajar como editor en la importante editorial Arte y Literatura. Ese camino de reinserción, que culminó con la obtención del Premio Nacional de Literatura 2015, que se concede a la vida y la obra de un autor, aunque sin volver a escribir nada realmente notable, llegó a su cima con el valioso (aunque no exento de polémica) trabajo como fundador, profesor y director del Centro de Formación Onelio Jorge Cardoso (desde 1998 hasta hoy), que le ha permitido ser considerado además el intelectual que más ha aportado a la formación de los escritores de las últimas cuatro generaciones en la isla.

En resumidas cuentas que, pese a su largo y duro calvario, Heras León es uno de los escritores cubanos que sigue defendiendo "la Revolución", como puede verse en este fragmento de sus palabras de agradecimiento al recibir el oficialista Premio Nacional de Literatura:

"El 1ro. de enero de 1959, las puertas cerradas se abrieron, la noche quedó verdaderamente atrás, un mensaje de dignidad, justicia y honradez antes desconocido, caló en nosotros con tanta profundidad, que le ofrecimos hasta nuestras vidas para defenderlo. Y entonces, más que escribir, en esos momentos decidimos vivir. Y eso fue lo que hicimos. Y vino Playa Girón, y el Escambray, y un curso militar en la Unión Soviética, y varios años en las fuerzas armadas: años de combates, de violencia, de duros enfrentamientos con el enemigo; en una palabra: nos lanzamos al torbellino revolucionario, a la épica batalla por defender algo que nos había cambiado para siempre.

"Cuando ingresé en la Escuela de Periodismo tuve la impresión de que podía y debía evocar lo vivido, contar la historia, pero contarla toda, con sus contradicciones, con sus aciertos y errores, con sus miserias y heroísmos, con su coraje y sus cobardías, con su amor pero también con su odio. Esa era la estética de nuestra generación. Así la entendíamos y así nos propusimos contarla. Y aunque parezca un lugar común, queríamos decirles a los jóvenes a quienes iba dirigida nuestra obra: «Esta es la historia, léela, para que aprendas lo que nos costó: sangre, sudor y lágrimas. Ahora que ya lo sabes, defiéndela». Tengo que mencionar varios nombres, que nos han acompañado desde entonces. Algunos no están con nosotros, porque fallecieron; otros, tomaron un camino que los alejó para siempre de nuestras convicciones: Germán Piniella, Rogerio Moya, Renato Recio, Luis Rogelio Nogueras, Guillermo Rodríguez Rivera, Víctor Casaus, Jesús Díaz, Raúl Rivero.

Vinieron entonces, a propósito de mi segundo libro, *Los pasos en la hierba*, las incomprensiones, los dogmatismos, las falsas interpretaciones de buena y mala fe; las críticas despiadadas y destructivas, la ideologización absurda del arte y la literatura, y el conocido Quinquenio Gris se abatió sobre la cultura cubana, empobreciéndola, haciéndole pagar caro su terca vocación de búsqueda de la verdad, que es en última instancia el objetivo supremo de la literatura.

"Fueron años verdaderamente duros, inciertos, donde solamente la convicción de que la Revolución se había hecho para acabar con la injusticia y no para promoverla nos mantuvo vivos, a pesar de los rigores de un castigo que para mí duró cinco años, años en que se cerraron todas las puertas y una verdadera conjura del silencio que parecía interminable se ensañó sobre mí. Pero resistí. Y escribí, y la literatura fue siempre compañera fiel en los peores momentos, y me ayudó a mantenerme leal a los principios que siempre rigieron mi vida.

"Paradójicamente, ese castigo en la Fábrica Vanguardia Socialista me hizo conocer un mundo nuevo, el mundo de la clase obrera, donde conocí hombres de otras características, que me hicieron renacer la confianza en los seres humanos. A ellos les dediqué dos libros, *Acero* y *A fuego limpio*. Del primero guardo como un tesoro, el comentario elogioso de Julio Cortázar, que es mi escudo contra quienes lo calificaron como un ejemplo del mal realismo socialista.

Pero pasaron esos años, y la buena literatura, como el arte, conservó sus valores, superó los obstáculos y lentamente salió del marasmo para volver a entonar su canto de libertad y de esperanza. Y mi segundo libro, aquel libro golpeado, humillado, vilipendiado, calificado de contrarrevolucionario por los burócratas de la cultura, sobrevivió alimentado por el soplo vital de quienes confiaron en su autor y en la justicia de la Revolución. Y quedará (ya lo he dicho en alguna ocasión) como un recordatorio para los que pretendieron ahogar bajo papeles y directivas, la pujante vida de sus personajes, los complejos conflictos humanos de esos seres sudorosos y solidarios que sufren y temen, caen y se levantan, pero combaten y vencen. Nosotros fuimos esos hombres; nosotros somos (y quiero repetirlo aquí), la generación de la lealtad a los principios y a los ideales"[34].

2.- Revista Pensamiento crítico (1967-1971)

"La dicotomía entre 'oficial' y 'disidente' es muy incierta. La revista no fue ni una cosa ni la otra. Fue un gran avance de la revolución dejar de tener una publicación teórico-política oficial, en 1966. La que existía desde 1962 era un calco de las existentes en los llamados países socialistas. Que nosotros no fuéramos una revista oficial era también un avance revolucionario de Cuba, porque si la publicación es oficial no sirve para el debate. No quiero hacer un juego de palabras, pero para nosotros el único sentido que tenía *Pensamiento Crítico* era expresar un pensamiento propio, y éste está obligado a ser crítico"[35].

Fernando Martínez Heredia

Doce mil páginas integran los cincuenta y tres números de esta revista, considerada hasta la fecha la más osada, renovadora y polémica publicación filosófica y de pensamiento en Cuba, digno antecedente de otras dos que llegarían después: *Criterios* (1972) y *Temas* (1984). El escritor Eduardo Heras León recuerda así la atmósfera cultural en la que surgió la revista:

---

[34] Heras León, Eduardo. "Las puertas cerradas se abrieron", Feria Internacional del Libro de La Habana, 11 de febrero de 2015.

[35] "*Pensamiento crítico*. Trinchera de ideas", entrevista realizada por Carlos Torres a Fernando Martínez Heredia, Aurelio Alonso Tejada y José Bell Lara. Punto Final ed. Nº 634, 9 de marzo, 2007.

"Eran los tiempos de la utopía, de la vuelta de la antigua esperanza y subíamos la escalinata de la Universidad porque habíamos entrado saludando a la historia, pidiéndole que abriera sus portones para entrar "con Fidel, con el caballo". Estábamos viviendo la década prodigiosa de los sesenta, y desde las aulas inundábamos la universidad de permanente energía, amparados por la música y la poesía de un jovencito que desde entonces sería para siempre El Flaco, o simplemente Silvio, y que en un inolvidable recital se había convertido en el heraldo de una nueva generación. Ya lo afirmaría otro jovencito llamado Wichy y apodado el Rojo: "Olvídate, el Flaco es el genio; los otros a lo sumo, hombres de talento". Y a partir de entonces, escribimos, cantamos, luchamos, creamos. Nuestra vida diaria era un perpetuo diálogo con la realidad, casi siempre difícil. Y junto con nosotros, con los que contábamos historias, escribíamos poemas, cantábamos canciones, había otros jóvenes también que querían ejercitar el pensamiento, que aspiraban a encontrar nuevas respuestas a los viejos y a los nuevos problemas que nuestra realidad estaba planteando y que la filosofía, desde novedosos ángulos podía ayudar a resolver. Así surgió *Pensamiento Crítico* y así la vimos siempre: era la vanguardia del pensamiento cubano"[36].

Era, efectivamente, una revista vanguardista, con todos los retos que ello significaba en medio de un proceso revolucionario que todos los pensadores intentaban explicar. El historiador Fernando Martínez Heredia, que dirigió este proyecto desde su nacimiento hasta su lamentable cierre, se refiere a que: "La revista fue para nosotros una tarea titánica y

---

[36] Heras León, Eduardo. Palabras inaugurales del Coloquio "A 50 años de la revista *Pensamiento Crítico*", Casa del Alba Cultural, La Habana, 21 de febrero, 2017.

apasionante. Como es natural, no nos planteamos entonces lo que *Pensamiento Crítico* llegó a ser: la hacíamos. Como miembros de una generación joven participante en la revolución, no la veíamos sólo como una publicación teórica. Lo más importante era ser una expresión más de la revolución. *Pensamiento Crítico* informaba y analizaba desde una perspectiva latinoamericana, desde Cuba, desde el Tercer Mundo, y eso era inusual en el pensamiento y las ciencias sociales. Todavía predominaban las ideas y discursos eurocentristas y primermundistas[37]", y otro de sus fundadores, el filósofo Aurelio Alonso Tejada, añade que: "En los sesenta la revista *Pensamiento Crítico* se logra colocar en un momento clave de la reflexión política en América Latina y, por cierto, su papel no ha sido olvidado. Fue una revista que hizo sentir a la Izquierda de la época, en nuestro continente, que en Cuba surgía una caja de resonancia teórica para abordar la problemática que enfrentaba la Izquierda latinoamericana. Incluso su desaparición generó perplejidad, porque *Pensamiento Crítico* se había convertido en un espacio avanzado de la reflexión y el debate sobre los grandes temas que se discutían en el mundo intelectual y político de la región; ni su aparición en la escena, ni su cierre, fueron vistos con indiferencia en el mundo intelectual latinoamericano"[38].

Además de lo anterior, y del hecho más práctico de que quienes fundarían luego la revista habían logrado la hazaña de reformular el acartonado programa docente de la asignatura Filosofía Marxista en la Universidad, entre los valores de *Pensamiento Crítico* está el hecho de que sus creadores

---

[37] Martínez Heredia, Fernando. "*Pensamiento crítico*. Trinchera de ideas", entrevista realizada por Carlos Torres a Fernando Martínez Heredia, Aurelio Alonso Tejada y José Bell Lara. Punto Final ed. Nº 634, 9 de marzo, 2007.

[38] Alonso Tejada, Aurelio. "*Pensamiento crítico*. Trinchera de ideas", entrevista realizada por Carlos Torres a Fernando Martínez Heredia, Aurelio Alonso Tejada y José Bell Lara. Punto Final ed. Nº 634, 9 de marzo, 2007.

tuvieron la visión de apartarse de los manuales soviéticos, que regían el debate filosófico cubano desde 1962, y buscaron establecer una teoría marxista auténtica a partir de las circunstancias históricas nacionales y de la cultura cubana, con contribuciones muy serias al entendimiento social de las dos vertientes filosóficas que se disputaban el poder en esos años: la que creía que el modelo y la experiencia del llamado socialismo real, con ciertas adecuaciones, podría ser la vía para desarrollar el proyecto revolucionario en Cuba, y la que desechaba esa influencia argumentando la singularidad del proceso histórico revolucionario cubano como premisa inviolable para el desarrollo de un "socialismo cubano.

"La revista surge en una circunstancia de esplendor de la influencia de Cuba en nuestra América y en el resto del Tercer Mundo. Cuba se erige en un bastión contra el eurocentrismo, el colonialismo y el neocolonialismo, y esos serán nervios vitales de la publicación.

"A nivel global existen vigorosas tendencias de pensamiento en las izquierdas y numerosos cruces de ideas, tanto a escala teórica como política. *PC* asume tal realidad con simetría, lucidez y lealtad al liderazgo histórico de la Revolución, que encabezado por Fidel desempeña un rol destacado en el espacio internacional. Incluso en sus silencios: por ejemplo, no publica nada de las disputas chino-soviéticas. Ella se esmera en ser espejo de las peleas revolucionarias de todos los pueblos de América Latina, el Caribe, Asia y África.

"En sus páginas irradian los principales teóricos y dirigentes revolucionarios de estos países. Por ejemplo, Fidel Castro, Che Guevara, Ho Chi Minh, Roque Dalton, Camilo Torres, Carlos Lamarca, John W. Cooke, Franz Fanon, Eduardo Galeano, León Rozitchner, Theotonio Dos Santos, Darcy Ribeiro, Sergio Bagú, Gerard Pierre Charles, Michael Löwy, Fabricio Ojeda, Turcios Lima,

Carlos Marighela, Amílcar Cabral, Francisco Weffort, Rui Mauro Marini, Luis Vitale y André G. Frank.

"De Europa occidental y Estados Unidos, son numerosos los autores publicados. Esto les permite a los lectores el lujo de conocer vertientes esenciales del pensamiento marxista y de otras corrientes de izquierda a través de sus propios exponentes, aunque siempre la revista sostuvo una mirada crítica e independiente, y rechazó todo tipo de eurocentrismo. Entre otros, destacan: György Lukács, Karl Korsch, Perry Anderson, Louis Althusser, James Petras, Henri Lefebvre, Herbert Marcuse, Roland Barthes, Lucio Magri, Hamza Alavi, Maurice Godelier, André Gorz, Harry Magdoff, Ernest Mandel, Bertrand Rusell y Theodor W Adorno".

[...] "La revista surge en la coyuntura en que Fidel imprime especial vehemencia al desarrollo del pensamiento original de la Revolución cubana y a pensar con cabeza propia.

"No es casual, por ello, que el primer trabajo teórico que publicara Fernando Martínez, también en febrero de 1967, se llamara *El Ejercicio de pensar* y que otros miembros del Consejo de Dirección de la Revista y del Departamento de Filosofía, por ejemplo Aurelio Alonso, Hugo Azcuy, Ricardo Jorge Machado, José Bell, Pedro Pablo Rodríguez, Elena Díaz, Jorge Gómez, Niurka Pérez, Carlos Tablada y Ramón de Armas, fuesen espadachines notables en defensa del derecho a crear nuestra propia teoría revolucionaria y en interpretar certeramente la historia nacional".

[...]

Pensamiento Crítico, aunque muchos creían que era oficial, pues se trataba de algo atípico, jamás cumplió tal rol y todas las decisiones las adoptaba su dirección. Trabajaban con plena libertad[39]".

Lo anterior, aunque cierto, resultó uno de los aspectos más cuestionados en torno a esta revista: aunque era financiada y distribuida por el Estado, claramente no era un proyecto dirigido por la cúpula gobernante, gozaban de una clara independencia de cualquiera de las tendencias políticas en lucha dentro del gobierno, pero, es interesante no perder de vista la opinión del escritor Jesús Díaz en su artículo "El fin de una ilusión"[40]: "La vocación totalitaria de Castro y su capacidad denostadora exceden cualquier ideología, de modo que el órgano teórico del Comité Central del Partido Comunista de Cuba, una revista llamada, sin mucha imaginación que digamos, *Cuba Socialista*, dejó de publicarse, y Castro empezó a despotricar contra «la microfracción» y contra los manuales soviéticos de filosofía. Nosotros, que fuimos lo suficientemente ingenuos como para considerarnos como los «intelectuales orgánicos» de una revolución «tan cubana como las palmas», le tomamos la palabra encantados. [...] No teníamos formación filosófica, desde luego, e intentamos una vuelta a los clásicos del marxismo combinada con un redescubrimiento de clásicos cubanos de los siglos XIX y XX —Varela, Martí, Varona, Ortiz, Guerra—; con la frecuentación de heterodoxos europeos de los años veinte —Luckacs, Koch, Gramsci, Luxemburgo—; con la de historiadores de la revolución rusa —Deutscher, Carr—; con algunos economistas bolcheviques de la primera hora —Preobazhensky—; y con pensadores contemporáneos de

---

[39] Sánchez, Germán. Coloquio "A 50 años de la revista *Pensamiento Crítico*", Casa del Alba Cultural, La Habana, 21 de febrero, 2017.

[40] Díaz, Jesús. En: "El fin de otra ilusión. A propósito de la quiebra de *El Caimán Barbudo* y la clausura de *Pensamiento Crítico*. Revista *Encuentro de la Cultura Cubana*, No.16-17, Primavera-Verano, 2000. Páginas 106-119.

izquierda de Europa Occidental —Althusser, Marcuse, Adorno, Horkheimer. El cóctel, desde luego, fue explosivo; estaba compuesto por ingredientes similares a los que en París, México y Praga conducirían a la revolución del 68, y que en Cuba, paradójicamente, propiciarían el fin de la revolución".

Lamentablemente ninguno de los implicados en la historia de *Pensamiento Crítico* ha decidido poner en blanco las causas que llevaron a su traumático cierre. La mayoría de ellos, empeñados en conceder a "la Revolución" un perdón que en su caso particular no merecía, fueron "rescatados" y domesticados hasta el punto de convertirse en fanáticos propagandistas y defensores ciegos de un proyecto fracasado que nada tiene que ver con el proyecto social que ellos defendían en la época de esplendor de la revista. Solamente Jesús Díaz, en el artículo antes citado, ofrece claves muy precisas del descabezamiento oficial tanto de la revista como del Departamento de Filosofía, al cual pertenecían algunos de los miembros del Consejo Editorial:

> "...la Unión Soviética, diestra en represiones ideológicas, advirtió desde el principio el peligro que entrañaba la mera existencia de *Pensamiento Crítico* y empezó a emitir claras señales de desacuerdo. Con cierta regularidad, la oficina de la agencia de noticias TASS en La Habana enviaba a la redacción de la revista horrendos artículos de propagandistas soviéticos, acompañados de la solicitud de que los publicáramos y de que si decidíamos no hacerlo los devolviéramos. [...] No encontramos nunca un texto publicable. Los devolvimos todos, conscientes de que alguien los acumulaba como prueba de nuestra ideología antisoviética en alguna oscura oficina. La URSS dio un paso más y situó un agente en el Departamento de Filosofía. Fue una operación sin sutilezas; el hombre llegó como «asesor», enviado «desde arriba», y no pudimos hacer nada por

evitarlo. [...] Castro pretendió enmendarle la plana no sólo a Marx, Engels y Lenin, sino también a Stalin, Jhrushov y Breznev, y proclamó una delirante innovación teórica que consistía en «la construcción paralela del socialismo y del comunismo». El dinero perdió todo valor como paso previo al momento en que sería suprimido. Cuba produciría 10 millones de toneladas de azúcar en la zafra gigante de 1970 y entonces la riqueza manaría a raudales producida por la conciencia revolucionaria de los hombres, según el ejemplo del Ché Guevara al inmolarse en Bolivia. Los soviéticos esperaban. Sabían perfectamente que todo aquello era un disparate, que los famosos 10 millones de toneladas de azúcar no se producirían jamás, y que entonces llegaría el momento de apretarle las tuercas a Castro. Entretanto no querían irritarlo y poner en peligro la influencia rusa en la isla, un enorme portaaviones situado a 90 millas de Estados Unidos. Gracias a ese desencuentro *Pensamiento Crítico* seguía vivo [...] El principio del fin de esta experiencia se produjo en 1970. La zafra gigante fue un fracaso descomunal que hundió al país más profundamente aún en la miseria. El 26 de Julio de ese año, en la Plaza de la Revolución, Castro dijo que quizá debía renunciar. No lo hizo, desgraciadamente. Tuvo el cinismo de proclamar que su aprendizaje le había costado mucho a la nación y que por tanto estaba dispuesto a seguir sacrificándose y a conservar todos sus cargos. [...] Pero los soviéticos, que hacia 1970 lo mantenían a base de rublos y petróleo, le impusieron ciertas condiciones. Una de ellas, que Castro aceptó con sumo gusto, fue el fin de *Pensamiento Crítico* y del Departamento de Filosofía de la Universidad de La Habana. El ataque nos llegó inesperadamente y por un flanco, como correspondía a los hábitos profesionales de quien lo dirigió, el General de Ejército Raúl Castro, Ministro de las Fuerzas Armadas y Segundo Secretario del PCC. El menor de los Castro nos acusó públicamente de «diversionismo ideológico», y dijo haber recibido múltiples denuncias de miembros del ejército y del Ministerio del Interior que estudiaban en la Universidad, contra las debilidades políticas de los integrantes del Departamento de Filosofía en el ejercicio de la docencia. Por añadidura, una ola de rencor y envidia se alzó contra nosotros en la Universidad, capitaneada por Mirta Aguirre, mujer inteligente, rápida y amarga como la desgracia. Fidel Castro designó a Osvaldo Dorticós Torrado, en aquel entonces Presidente de la República, para que se ocupara de nuestro caso. Los miembros del Consejo de Redacción de *Pensamiento Crítico*, que éramos a la vez los líderes del Departamento de Filosofía, tuvimos cinco largas reuniones con Dorticós. [...] Para mí era evidente que Dorticós estaba de nuestro lado, y que después de algún rapapolvo verbal el Departamento de Filosofía y *Pensamiento Crítico* proseguirían su trabajo. Pero de pronto los encuentros con Dorticós se suspendieron; durante un par de semanas alimentamos la ansiedad con filtraciones. Se decía que nuestra situación era delicadísima, que en el seno del Buró Político del Comité Central sólo nos defendían Dorticós y Carlos Rafael Rodríguez, las dos únicas personas cultas de aquella institución. [...] Un buen día nos convocaron a las oficinas del Comité Central del Partido. No nos recibió Osvaldo Dorticós, ni Carlos Rafael Rodríguez, sino Jesús Montané, un hombre harto limitado, gris como un oficinista en paro, que nos comunicó de manera terminante que tanto *Pensamiento Crítico* como el Departamento de Filosofía serían clausurados de inmediato por órdenes de la dirección del Partido. No se nos permitió discutir ni argumentar. Y así desapareció aquel universo, como cortado de raíz por un golpe de machete. [...] Un buen día una motoniveladora enorme llegó a la casa que había sido sede del

Departamento de Filosofía —una edificación noble, de dos pisos, que antes de la revolución había pertenecido a un dentista, sita en la calle K número 507, en el Vedado, muy cerca de la Universidad— y la destruyó por completo, como a un recinto maldito"[41].

Resulta obvio que el cierre de la revista nació de las diferencias surgidas entre los dirigentes de la URSS y Fidel Castro en lo referente a la aplicación del modelo de socialismo elegido por este último para Cuba. Ni siquiera el ciego oportunismo con el que Fidel seguía los preceptos que el Kremlin pretendía imponer a sus satélites, le impidieron entender que eso lo convertía en un simple amanuense y restaba protagonismo a su figura. Y mientras se mantuvo en ese doble juego, las ideas del grupo del Departamento de Filosofía y de la revista *Pensamiento Crítico* le sirvieron para equilibrar la balanza y eliminar a todos los que apostaban por la égida soviética (restándole así importancia a su papel como líder de la Revolución), pero cuando sus fracasos lo hicieron enfrentarse a una debacle económica de la cual sólo podría salir con la ayuda de la URSS eligió tomar el camino hacia el que su hermano Raúl llevaba tiempo empujándolo: el de ponerle límites, riendas y fronteras bien definidas al modelo naciente de socialismo cubano, conscientes de que sólo el modelo soviético garantizaría el éxito. Comenzó así la asfixia de la corta independencia que tuvo "la Revolución" como proyecto político y económico, lanzando al proceso revolucionario a una "sovietización" que duraría casi tres lustros. Y en ese contexto no existía cabida para un proyecto que abogaba por la herejía y la independencia que en la práctica significaba la Revolución Cubana.

---

[41] Díaz, Jesús. En: "El fin de otra ilusión. A propósito de la quiebra de *El Caimán Barbudo* y la clausura de *Pensamiento Crítico*. Revista *Encuentro de la Cultura Cubana*, No.16-17, Primavera-Verano, 2000. Páginas 106-119.

Interesante resulta que Jesús Díaz, en el artículo antes citado, apunte a una continuidad de la censura: "Con el tiempo, los líderes de opinión del desaparecido Departamento de Filosofía —Aurelio Alonso, Hugo Azcuy, Fernando Martínez y Juan Valdés Paz— volvieron a reunirse en el Centro de Estudios de América, CEA, y junto a miembros de generaciones más jóvenes emprendieron la edición de una nueva revista, *Cuadernos de Nuestra América*. Cometieron además el desacato —que les honra— de investigar y escribir sobre problemas de la Cuba contemporánea. Pero ya el viejo Hegel había advertido que la historia se repite. Además, no siempre lo hace una vez como tragedia y otra como farsa, según apostilló Marx, puede perfectamente hacerlo ambas veces como tragedia. Así fue entre nosotros. El mismo General Raúl Castro que había funcionado como martillo de herejes contra el Departamento de Filosofía de la Universidad de La Habana y contra la revista *Pensamiento Crítico* repitió sus acusaciones, un cuarto de siglo después, contra el Centro de Estudios de América y la revista *Cuadernos de Nuestra América*. En efecto, en 1996 el Segundo Secretario del Comité Central del Partido Comunista de Cuba y Ministro de las Fuerzas Armadas dijo en un discurso ante el V Pleno del Comité Central del PCC: «Se ha hablado incluso de usar como modelo para algunas de estas publicaciones especializadas a *Pensamiento Crítico*, la revista que jugó un papel diversionista en la década del 60. *Pensamiento Crítico*, en su momento, como algunos de los trabajos que han circulado entre nosotros en los últimos tiempos, se corresponden, conscientemente o no, con quienes alientan el surgimiento en Cuba de *quintacolumnistas*» al referirse a que se siguió persiguiendo.[42]"

Y es interesante porque, según las palabras de Germán Sánchez en su charla durante el Coloquio "A 50 años de la

---

[42] Díaz, Jesús. En: "El fin de otra ilusión. A propósito de la quiebra de *El Caimán Barbudo* y la clausura de *Pensamiento Crítico*. Revista *Encuentro de la Cultura Cubana*, No.16-17, Primavera-Verano, 2000. Páginas 106-119.

revista *Pensamiento Crítico*", esa espada de Damocles de la censura sigue efectivamente pendiendo sobre la cabeza de esa publicación:

> "¿Cuándo llegará el momento en que *Pensamiento Crítico* deje de ser un tabú en nuestra prensa y en la percepción de algunos compañeros con responsabilidades institucionales? ¿A quién debe corresponder la encomienda histórica, a nivel oficial, de ponderar el significado de esa revista en la evolución del pensamiento revolucionario cubano? ¿Habrá que esperar cinco siglos?".

Y, para ratificar sus inquietantes preguntas, cuenta dos anécdotas que vinculan la censura del pasado con una invisible censura aún existente: en junio de 1971, cuando se conoció que la revista iba a dejar de circular, fueron quemados en los hornos del central azucarero América todos los ejemplares del número 2 de la revista *Santiago*, en la cual se había entrevistado al Consejo de Dirección de *Pensamiento crítico*, y en 2010 cuando, como parte de los homenajes de la Feria Internacional del Libro de La Habana a Fernando Martínez Heredia, este iba a presentar una antología que había preparado con textos publicados en la revista, descubre estupefacto un pequeño, pero nada insignificante acto de censura: él había incluido en esa antología la entrevista que debió ser publicada en la revista *Santiago* y había escrito una nota al pie en la cual explicaba el injustificable destino de dicha revista en los hornos del central América. ¡Esa nota a pie de página había sido eliminada!

3.- Letras tras las rejas

"Fui hijo de una generación hechizada. Creímos. Y de repente, caí en la cuenta de que nos habían amantado con la mentira. Fue rauda la caída —o la ascensión, no sé. Y fue recio, abrupto el camino hacia el rencuentro conmigo mismo. Preferí el riesgo in sito, pero entonces no sabía que ya no tenía patria. Y como nunca he podido cruzarme de pensamientos ni de brazos frente a lo que no acepto, me opuse. Me opuse, lo proclamé y lo pagué. Caro precio del que nunca me arrepentiré. Fui del risueño, irónico rechazo de salones y tertulias a la frontalidad abierta y sin escudos contra un régimen que me asfixiaba, nos asfixiaba. Me vi cercado y con miedo. Me vi solo, «como un monstruo de crímenes cargado». Me vi abrazado en privado y vapuleado en público. Pero no depuse mi ilusión. Sufrí cuando me convirtieron en adjetivos groseros. Pero ya yo sabía quién era y me había calificado a mí mismo, y estaba conforme. Sufrí más cuando unos barrotes se interpusieron al abrazo de mi mujer y mis hijos. Pero sabía que sin esa falta momentánea de abrazos, después no podría volverlos a abrazar con honra. Salí de la celda mínima hacía una cárcel enorme donde todos pugnaban por evadirse. Me fugué también de la penitenciaría mayor. En mi pasaporte había una leyenda que me convertía en trotamundos eterno: «Salida definitiva», decía. En mi visa constaba: «Refugiado político», cuando solo debía decir: «huérfano de patria»".

Manuel Vázquez Portal[43], Escritor y periodista, 2012.

El castigo que imponían los censores a los espíritus inconformes también podía ser la prisión. Suele hablarse mucho de lo sucedido al escritor Reinaldo Arenas, pues él mismo contaría su estancia en prisión en su famoso libro *Antes que anochezca,* llevado al cine en la película homónima que protagonizara (con una genial actuación) el español Javier Bardem. Pero también tuvieron que ir tras las rejas otros grandes escritores como Carlos Victoria (Camagüey, 1950 - Miami, 2007, considerado uno de los cuentistas clásicos de las letras cubanas), Ángel Cuadra (poeta fundador en 1957 del Grupo "Renuevo", que pretendía buscar nuevos caminos poéticos ante las férreas sendas establecidas por José Lezama

---

[43] Manuel Vázquez Portal es uno de los más reconocidos poetas cubanos de la actualidad. Fue, además, uno de los 75 prisioneros políticos cubanos, condenados en la llamada "Primavera Negra" de 2003.

Lima o José Ángel Buesa) o menos conocidos como el dramaturgo y poeta René Ariza (La Habana, 1940 - San Francisco, Estados Unidos, 1994, quien llegó a ser considerado preso político) o Rafael Saumell Muñoz, escritor, ensayista y profesor universitario, cuyo caso me interesa comentar pues, si bien sobre Arenas pesó su escandalosa condición homosexual, sobre Cuadra su militancia activa en grupos organizados de la oposición, sobre Victoria su inconformidad crítica y sobre Ariza su abierta posición política, el caso de Saumell permite ejemplificar los límites de absurdo extremo al cual llegó la represión y la censura en Cuba en estos años, simplemente por sospechas de desviaciones ideológicas.

Como él mismo me contara, fue condenado a cinco años de privación de libertad por "Propaganda Enemiga", delito definido así en el Código Penal de Cuba (promulgado en 1979) en el Artículo 108.1 para Delitos contra la Seguridad del Estado.

"Lo curioso y terrible es que no hubo tal propaganda. Las narraciones literarias por las cuales me arrestaron y sentenciaron nunca fueron publicadas. La policía que registró mi casa halló un manuscrito", dice Saumell, y fue condenado por ese inédito, a partir de una delación que aparece consignada en el documento legal de sentencia. No es esto, sin embargo, lo más vergonzoso, sino el hecho de que dos reconocidos y prestigiosos escritores cubanos hayan servido de peritos para valorar si procedía o no condenar a un escritor joven, desconocido, por un texto que ni siquiera había salido de su casa.

"El oficial interrogador, el primer teniente Braulio Maury Crespo, me informó que había consultado a dos peritos de la Unión de Escritores y Artistas de Cuba (UNEAC), de la cual era yo miembro, para que determinaran si el contenido de mis escritos clasificaba como contrarrevolucionario. En una de las sesiones con él me enseñó una hoja de papel con el logo de la UNEAC que enseguida me leyó. El dictamen de ellos fue abrumador. Mis textos atacaban la obra de la Revolución. Al final de la lectura me dijo quiénes eran esos «colaboradores»: Adolfo Martí Fuentes y José Martínez Matos. «Si te condenan o no, será por la valoración de esos compañeros»".

La Sala de los Delitos contra la Seguridad del Estado sirvió de escenario al primer acto de una farsa: el fiscal pidió ocho años de prisión; la abogada defensora, a quien Saumell conoció ese mismo día, asumió la culpabilidad de su defendido y se limitó a pedir clemencia, apelando a su juventud (tenía 30 años), a su limpia trayectoria penal y a las serias contribuciones de Saumell en diversos programas de la televisión cubana donde trabajaba, y el tribunal lo condenó a cumplir los ocho años solicitados por la fiscalía. El segundo acto tendría lugar entre 1981 y 1986: un joven intelectual cuyo único delito había sido escribir un libro, además de permanecer incomunicado en los calabozos de Villa Marista (prisión y sede central de la policía política cubana) fue encerrado como un asesino de alta peligrosidad en tres prisiones de máxima seguridad: La Cabaña, el Combinado del Este y Guanajay, donde se le impidió ver a sus dos hijos y se le permitía visita matrimonial cada seis meses.

"En cada uno de esos lugares viví la experiencia de una Cuba insólita para mí hasta entonces: la de los condenados por causas criminales o contrarrevolucionarias. Pude ingresar y ser hundido en el universo de los delitos y de las penas en nuestra versión caribeña del gulag soviético. Allí fui testigo de fusilamientos, de golpizas, de registros intolerables, de abusos verbales y físicos, de vejaciones... Me topé con lo peor y también con lo mejor de la naturaleza humana. Compartí prisión con antiguos asaltantes al Cuartel Moncada, con expedicionarios en el yate Granma, guerrilleros de la Sierra y del Llano, antiguos militantes del primer y el segundo partido comunista (los fundados en 1925 y en 1965, respectivamente), oficiales del ejército constitucional (anterior a 1959), de la policía, ex diplomáticos, abogados ilustres (Aramís Taboada), médicos prominentes, asesinos, homicidas, violadores, ladrones, estafadores... Conocí a hombres que cometieron suicidio o lo intentaron; otros trataron de cercenarse el pene o cortarse las venas, o envenenarse con salfumán o ahorcarse, o enloquecer. Aprendí por qué se hacen las huelgas de hambre, qué son las celdas de aislamiento, las palizas propinadas por la guarnición contra reclusos indefensos, la pésima alimentación, el chillón contraste entre los discursos de los dirigentes del país y la realidad del submundo de los vivos y de los muertos en las cárceles de la isla".

Otro caso a destacar, cronológicamente antes de lo sucedido a Saumell, es el del poeta Ángel Cuadra. Opositor de la dictadura de Fulgencio Batista, antes de 1959, tras la huida del dictador comenzó a colaborar como abogado en la Comisión de Viviendas bajo el nuevo gobierno de Fidel Castro, considerando, como muchos otros cubanos entonces engañados, que los barbudos restituirían al pueblo cubano los derechos constitucionales que el golpe de Estado de Batista había eliminado. Pero ya en septiembre de 1960, en momentos en que sus ojos comenzaban a abrirse ante los desmanes consecutivos cometidos por "la Revolución" con la etiqueta de "necesaria radicalidad revolucionaria", asiste a un Encuentro de Artistas y Poetas en la ciudad de Camagüey, se choca con los ataques y burlas del poeta Nicolás Guillén contra los homosexuales y, en especial, contra Virgilio Piñera, y junto a otros intelectuales prepara un folleto titulado "La poesía cubana frente al comunismo", con puntos de vista críticos, muy desafiantes, que puede entenderse como el primer manifiesto público de los escritores cubanos contra la política de Fidel Castro, y que obviamente los comisarios culturales entendieron como una clara definición de la postura contrarrevolucionaria de sus firmantes. Algunos de aquellos firmantes decidieron asilarse en embajadas para poder escapar de la represión que se anunciaba por su postura contestataria; algunos lograron salir de Cuba, pero Cuadra prefirió quedarse, enfrentar el miedo y continuó escribiendo poemas que no podían inscribirse en ninguna de las tendencias oficiales que habían sido trazadas por los comunistas que dictaban los cauces de la cultura. En 1967 es detenido, le impiden ejercer su profesión de abogado y es acusado de participación en actividades políticas subversivas bajo cargos de "enemigo y propagandista contra el Gobierno del Pueblo", delitos que no le pudieron probar y aún así fue condenado a 15 años de prisión, en vez de a pena de muerte —condena que, según el Fiscal de su caso, habría merecido de habérsele encontrado alguna prueba.

De todos modos, pasó años en las cárceles cubanas, aguantando torturas y vejaciones, en distintas prisiones y en los campos de trabajo para prisioneros políticos. En 1980, el PEN Club de Suecia lo nombró "Miembro de Honor" y en 1981 Amnistía Internacional lo seleccionó como *Prisionero de Conciencia del mes en el mundo*. Salió al exilio en 1985 y, desde Miami, presidió durante años el PEN Club de Escritores Cubanos en el Exilio.

Y un tercer caso, aún más absurdo y ocurrido décadas después, es el de Reinaldo Soto Hernández, reconocido joven poeta de Sancti Spiritus, que en 1989, conmovido y preocupado por todo lo que se pretendía ocultar con la farsa teatral por supuestos delitos de narcotráfico contra el General Arnaldo Ochoa Sánchez y un grupo de altos militares, en la llamada Causa Número 1 de 1989, escribió una carta a Fidel Castro en defensa de los condenados a muerte. Esa osadía marcó el comienzo de su calvario. Estuvo en prisión, en dos ocasiones: primero, tres años por aquella irreverencia contra el dictamen de fusilamiento ordenado por Fidel, y luego, por sus actividades pacíficas en la isla como miembro del Comité Cubano Pro Derechos Humanos, fue detenido el 7 de septiembre de 1994, y una semana después fue juzgado en el Tribunal Popular Municipal de Morón, Ciego de Ávila, donde recibió una condena de tres años de cárcel por *peligrosidad,* acusado, juzgado y condenado el mismo día, sin que pudiera buscarse un abogado, por lo que fue defendido por uno estatal. Actualmente escribe desde el exilio en Estados Unidos.

4.- 1987: el año del antes y el después

> "La década del ochenta fue bien complicada. Por un lado, todo aquel asunto de las obras de teatro que empezaban a mostrar cosas muy críticas; los problemas con las exposiciones de la gente del proyecto Arte Calle; las presiones que nos metían a los dirigentes estudiantiles por todas aquellas rebeliones culturales que estaban ocurriendo en Cuba y en el mundo, o las discusiones que generaban entre todos nosotros los cambios en la prensa y la cultura en la URSS..., todo ese ambiente que estalló con el Caso Sandra y con nuestra reunión con Fidel"[44].
>
> **Lidia Señarís Cejas**, periodista y escritora.

La oficialización del lenguaje censor y represor contra las libertades de expresión y prensa en la isla, que había comenzado en 1965 con la creación del Partido Comunista de Cuba, recibió el refuerzo de la institucionalidad en 1975 tras la celebración del Primer Congreso de ese Partido, consolidado ya como la única voz política, y luego de la fundación en 1976 del Ministerio de Cultura, que sustituyó a la Comisión

---

[44] Conversación telefónica grabada con el Autor.

Nacional de Cultura que hasta ese año estaba subordinada al Ministerio de Educación. Un intelectual comunista cercano a Fidel Castro, Armando Hart Davalos, asumió la dirección de ese ministerio hasta 1997 y, aunque su ortodoxia revolucionaria y su fidelidad a Fidel Castro caracterizaron su mandato, es innegable que, en comparación con tiempos precedentes donde cualquier iletrado funcionario político podía ser designado para asumir responsabilidades en el ámbito de la cultura, la elección de un intelectual como Hart Davalos posibilitó una mejor comunicación entre el poder y los artistas, e, incluso, resultó beneficiosa para la apertura de pequeños espacios de permisibilidad que, pese a sus limitaciones, eran un paso enorme de avance en relación con la opresiva atmosfera de los primeros 15 años de Revolución.

En la década del 80, tras la conmoción nacional que fue el éxodo masivo de 1980, y consolidado ya el proceso de institucionalización propuesto en el Primer Congreso del Partido, el escenario de la cultura comenzó un proceso de diversificación que llegó a toda la sociedad: la red nacional de escuelas de arte se extendió a todas las regiones del país, se ampliaron a nivel nacional las casas de cultura como centros abiertos para la creatividad popular, se concedieron permisos para el surgimiento de revistas culturales incluso a nivel de pequeñas ciudades, se estableció la celebración de eventos (artísticos y literarios, ferias y reuniones frecuentes de creadores), se diversificó el movimiento editorial y se lanzaron proyectos de indudable efectividad (más allá de su contaminación política) como la Campaña Nacional por la Lectura, el Movimiento de Artistas Aficionados y el Movimiento Nacional de Talleres Literarios. No debe pasarse por alto tampoco que justo a mediados de esta década, aunque sin los actos de desagravio que merecían y aún cuando seguían existiendo muchos libros censurados que se conservaban en estatus de "prohibido" en el piso 15 de la Biblioteca Nacional, comienzan a ser "rescatados" o "reinsertados", muchos artistas que fueron marginados o "castigados" durante la "época gris" anterior.

Además, como podrá recordar la mayoría de los escritores de las llamadas Generación del 80 y del 90 (o Novísimos) entre 1981 y 1988 se vivió una época dorada en materia de eventos, premios, publicaciones que posibilitaron el estallido creativo y reconocimiento nacional de figuras de esas dos generaciones hoy considerados nombres imprescindibles de la cultura cubana, especialmente en el ámbito de la creación literaria, lo cual no significa que no siguiera predominando el espíritu censor, la intromisión de la policía política en el control de la cultura y de los intelectuales, escritores y artistas que se salían demasiado de los límites permisibles y, en muchos casos, actos de censura tan bien ejecutados, ocultos tras supuestos errores o demoras burocráticas, con excusas brumosas de los censores directos que jamás explicaban bajo qué criterios oficiales se prohibía algo, que comenzó a imponerse un nuevo pensamiento: la censura existe pero es imposible decir de dónde viene, ni quién dio la orden para censurar. Todo apuntaba en casi todos los casos a un personaje etéreo, fantasmagórico, cuya ideología y oficina en el poder todo el mundo creía reconocer, pero sin que nadie pudiera inculparlo del atropello. Era, en fin, una atmósfera también enrarecida, en muchos casos asfixiante (en especial en las ciudades más alejadas de la capital, más tolerante), que provocó un éxodo paulatino, aprovechándose de otras de las ventajas de los "nuevos aires" de la nueva política cultural: la posibilidad que todo creador miembro de la UNEAC tenía de viajar al exterior, valiéndose de la única acción que esa institución hizo durante años a favor de sus miembros: servirles de agencia de viajes y garante ante las autoridades migratorias cubanas que impedían al resto de los cubanos viajar fuera de la isla. Para que se tenga una idea de ese éxodo, baste decir que en la generación de escritores a la que pertenezco (quienes hoy rondan entre los 40 a 50 años de edad), de los 58 escritores que comenzamos a ser considerados "promesas de las letras" a inicios de los 80, hoy apenas quedan 7 escritores en la isla.

Salvo censuras bastante escandalosas en el terreno de las artes plásticas, que comenzaron en 1981 y siguieron hasta el año más crítico: 1987, cuando un grupo amplio de artistas comenzó a manifestar en sus obras o en sus performances un pensamiento cuestionador de la ideología, los símbolos y los líderes históricos (generándose así una represión que provocó el mayor éxodo de artistas de la plástica que hasta hoy ha existido), en el terreno de la literatura y de la prensa las corrientes llevaban aguas menos turbias. Y aunque eran tiempos muy convulsos en los que todos teníamos en la boca, constantemente, las irreverencias de Arte Calle, Castillo de la Fuerza, Paideia, Naranja Dulce, Credo, Memorias de la guerra, Albur o, al final, Diáspora(s) y esa especie de rebelión intelectual sostenida que fueron las reuniones en La Azotea, protagonizadas por la escritora Reina María Rodríguez en la azotea de su casa en Centro Habana, el único caso que adquirió trascendencia nacional fue una golpiza propinada a escritores en Matanzas, en 1988. La escritora Odette Alonso, una de las voces de mayor prestigio de mi generación, lo cuenta así:

> "El 8 de diciembre de 1988, en un recital en la librería "El Pensamiento" de la ciudad de Matanzas, Teresa Melo leía "Otros les afilan las navajas". El poema, icónico de la lírica cubana de finales de los ochenta, era su catarsis después de que un delincuente la asaltara una madrugada frente a la emisora CMKC, en pleno centro de Santiago de Cuba, y para tratar de quitarle lo poco que llevaba, le asestara una cuchillada en la cabeza.
>
> "Con Teresa estaban León Estrada y algún otro compañero de generación. Entre los asistentes, Carilda Oliver Labra, poeta matancera de reconocido prestigio internacional. En el público también, en primera fila, un

poeta mediocre cuyo nombre no quiero recordar, que acto seguido de escuchar a Teresa pidió la palabra y cuestionó el poema, señalándolo como contrarrevolucionario. No era normal que en un recital —que no un taller— se sometieran a debate las piezas leídas, sin embargo, ponentes e inquisidor se enfrascaron en abierta polémica, cada uno defendiendo sus respectivas posiciones.

"La estética de la llamada generación de los ochenta llevaba años provocando reticencias. Su discurso revisionista, irreverente y criticista, y su comportamiento arrogante y exhibicionista habían molestado a más de uno. A esas alturas de la década, esos muchachos se habían convertido en una verdadera preocupación, mucho más porque su ímpetu alcanzaba ya a todas las manifestaciones del arte, la literatura y la difusión cultural.

"Tal calor tomó la discusión —bizantina, por supuesto— aquella tarde en "El Pensamiento", que Teresa se retiró del salón y emprendió el regreso hacia La Habana, sólo segundos antes de que en la librería irrumpiera un comando de Boinas Rojas (tropas de ataque) que apagaron las luces y, amparados por la oscuridad, la emprendieron a golpes y patadas contra quienes allí permanecían. Hubo varios detenidos y lesionados, entre ellos Carilda, quien siendo ya una persona de más de 60 años, tuvo que recibir un severo tratamiento médico por el fuerte golpe que le propinaron en el tórax.

"Los detenidos permanecieron encerrados e incomunicados durante tres días, mal alimentados y sometidos a frecuentes interrogatorios en los que, con lujo de intimidación y chantaje, se les trataba de hacer confesar que eran contrarrevolucionarios —entonces no se usaba el término disidentes— y se insistía en que acusaran a los organizadores de la lectura como sus cabecillas. Sin cargos fueron liberados porque no había delito que imputarles. Y porque un escarmiento no requiere cargo alguno, se basta por sí mismo.

"Cuando llegó a Santiago, presa de un terror indescriptible y en el pecho estampada la huella de una bota militar, León me hizo acompañarlo sigilosamente hasta un parque en un barrio alejado del centro de la ciudad. Parque es un decir; era un solar yermo —o al menos así lo recuerdo— con un banco pintado de azul chillón. Sólo entonces pudo relatarme lo que he resumido en los párrafos anteriores.

"Lo que siguió fue el miedo, la incertidumbre y el desamparo más atroces. La posibilidad de nuevas represalias o la concreción de las amenazas, incluso las no dichas, flotaban silenciosamente por doquier. Si sentía acercarse un jeep del ejército, mi amigo se encogía como si quisiera desaparecer y se ponía pálido, sudoroso y helado como un témpano.

"Días después, se celebraba en Santiago el encuentro nacional de narradores. Había actividades en varias sedes, entre ellas la sala del Teatro Guiñol Santiago, en donde se realizaban sesiones de lectura y debate de cuentos. Allí estábamos León y yo una mañana, sentados en la última fila de butacas, cuando Jorge Luis Hernández y José Manuel Fernández Pequeño leyeron el comunicado oficial de la UNEAC nacional (Unión de Escritores y Artistas de Cuba) acerca del hecho, que trascendió porque Teresa presentó una queja a Abel Prieto, por entonces presidente de ese organismo artístico, y se había abierto una investigación.

"Haciendo acopio de valor, León dijo públicamente que la referencia que en el comunicado se hacía del suceso era inexacta e incompleta. Lo hicieron subir de inmediato al escenario y en el proscenio, bajo la luz del seguidor, como un trovador sin guitarra contó los detalles que me había relatado a mí en aquel parque perdido. La indignación fue inmediata y generalizada. Esa noche firmábamos, en la sede provincial de la UNEAC, un pronunciamiento que, en un acto de coraje y dignidad inédito —pocos se atreven en Cuba a meterse en camisa de once varas—, habían preparado los organizadores del encuentro de narradores. En el documento se repudiaba la agresión y se exigía que la investigación fuera llevada hasta las últimas consecuencias.

"Entonces, ya puesto en la palestra de tal forma, no pudo ocultarse, distorsionarse ni camuflarse el hecho aunque, lógicamente, nunca tuviera espacio en la prensa ni se hablara de él con carácter oficial. Como consecuencia de la solicitud de la UNEAC, fueron sancionados y despedidos —eso nos dijeron— los directores del Ministerio del Interior en varias provincias, entre ellas, por supuesto, Matanzas. Esto, que en medio de la beligerancia de aquellos tiempos podía parecer una victoria de los jóvenes artistas, fue, como ya lo he dicho otras veces, la marca de fuego de la generación, el momento en que terminaron la inocencia y la confianza".

Eran, como se ve, estremecimientos subterráneos, no porque fueran menos importantes, sino porque la bien aceitada estructura de represión los sepultaba e impedía que su resonancia afectara al medio cultural y, es justo decirlo, porque ya los represores y censores se habían especializado tanto en sus métodos de control que raras veces cometían fallos como los perpetrados contra los artistas plásticos o como el suceso anterior, que se comenzó a llamar en los circuitos literarios "La pateadura a Carilda".

Grupo PAIDEIA - Tercera Opción

También en ese entorno de influencia en Cuba de la *perestroika* y la *glasnost* logró surgir (aunque no sobrevivir) el proyecto PAIDEIA, que, sin tratarse de un grupo o un movimiento logró impactar la anquilosada oficialidad cultural de la segunda mitad de la década del 80. Otra vez, como lo había intentado *El Puente*, se pretendía ofrecer un espacio de promoción de la abundante y variada creación de vanguardia en la isla, en todas las manifestaciones, independientemente de las estructuras del poder cultural establecidas por el Ministerio de Cultura, la UNEAC, la Asociación Hermanos Saíz, entre otras.

El único contacto real con ese entramado era la sede elegida, a partir de conversaciones con el Centro "Alejo Carpentier", en la Habana Vieja. En el salón de la casa del escritor en la calle Empedrado se realizaron acciones literarias, artísticas y musicales con escritores como Marilyn Bobes, Omar Pérez, Víctor Fowler, Antonio José Ponte, Emilio García Montiel y Ernesto Hernández Busto, usualmente encabezados por Reina María Rodríguez; pintores de la talla de Flavio Garciandía, Arturo Cuenca o José Bedia (entonces comenzaban el despegue de sus carreras); músicos como Carlos y Víctor Varela, y coreógrafos como Marianela Boan, fundadora de uno de los mitos de la danza cubana: el grupo Danza Abierta. Al final de cada actividad solía abrirse el espacio al debate público, y con frecuencia participaban críticos que alcanzarían una obra hoy muy reconocida como Gerardo Mosquera, Desiderio Navarro o Iván de la Nuez.

Más allá de plantear una alternativa a la promoción de creadores nacidos en los años 50 y 60 que había encontrado frenos para insertarse dentro de los esquemas de promoción oficial, básicamente por su vanguardismo; aunque conceptualmente era innegable su propósito de política cultural alternativa a las instituciones culturales; y aunque la breve pero muy bien pensada armazón de ideas publicadas en el boletín *Naranja Dulce* se alejaba escandalosamente de los postulados ideológicos que el régimen había concebido para la cultura, este proyecto pretendía dinamitar ese estado de cosas desde dentro, proponiendo un diálogo que lograra cambiar la "sovietización" sobre la que se había estructurado la política cultural "revolucionaria". Pero ni siquiera esa pretensión de establecer un espacio de comunicación con esa política oficial, y ni siquiera que sus comunicados, tesis y otros documentos asumieran en muchos puntos la defensa del socialismo (su "Declaración de Principios" de 1990 terminaba repitiendo las consignas del discurso oficial: "Socialismo o Muerte. Patria o Muerte. Venceremos")..., ni siquiera esa filiación de algún modo partidista aplacó las dudas que sobre el carácter subversivo del proyecto, desde su mismo inicio en 1989, tuvieron los comisarios culturales, que comenzaron a actuar abierta o silenciosamente para frenar la idea. Y así, casi desde su concepción y hasta su desaparición en 1992, PAIDEIA (y el Movimiento Independiente de Opinión Tercera Opción, que se conformaría a partir de este proyecto) tuvieron que librar batallas de esclarecimiento de cada uno de sus pasos, pretensiones y actos privados o públicos, sin imaginar que, por la esencia de lo que proponían, nada valía contra el estado totalitario al que, ingenuamente, pretendían cambiar.

Dos hitos de la inconformidad periodística

A todos estos estremecimientos culturales e intelectuales había que agregar algo que ya comentamos: la influencia en el pensamiento cultural cubano de las noticias y publicaciones que mostraban los cambios de la perestroika en la URSS y las luchas ideológicas e intensos debates que se habían suscitado tras la apertura de la llamada Glasnost. En este contexto, dos sucesos ocurridos en 1987 marcarían también, para repetir las palabras de Odette Alonso, el fin de "la inocencia y la confianza", específicamente, de los periodistas cubanos: el "Caso Sandra" y "La rebelión de los estudiantes de periodismo".

a) El Caso Sandra

El número 93-94 de la revista *Somos Jóvenes*, de septiembre de 1987 estremeció toda La Habana. Un artículo,

"El caso Sandra", del periodista y escritor Luis Manuel García Méndez, como él mismo explica: "Narraba las aventuras y desventuras de una jinetera (antes que fueran personajes del folklore patrio). Por entonces, ellas sólo habitaban como personajes literarios en los atestados policiales. Su fe de bautismo data de mucho después, cuando Él (*Fidel Castro. Nota del Autor*) en persona blasonó de que en Cuba disponíamos de las putas más cultas del mundo, geishas en tiempo de guaguancó. La que yo interrogué durante largas horas, acompañé en sus cacerías por La Habana, la que invité a comer en casa (para sobresalto de mi mujer y mengua de la libreta de racionamiento) era, posiblemente, la excepción de la regla. Un accidente del sistema educacional (*una mujer inculta. Nota del Autor*)".

Era tan insólito el hecho de que un artículo así escapara al control de los censores que las reacciones fueron contradictorias: por un lado, unos comentaban que el periodista había sido detenido, que la revista fue clausurada, que los ejemplares no vendidos fueron recogidos y la policía política andaba a la caza de los ejemplares que sí habían logrado venderse, que el director había sido expulsado de su cargo, y por otro lado se comentó que dicho artículo había sido orientado por el Partido, que el mismísimo Fidel Castro lo había aprobado, que su publicación era parte de una estrategia de implantación de una especie de perestroika en el periodismo cubano y que Luis Manuel no escribiría algo así si no fuera del "aparato" (agente de la policía política). Lo cierto es que cada uno de aquellos ejemplares vendidos (200 mil según Luis Manuel) adquirió precio de oro en el mercado negro y que el artículo generó una encendida polémica entre los periodistas de toda la isla, que se debatían confusos ante la sucesión de "cambios" que desde 1986 venía viviendo la isla, pues Fidel Castro, en un discurso donde reconoció que todo lo que se había hecho hasta ese momento era desastroso, una cadena de errores, había establecido una revisión de su propia política empecinado en demostrar que el socialismo podía renovarse sin dañarse. De ese discurso, para los cubanos resulta inolvidable su frase: "ahora sí vamos a construir el socialismo", que obligó a la mayoría a preguntarse "¿y qué hemos estado haciendo en estas dos décadas?". En el ámbito periodístico esos "nuevos aires" introducían términos como "apertura hacia un periodismo crítico y militante", "apuesta mayor por el ejercicio del criterio", "necesidad del periodismo investigativo y de opinión para analizar mejor la realidad", todo ello como parte de una supuesta y nunca aplicada "Nueva Política Informativa".

Como él mismo ha explicado, la tesis bajo la cual el periodista Luis Manuel escribió el tan comentado artículo era fiel a la propuesta del gobierno sobre cómo enfrentar los problemas: "Antes que la suciedad nos sepulte, es mucho mejor lavar los trapos al aire libre", había dicho Fidel Castro en el II Pleno del Comité Central del Partido Comunista, donde además comentó que era erróneo seguir ocultando los errores "por temor de que el enemigo se entere allá en Miami, o allá, los imperialistas, y utilicen esto para atacarnos [...] Ningún enemigo nos va a criticar mejor que lo que nos criticamos nosotros. Porque nosotros sabemos mejor que nuestros enemigos dónde están nuestros problemas [...] Incluso al enemigo le quitamos las armas, lo dejamos sin armas".

El periodista tendría que reconocer que "Más tarde comprenderíamos que esa frase era apenas un puñado de palabras unidas por las leyes de la sintaxis, y que sólo se refería a los trapos previamente señalados por el *pret á porter* del poder", y que su ingenuidad y la de quienes dirigían la revista *Somos Jóvenes* les hizo pensar en adoptar un cambio de política editorial, a través de la cual pudieran insertarse dentro de ese escenario de análisis de la sociedad, para su mejoramiento: "No fue un acto temerario, sino parte de una política editorial. Tampoco iba contra la Revolución, sino a favor de la Revolución que debió ser", escribió Luis Manuel en

"El Caso del Caso Sandra" (Blog "Habaneceres", 1 de enero de 2007).

Las consecuencias para los "protagonistas" siguió los cauces tibios de la nueva política de represión y censura: sutilidad y astucia. Luis Manuel no fue apresado, pero fue condenado a "escribir sobre planetas distantes, curiosidades e historia antigua. Cualquier acontecimiento posterior al Renacimiento era de candente actualidad y no confiaban en que yo podría abordarlo con la prudencia recomendable". La dirección de la revista pasó a manos de una amanuense mediocre y *Somos Jóvenes*, que durante unos meses había acaparado la atención de miles de lectores interesados en temas de contundente realidad, volvió a ser el libelo de tonterías y superficialidades que había sido y que era más conveniente para los censores.

Como era usual, esta política comenzó luego de la reunión con el Gran Censor, el también periodista y escritor Carlos Aldana, hombre de total confianza de Fidel, que luego sería expulsado de su inmenso poder por corrupto. Quizás sea necesario reconocer que la fuerza descomunal de represión anunciada por los rumores de pasillo en el entorno periodístico nacional se vio frenada de golpe por un hecho insólito: al ser cuestionados por el Gran Censor en esa reunión, todos los periodistas de la revista, salvo dos excepciones, dijeron que consideraban necesario el artículo y que, si las circunstancias volvieran a repetirse, lo publicarían de nuevo sin ninguna duda. El descubrimiento más interesante que hicieron a partir de ese momento Luis Manuel y sus colegas es precisamente la lección que aquel acto de censura legó a la historia del periodismo cubano marcando un antes y un después:

"Como supimos más tarde, Carlos Aldana era el agente transmisor de la ira de Fidel Castro, quien montó en cólera tras leer aquellos trapos no planificados. Ante la prepotencia de Aldana, sentí aquella noche un justo orgullo por mis compañeros, equiparable en intensidad a la lástima que me inspiró otro invitado a la reunión: un Roberto Robaina[45] tembloroso que, con un hilo de voz, se sumó a las acusaciones del Sumo Pontífice de la información cubana. Todos sabíamos que él conocía el artículo desde su fase larval de manuscrito, y que acordó en su momento con Guillermo Cabrera, el director de *Somos Jóvenes*, un pacto de caballeros: "oficialmente" desconocía el texto pero, una vez publicado, nos apoyaría y protegería de cualquier represalia con todo el peso de la UJC. De modo que en aquella reunión todos, salvo Aldana, sabíamos que él sabía, sabíamos que mentía cuando alegaba sorpresa y desconocimiento, pero ni así nos rebajamos a denunciarlo, de lo que aún me alegro. No por él, sino por nuestra propia integridad moral.

"[...] El autor intelectual de aquella reunión, cuyo fantasma deambulaba por los pasillos impecables del Comité Central, llamaba por entonces a la prensa a una batalla contra los errores, porque "hace falta más presión sobre los cuadros, sobre los organismos, sobre los ministros, los cuadros políticos, sindicales, administrativos (…) Si existiera más presión yo creo que existirían menos errores". Aunque ello generara "amargura", "injusticia", "incomprensiones", "interpretaciones erróneas", porque "si nosotros mismos [los dirigentes de la Revolución] nos hemos equivocado. ¿Qué podemos esperar, que no se equivoquen los periodistas?" (II Pleno del CC del PCC, 1986). Tardamos en comprender que esas palabras no invitaban a la libertad y la responsabilidad, sino a otra forma de obediencia. Él no necesitaba periodistas sino amanuenses, secretarios de actas que llevaran a la página

---

[45] Roberto Robaina era en esos años el Presidente de la Unión de Jóvenes Comunistas. En 1993 sería nombrado Ministro de Relaciones Exteriores, puesto del que fue expulsado en 1999, acusado de corrupción".

impresa sus nuevos "descubrimientos" políticos —hospitales infectos, escuelas en ruinas, fábricas que no fabricaban, empresas dirigidas por Alí Babá.

"[...] Tras aquellos sucesos, comprendimos que la prensa que intentamos durante algunos meses podría ser deseable para el sistema imaginado por Karl Marx en sus tardes de la British Library, o para el socialismo libertario, democrático, que merecían los cubanos. Pero la hacienda nacional no podía permitir a unos entrometidos enjuiciar a capataces, mayorales, jefes de lote y, menos aún, al hacendado. Una finquita sólo necesita un instrumento de propaganda, un amplificador de ideas pre empacadas que cumpliera una función meramente pedagógica".

b) La "rebelión" de los estudiantes de periodismo

Como hemos dicho algunos de quienes vivimos de cerca este trascendental suceso, aunque habían existido ya otras polémicas reuniones entre universitarios y Fidel Castro (en los años 70 en la Universidad de Oriente, a mediados de los 80 en la Universidad de La Habana, según recuerdo), nuestro encuentro de 14 horas con un Máximo Líder soberbio y airado por nuestra irreverencia, pese a ser el mayor acto de rebelión de los periodistas cubanos contra el Establishment propagandístico castrista, jamás llegó a ser reflejado por la prensa cubana.

El encuentro se realizó el 26 de octubre de 1987 en un teatro del Palacio de la Revolución. ¿El objetivo? los jóvenes que entonces éramos estudiantes de la Facultad de Periodismo de la Universidad de La Habana, ante la enorme confusión que reinaba en el periodismo cubano, con dirigentes y profesores que eran incapaces de responder ni una sola de nuestras preguntas sobre las limitaciones que hacían mediocre y maniatado a nuestro oficio, habíamos exigido una conversación al más alto nivel sobre el papel de la prensa, nuestra responsabilidad y otras libertades que sentíamos coartadas. Siguiendo un lema del propio Fidel Castro en uno de sus discursos, pretendíamos establecer un "sincero diálogo entre revolucionarios" y por ello, desde el mismo inicio, algunos comenzaron a manifestar su disgusto por los condicionamientos que se nos impusieron para aquella reunión: no fue una reunión abierta como soñábamos crédulamente muchos (se efectuó a puerta cerrada y por invitación) y, además de nuestros profesores de la Facultad, estuvieron invitados todos los directores de los medios nacionales de comunicación. Sin embargo, tampoco jamás se cumplió una de nuestras sugerencias: la publicación de lo que se discutiera, de modo que sirviera como manual para el resto de los colegas de la isla y todos aquellos cubanos que quisieran aportar al tema en discusión.

Recuerdo exactamente el caldo de cultivo que propició todo: la prensa cultural publicaba ya artículos (aún tímidos, pero esclarecedores) sobre los cambios en las libertades de prensa y de opinión en la Unión Soviética; comenzaba a gravitar la censura sobre revistas como *Novedades de Moscú* y *Sputnik* (prohibidas finalmente en 1989), por la peligrosa imagen de muchos de sus artículos sobre la "Revolución dentro de la Revolución" que significó la perestroika para el socialismo soviético; la inconformidad de una parte de los estudiantes ante lo obsoleto y politizado de los planes de estudio del periodismo era tema cotidiano; y, por si no bastara, la Facultad de Periodismo había sido la primera en la Universidad de La Habana que se había negado a cumplir la farsa burocrática, establecida por la Política Cultural de la Revolución, de que "toda institución cubana debe declararse Módulo Cultural", para lo cual debía crear grupos de aficionados, idea forzada que no interesaba a ninguno de los periodistas, aún cuando muchos de ellos (como yo) tenían vínculos con la creación cultural. Se respiraban aires de inconformidad, se debatía sobre todo lo que afectaba nuestra formación y nuestro desempeño como periodistas y esa situación fue entendida por los directivos de la Federación de Estudiantes Universitarios (FEU) de la Facultad de Periodismo, por los profesores y por la dirección, en la que considero ha sido una de las actuaciones más dignas (muchos aseguran que la única) de Lázara Peñones, la Decana, quien (pese a su mala fama como conservadora y censora) decidió apoyar el curso de los acontecimientos y, tal vez por ello, sería ese su final como Decana.

Es justo decir algo: la mayoría de quienes han escrito sobre este tema, no solo NO fueron protagonistas, sino que ni siquiera hablaron en la reunión. Eso ha ofrecido una visión bastante distorsionada sobre esos días que, sin dudas, marcaron el periodismo hasta hoy, debido al oportunismo de muchos de aquellos estudiantes que, teniendo apenas un triste papel de segundones o simplemente de "observadores", mediante claras maniobras de oportunismo político ocuparon espacios de poder en nuestro entorno universitario y se erigieron en líderes de la cacería de brujas, delaciones y ajustes de cuentas a todos los niveles que vino luego de aquel, nuestro mayor reto al poder.

Uno de nuestros profesores de entonces, el periodista Wilfredo Cancio, analizaría así aquel suceso, y lo que esa reunión significó para el desarrollo posterior del periodismo en la isla:

> "... me parece tremendamente ilustrativa de un momento histórico en la vida del país, pero también de los tenebrosos mecanismos de censura y represión ideológica implantados en el sistema comunicativo cubano por más de 40 años. Esta reunión dio muestras de la efervescencia crítica y los desplazamientos ideológicos que se produjeron en la sociedad cubana de los 80s, cuando comienzan a sentirse los primeros efectos internos de la crisis del socialismo del este europeo, específicamente entre la más joven intelectualidad del

país. Para muchos, estudiantes y profesores que allí estábamos fue una devastadora confirmación de que la proclamada voluntad oficial para producir cambios en los medios de comunicación, tomando en cuenta los estados de opinión, actitudes y reclamos profesionales de los periodistas, era puro juego a la noria.

"La crisis económica que sobrevino con el desmantelamiento soviético y la desaparición del bloque socialista europeo trajo aparejada una drástica disminución de la prensa escrita y de los espacios radiales y televisivos a lo largo del país. Pero este panorama de restricciones materiales no es tan alarmante como la atrofia heredada de un modelo comunicativo partidista —deudor del legado leninista sobre la propaganda y la agitación—, que se aferra a la centralización de las decisiones y al control estricto de la información.

"El funcionamiento del modelo de prensa cubano está sustentado por un esquema transmisivo lineal, estrictamente verticalizado, con una concepción de los medios informativos como meros instrumentos ideológicos. El llamado "síndrome del misterio" (ocultamiento de información bajo censura deliberada con el pretexto de que revelar deficiencias internas es entregar armas al enemigo), ha sido la deformación burocrática de una actitud de fiscalización de los diversos niveles y dependencias gubernamentales en la vida nacional. Los temores a la revelación y a la crítica pública son propios de las estrategias de guerra, y el periodismo oficialista ha hecho un generoso servicio a la mentalidad de fortaleza sitiada, que proviene de las altas esferas de gobierno: silenciar todas las divergencias en aras de la unidad frente a una confrontación inminente. Fidel Castro ha sido un virtuoso estratega de esta espera del Godot agresor que nunca llega, pero que le permite gobernar más cómodamente y establecer estrategias propagandísticas de gran efectividad"[46].

El protagonismo real en todo el proceso de organización estuvo a cargo de Lidia Señarís Cejas (presidenta de la FEU), Ana Laura Bode (lamentablemente fallecida a edad temprana), Jorge Fernández Era, y Alexis Triana (entonces Responsable de Cultura de la FEU, periodista inteligente, a quien el miedo y las amenazas posteriores convirtieron en un ser gris y mediocre al servicio de la propaganda oficial). A pesar de que Lidia Señarís era de mi grupo, precisamente fue a Alexis, a quien durante semanas vi conversar con muchos de los que en las clases, en los pasillos, e incluso fuera de la Facultad, manifestábamos opiniones críticas hacia ciertas zonas del esquemático, cerrado, ciego y burocrático andamiaje con el que se estructuraba el ejercicio del periodismo en la isla. "Tú, como joven escritor, puedes aportar mucho", me dijo uno de esos días, cuando supo por un amigo común que yo había conseguido, en algunas bibliotecas de escritores importantes a quienes conocía, materiales del Nuevo Periodismo norteamericano, que leía y pasaba a algunos colegas de confianza, convencidos de que la teoría del periodismo "a la rusa" (base de lo que nos enseñaban en los programas de estudio) nada podía aportarnos para convertirnos en los grandes periodistas que soñábamos ser. No olvido que nuestros encuentros se hicieron comunes en uno de los bancos a la entrada de la Facultad, en la Calle G. Su idea, lo recuerdo bien, era hacernos escuchar por esos otros a quienes considerábamos responsables de los errores y la falta de seriedad e independencia del periodismo cubano, convertirnos en protagonistas de ese Nuevo Periodismo que los tiempos exigían.

---

[46] Cancio, Wilfredo. "Medios de comunicación en Cuba. La restauración del espacio público". En: *La fisura. Los derechos Humanos en Cuba. Tomo II*, Editorial Alexandria Library, Miami 2000.

Así que la mayoría de quienes debatíamos sobre esos temas dimos una alegre acogida a la propuesta de los directivos de la Facultad, profesores y nuestros dirigentes de la FEU de elaborar por cada aula un cuestionario que elevaríamos a las instancias superiores del periodismo nacional. Lo más importante fue el proceso profundamente democrático que vivimos en la elaboración de aquellas preguntas: cada aula (eran cinco aulas, un aula por año) se reunió y elaboró sus preguntas. Luego, en una pequeña reunión a la cual fueron convocados todos, pero a la que asistimos sólo los más interesados, Lidia Señarís fue leyendo una a una cada pregunta, se unificaron las repetidas y se votó por cada pregunta que debía ser incluida en el cuestionario final de 96 preguntas.

Al concebir el cuestionario, como se ve, de modo abierto y democrático, preguntamos casi todo lo que, en nuestra opinión, nos amordazaría cuando nos graduáramos: el triunfalismo noticioso, la escasez de crítica, el desprecio de los dirigentes hacia los periodista, los maniqueísmos ideológicos, la falta de libertad informativa, los rígidos cauces para la aprobación de los trabajos, las estructuras de control interno de la información que entendíamos como mecanismos de censura..., llegando incluso a temas de mucha actualidad como el abordaje de la crisis del socialismo, la transparencia necesaria que creíamos debía tener el reflejo del proceso de rectificación de errores en los medios de comunicación, una mejor política informativa respecto a las guerras internacionalistas, e incluso el culto a la personalidad de Fidel Castro, cuyos signos nos parecían ya preocupantes.

Enviado el cuestionario a las oficinas del Gran Censor, el Departamento de Orientación Revolucionaria (DOR) del Comité Central del Partido, recibimos poco después una respuesta: el mismísimo Carlos Aldana respondería. Y eso sucedió: fuimos llevados al teatro del Palacio de la Revolución y, una vez sentados, se alzó el telón y, sentado junto a otros dirigentes estudiantiles y del gobierno, apareció Carlos Aldana, el Gran Censor (todopoderoso, arrogante, confeso estalinista, que, me place repetirlo, luego sería expulsado del Olimpo por corrupción).

A partir de una intervención de Lidia Señarís en la que, como Presidenta de la FEU, comunicaba a Aldana que con toda la franqueza de nuestra juventud estábamos allí para dialogar con quienes podían esclarecer nuestras dudas, comenzó una ronda de preguntas que el Censor contestó con clichés, medias verdades, palabrería vacía y un evidente menosprecio de nuestros criterios, por lo cual hasta en el aire se podía notar nuestro descontento que debatimos mucho en el receso que el propio Aldana propuso. Como en lo que sucedió después tendría que mencionarme, prefiero que sea el ya citado periodista Wilfredo Cancio, quien cuente:

"Después vino la tempestad, que nos empapó a todos. Al reanudarse la charla, Castro apareció en la presidencia y justificó su llegada argumentando que alguien de su equipo asesor le informó de una interesante reunión estudiantil allí y decidió pasar un rato por simple curiosidad. Al calor de las discusiones que se suscitaron en las horas siguientes, mientras un Castro airado mencionaba puntualmente intervenciones de la sesión inicial, nos percatamos de la burda mentira: el hombre que ahora nos hablaba en tono paternal y sentencioso tenía pleno conocimiento de los más mínimos detalles de aquella encerrona oficial, e incluso había seguido por las cámaras de circuito cerrado todo lo acontecido antes de su arribo.

"Las imágenes de aquellas horas vienen ahora a mi memoria como cuadros superpuestos de una película de Sam Peckinpah. No conservo apuntes, porque en algún momento de la jornada dejé de tomar notas para concentrarme en mirar los rostros de la audiencia. Unas palabras desafiantes de un alumno que terminó pidiéndole que lo dejara hablar, *que no lo interrumpiera al modo de un padre que no quiere escuchar a sus hijos,* sacó al dictador de sus casillas como nunca los presentes pensamos verle nunca. Castro dio un golpe sobre la mesa y dijo que lo dejaría hablar, pero amenazó con retirarse de la asamblea si no le dejaban expresar ciertos puntos necesarios.

"Otro estudiante aludió a un supuesto titular del diario *Granma* que atribuía a Castro la donación de un central azucarero a un país centroamericano. Nunca supimos cómo pudo ser, pero en menos de un minuto un asistente se apareció en escena con la hoja del titular aludido para corregir la equivocación: «Dona Cuba central a Nicaragua». Una aguerrida militante trató de aligerar la tensa atmósfera con una frase que resultó una verdadera pedrada en el rostro de Castro: *Caballeros, aquí estamos tratando el caso de Fidel como si fuera el de Kim Il Sung y no es lo mismo.*

"Era demasiado para un hombre acostumbrado a las frases cómodas de quienes le rodean. Recuerdo aún las caras de desasosiego de Aldana y la ira manifiesta del asistente personal de Castro, el medico José *Chomy* Millar, el nerviosismo de otros dirigentes de la mesa, la incertidumbre que se apoderó de casi todos. También las lágrimas de varios estudiantes que se me acercaron en uno de los recesos, sin que mediaran palabras para comprender la profunda decepción que sentían. Ese fue el día en que muchos jóvenes dejaron de creer para siempre.

"El colofón se produjo a partir de una pregunta de Amir Valle, hoy un escritor que ha tomado el camino del exilio en Alemania, quien trató de salvar el monumental fiasco de la noche con una sugerencia plausible: *Compañeros, sería imperdonable que dejásemos pasar esta oportunidad sin que Fidel nos diga que piensa él de la perestroika y los cambios que están dándose en la Unión Soviética.* Castro tomó el micrófono para poner fin a los infortunios de la noche y —como es costumbre en reuniones con su presencia desde 1959— ejercer el derecho a la última palabra".

Lo que vino después fue terrible. Una comisión del Equipo de Opinión del Pueblo (organismo que, entre otras funciones, informaba a Fidel Castro sobre cualquier estado de opinión crítica) nos asaltó al día siguiente, encuestando a todos sobre nuestra opinión acerca de lo que comenzó a ser catalogado como una "imperdonable falta de respeto al Comandante". Carlos Aldana, aún más cínico y represor, decidió reunirse con cada aula de periodismo para responder las preguntas que no habían sido respondidas (la mayoría) y esos encuentros fueron puro adoctrinamiento y pura amenaza. Fidel Castro, en un ataque de furia durante una reunión del Partido, se refirió a los periodistas que lo cuestionaron como "mojonetes". La policía política se reunió con los "más recalcitrantes" y empezó a inflar una política de miedo y delación insoportable. La Unión de Jóvenes Comunistas y el Partido Comunista iniciaron un ajuste de cuentas y castigos que se mantendrían incluso luego de que muchos nos graduáramos y, curiosamente, ese proceso de purgas se extendió al resto de las Facultades de la Universidad de La Habana. Nuestros represores determinaron que lo sucedido demostraba que necesitábamos contacto con la realidad y así fue como se hicieron obligatorias las jornadas de trabajo en la construcción o en la agricultura. Sólo puedo decir que el cuarto y el quinto año de mi carrera fueron simple y llanamente irrespirables.

¿El resultado? Primero, el envío a cumplir servicio social en regiones apartadas de la isla a muchos: sólo para ejemplificar con una de las protagonistas, Lidia Señarís, diré que fue sancionada y, al graduarse, enviada a trabajar a las montañas de Guantánamo; yo, a Cienfuegos (pese a tener una excelente propuesta para trabajar en el Departamento de Medio Oriente (mi especialidad, mi tesis) en Prensa Latina, en La Habana). Unos abandonarían el periodismo. El exilio sería el destino final de otros muchos.

Un grupo importante (aunque ninguno de ellos tuvo protagonismo real en aquellos cuestionamientos) asumiría con un oportunismo asqueante la labor de ejecutores de la nueva censura, represión y mutilación de las libertades periodísticas que se impuso a nivel nacional luego de aquel octubre de 1987. Aún hoy siguen ahí, y son ellos los culpables de la mediocridad, el vacío analítico, el triunfalismo, la falsedad vergonzante y el consignismo burdo del actual periodismo cubano.

1990-2003
Los mercenarios del imperio

LA CAÍDA DEL MURO DE BERLÍN en noviembre de 1989 y la quiebra del imperialismo soviético en Rusia y otras naciones de Europa del Este poco después, impusieron al gobierno nuevas estrategias en todos los ámbitos de su gestión. Desaparecida abruptamente la generosa subvención soviética a una economía cubana que dependía hasta de los más mínimos insumos de la "solidaridad" de Moscú, el país se vio abocado a una crisis absoluta que Fidel Castro, esgrimiendo uno de sus usuales eufemismos, catalogó como "Período Especial en Tiempos de Paz", abriendo así una de las más negras épocas del período revolucionario: total desabastecimiento de alimentos (ni siquiera era segura la distribución de los racionados mediante la "Libreta de Abastecimiento" que debía dotar a cada familia cubana de una alimentación básica a precios subvencionados por el Estado), medicinas y productos o equipos hospitalarios (comenzando el total declive de lo alcanzado en materia de salud pública en años anteriores), petróleo (el pueblo llamó a ese período "el gran alumbrón", pues era raro el día que no faltaba la energía eléctrica) y escasez o ausencia de todo tipo de recursos para el funcionamiento de la industria nacional, incluido el turismo.

Paralelamente, Estados Unidos arreció sus ataques contra el gobierno cubano, casi convencido de que Fidel Castro no sobreviviría mucho tiempo a la muerte del socialismo soviético. Intensifica el espionaje contra la Isla, realiza maniobras militares, ensaya ataques aéreos y trata de sancionar al régimen cubano en la Comisión de Derechos Humanos de la

ONU; recrudecimiento que es asumido por Cuba como el anuncio de una posible agresión directa, por lo que responde perfeccionando el sistema defensivo del país con el concepto de la "Guerra de Todo el Pueblo" (cada cubano, según este concepto, debía tener un lugar, una forma y un medio para luchar contra esa agresión imperialista, si esta se producía).

Además de todas las presiones internacionales de condena a Cuba como el último país que se aferraba a un sistema en evidente agonía, a las trasmisiones radiales de la emisora Radio Martí (fundada en 1983 por Ronald Reagan, con la intención de bombardear la isla con programas que abrieran los ojos a los cubanos sobre las verdades que el régimen les ocultaba amparado en el monopolio de los medios de prensa), el entonces presidente George Bush (padre) agregó en 1990 las emisiones de Televisión Martí. Como si ya no fuera suficiente con esta "agresión", y aunque hoy puede verse en la isla gracias al satélite Hispasat, al principio TV Martí transmitió desde un aerostato a 3.000 metros de altura ubicado en los cayos de la Florida, pero al no conseguir éxito en el alcance esperado, llegaría a utilizar un transmisor aerotransportado, que entre los años 2004 y 2005 sería un C-130 que volaba por el estrecho de la Florida y pertenecía a una unidad de Guerra Psicológica del Pentágono (otra señal que Fidel Castro asumió como el anuncio de una agresión).

Justamente en este período, buscando la información que los medios oficiales no les ofrecían, los cubanos comenzaron a utilizar una amplísima red de antenas parabólicas de construcción casera y redes de cables clandestinos que robaban la señal televisiva de hoteles o instalaciones turísticas y gubernamentales que ofrecían ese servicio para personal extranjero (para los cubanos, obviamente, estaba prohibido). Y también precisamente en esos años, específicamente a partir de 1985, circulaba dentro de Cuba, por vías alternativas, numerosa literatura (en lo básico, revistas) que analizaban cómo, comenzando por la llamada "Perestroika" (reestructuración) y posteriormente por la "Glasnost" (transparencia), se había derrumbado desde dentro el sistema socialista en los países del Este.

El primer indicio de que Fidel Castro jamás permitiría ni la Perestroika ni la Glasnost lo habíamos tenido los entonces estudiantes de periodismo de la Universidad de La Habana, en la reunión que le solicitamos en octubre de 1987 y donde por primera se le hicieron preguntas muy incómodas sobre libertad de prensa, monopolio de la información, caudillismo en la élite revolucionaria, falso gigantismo de las metas revolucionarias, etc. Ya hemos dedicado un espacio más amplio a este importante suceso, pero es necesario apuntar que una de las aclaraciones esenciales de Fidel en ese encuentro (como se ve, tres años antes de que se derrumbara el socialismo, quedando apenas Cuba, China, Corea del Sur y Viet Nam como atrincherados representantes) fue recalcar que los cubanos no necesitábamos nada de lo que la URSS había implementado para reformar su socialismo porque ya en Cuba "habíamos concebido" (es decir, él había impuesto desde abril de 1986) el "Proceso de Rectificación de Errores y Tendencias Negativas", con el que pretendía demostrarle al mundo que la idea socialista podía ser reformada, readaptada, sin autodestruirse.

Pero aún más: desde finales de esa década la oposición cubana se había ido organizando y expandiéndose lenta pero sólidamente en un terreno que, ya lo hemos dicho, Fidel Castro jamás cedería: el poderoso universo de la información. Los opositores utilizaban todas las vías a su alcance para enviar información fuera de la isla sobre las constantes violaciones de los derechos humanos, y la precaria situación económica y del nivel de vida del pueblo cubano. Entre 1990 y 2003 surgen las primeras agencias independientes de prensa (APIC, Habana Press, Cuba Press), comienzan a ser presencia en la prensa internacional (con una cobertura ampliada por agencias como Cubanet, Cuba Free Press o Radio-TV Martí) trabajos escritos y reportes desde la isla por Raúl Rivero, Tania Quintero,

Indamiro Restano, entre otros, a los que se sumarían, en la segunda mitad de los noventa, nuevas agencias como Nueva Prensa Cubana, Prensa Libre Oriental y el Grupo de Trabajo "Decoro".

Ante ese complejo escenario, que Fidel Castro consideraba demasiado agresivo, a pesar de que se trataba de un movimiento de resistencia pacífica e intelectual, en 1999 decreta la Ley 88 de Protección de la independencia nacional y la economía de Cuba (conocida como "Ley Mordaza"), que en su artículo primero establecía que:

> "Esta Ley tiene como finalidad tipificar y sancionar aquellos hechos dirigidos a apoyar, facilitar, o colaborar con los objetivos de la Ley «Helms-Burton», el bloqueo y la guerra económica contra nuestro pueblo, encaminados a quebrantar el orden interno, desestabilizar el país y liquidar al Estado Socialista y la independencia de Cuba".

Lo que se combinaba legalmente con el Artículo 91 del Código Penal que establece que:

> "El que, en interés de un Estado extranjero, ejecute un hecho con el objeto de que sufra detrimento la independencia del Estado cubano o la integridad de su territorio, incurre en sanción de privación de libertad de diez a veinte años o muerte".

Gracias a esta Ley, elaborada con límites legales tan indefinidos que permitían utilizarla para condenar cualquier acto de crítica a la gestión gubernamental, el gobierno cubano coloca en el entramado de la represión y la censura una nueva figura: la supuesta colaboración de quienes criticaban al gobierno con una también supuesta conjura del enemigo histórico de "la Revolución", Estados Unidos; una culpabilidad "mercenaria" que se hacía más peligrosa para el gobierno desde el apresamiento de la red de espías cubanos infiltrados en Estados Unidos (la "Red Avispa") y la guerra diplomática entre Cuba y Estados Unidos a raíz de una disputa familiar por el niño Elián González Brotons (el llamado "Caso Elián"). Y es justo utilizando esa ley, esa nueva figura represiva, y es en medio de ese contexto ideológico, que Fidel Castro llamó "Batalla de Ideas", que en el 2003 Cuba encarcela a 75 periodistas opositores en la llamada "Primavera Negra", por el único delito de informar al mundo con una visión distinta a la oficial.

En todo este período, como es fácil comprobar, la estrategia para limpiar internacionalmente la cara represiva y censora de "la Revolución" fue el argumento de que toda oposición intelectual y artística (o política puramente) era financiada por las administraciones de Bush padre, Bill Clinton y Bush hijo, utilizando la Oficina de Intereses de Estados Unidos en La Habana. Y, aunque (como otras etiquetas) se había utilizado antes de modo puntual con algunos reconocidos opositores, es a partir de 1999 cuando "Mercenario del Imperio" empieza a ser una coletilla que se le agregaba a cualquier cubano que manifestara su oposición a la política gubernamental cubana.

Etiqueta: Mercenarios

"El modus operandi imperial es obvio y repetitivo: mediante la diplomacia pública y las operaciones encubiertas de aliento a la subversión en países "hostiles", con los que, a pesar de todo, se mantiene relaciones diplomáticas, se va logrando construir una constelación de satélites que comienzan a girar en la órbita escogida, siempre alimentados por los generosos donativos de organismos y organizaciones internacionales no gubernamentales. La sociedad civil es alentada y dirigida, financiada y politizada; las campañas que despliegan y hasta las consignas y símbolos de sus protestas son generados en los laboratorios culturales imperiales, recibiendo, de inmediato, la más amplia cobertura mediática. De esta manera se fabrican "héroes y mártires", cuyas demandas se sintonizan, cuidadosamente, con la sensibilidad occidental. Se dota a este engendro antinatural, nacido por manipulación genética, de un look glamoroso, joven, libertario, democrático, femenino y plural, distendido y simpático, siempre pro-norteamericano y pro-occidental, en contraposición a los regímenes a los que se oponen, que son satanizados de manera sistemática e inmisericorde, y presentadas como bárbaras dictaduras en manos de crueles tiranos, cuyo tiempo histórico ya ha pasado[47]".

Eliades Acosta Matos, filósofo y escritor cubano,
considerado uno de los "talibanes" de la política intelectual castrista.

La cultura cubana se enrareció notablemente en los inicios de este período, atrincherándose en un concepto de "plaza sitiada" que asfixió muchas manifestaciones artísticas pero no a la creación, que tuvo un singular estallido. Saldría paulatinamente de ese estancamiento en los años finales de la década del 90, para mostrar una clara recuperación en los inicios del siglo XXI.

En el escenario económico, una crisis total (llamada eufemísticamente por Fidel Castro "Período Especial") afectó gravemente el subsidio estatal a la cultura y, entre otras muchas restricciones, provocó la mayor contracción editorial en toda la historia revolucionaria, por lo cual muchas publicaciones periódicas dejaron de existir o redujeron drásticamente sus páginas, y las editoriales publicaron pequeñas ediciones de los pocos libros que llegaban a editarse, imponiéndose en toda la isla el sistema de "plaquettes" (hojas sueltas con poemas, cuentos o fragmentos de novelas, con los cuales los escritores debían darse por satisfechos).

En lo referido al pensamiento social, el país se vio sacudido por debates (nunca asumidos por los espacios oficiales) sobre la reciente teoría del fin de la historia, de Francis Fukuyama, que parecía tener mucha razón no sólo analizando la caída del socialismo y el triunfo cada vez más

---

[47] Acosta Matos, Eliades. "Pensamiento imperial y democracia global". *Rebelión*, 7 de noviembre de 2011.

extendido del pensamiento liberal en el planeta, sino también cuando se miraba a todas las "caídas" (léase cambios forzados) que la cambiante situación internacional propinaba vez tras vez a la hasta entonces inamovible estructura económica, política e ideológica de "la Revolución", en la que sólo parecía inconmovible la tozudez de Fidel Castro, quien no obstante ni siquiera con su maestría en el camaleonismo político logró esconder las torceduras de brazo que tuvo que aceptar.

En lo ideológico, a la propaganda gubernamental de "último reducto del socialismo", reforzada por una sostenida campaña nacional e internacional que aseguraba que del sacrificio de los cubanos dependía la salvación de un mundo dominado ya en su totalidad por las fuerzas más retrógradas del capitalismo, a fines de este período se añadiría otro estallido de fanatismo propagandístico, conocido como "Batalla de Ideas", un cambio de piel en la estrategia de lucha contra el imperialismo que Fidel Castro implementaría aprovechándose de dos sucesos ocurridos en 1998 y 1999, respectivamente: el descubrimiento y procesamiento en Estados Unidos de la "Red Avispa", 27 espías cubanos, infiltrados en instancias importantes del gobierno, el ejército y los servicios secretos, en la que es hasta hoy la mayor derrota de los servicios de inteligencia de Cuba; y la guerra diplomática y propagandística para que una familia de Miami devolviera al pequeño Elián González Brotons, a quien su madre sacó de Cuba en balsa, sin permiso del padre del niño[48].

---

[48] De los 27 espías descubiertos, sólo cinco se negaron a colaborar con Estados Unidos y, por ello, Fidel Castro les dio categoría de héroes, comenzando así la "Campaña Internacional por la Liberación de los Cinco Héroes contra el Imperio", que terminó en 2015, tras los acuerdos entre Barack Obama y Raúl Castro para reanudar las relaciones entre ambos países. En el "Caso Elián", muerta la madre en altamar y luego de haber sido rescatado el niño flotando en una balsa, el padre reclamó su devolución a la isla y, luego de una intensa batalla política (el exilio pidiendo que no fuera devuelto y marchas multitudinarias en Cuba, organizadas por el gobierno cada semana, para exigir su regreso), Estados Unidos arrebató el niño a la familia de su madre en Miami y lo devolvió a las autoridades cubanas en el año 2000.

Resulta interesante señalar que incluso Fidel Castro, obligado por las propias encuestas de instituciones gubernamentales que mostraron que el pueblo cubano no creía ya en la tan anunciada invasión yanqui, reconoce que es hora de dejar a un lado esa teoría, pero como no estaba dispuesto a quitarse su uniforme de guerrero contra el imperio, en su discurso de clausura del VII Congreso de la Unión de Jóvenes Comunistas, el 10 de diciembre de 1998, disfraza así su derrota: "Los peligros de agresiones militares no pueden descartarse totalmente; pero hoy eso es lo importante: la batalla es batalla de ideas".

Un terreno tan erosionado, tan convulso, concedió un protagonismo inusual a la intelectualidad opositora cubana, obligando a los censores y represores culturales a sofisticar su estrategia, de modo que (buscando desprestigiar nacional e internacionalmente los reclamos de los intelectuales y artistas que se posicionaron de modo abierto contra el gobierno, disminuyendo así el impacto de sus reclamos, que eran indiscutiblemente demostrables) el discurso político trasladó al discurso intelectual oficial un término que hasta entonces se solía utilizar casi en exclusiva para quienes se oponían al gobierno en lo político: "mercenarios" (con la coletilla "del imperio", pues ello coincidía con la terminología despectiva utilizada en las tribunas abiertas, mesas redondas informativas de la televisión y otras campañas ideológicas que conformaban la Batalla de Ideas.

Y por primera vez en cinco décadas se revirtió el proceso que aniquilaba al intelectual como figura que debe contribuir al debate político, a la generación de ideas y a la configuración del pensamiento social de una nación, pues luego de que varias generaciones de artistas, escritores y profesionales cubanos perdieran su voz y estuvieran condenados a ceder ese espacio a los políticos y a sus comisarios culturales más fieles, se iría recuperando ese espacio, aun cuando esa recuperación ha ocurrido muy lentamente hasta hoy.

Veamos algunos ejemplos de ese protagonismo intelectual "opositor", a través de las más escandalosas censuras de este período:

1.- Mayo de 1991: La "Carta de los Diez"

"El tema de la represión en Cuba empezó escalonadamente, primero intelectuales, religiosos, homosexuales y se extendió a toda la población. Muchos han dejado la vida allí y otros hemos dejado la vida también aunque de otra manera, puesto que hemos dejado de vivir el que hubiera sido el curso natural de nuestras vidas. Nos sacaron del carril, nos dieron la gran patada en el trasero y nos hemos convertido en parias. En cincuenta años de régimen castrista lo primero que hemos vivido los que creemos en la democracia es el aplastante apoyo que ha tenido la dictadura [...] Sobre todo la intelectualidad y los medios de comunicación del llamado mundo civilizado apoyan a Castro[49]".

María Elena Cruz Varela, escritora cubana.

Cumplía yo dos años de servicio social trabajando como periodista en la emisora Radio Ciudad del Mar, en Cienfuegos y era un miembro activo de la Asociación de Escritores de la UNEAC en esa provincia cuando vino a verme el presidente provincial de esa institución, Orlando García, un serio historiador a quien me une desde aquellos años una respetuosa hermandad. "¿Crees que debemos firmar esto?", me dijo y me extendió un papel. Leí. Se trataba de un Pronunciamiento del Consejo Nacional de la UNEAC que atacaba duramente a 10 colegas que habían enviado una declaración "traidora" exigiendo que se implementaran un

---

[49] Cruz Varela, María Elena. Entrevista concedida a la agencia EFE, 11 de enero de 2008.

grupo de cambios que, según el texto que leí, reproducían las demandas con las que los enemigos de "la Revolución" pretendían destruir a Cuba. "¿Y la declaración de esta gente?", quise saber, porque me parecía un absurdo pedir una firma contra alguien o algo sin explicar claramente en qué consistía esa "traición" que debíamos condenar. Como condición para firmar, acordamos pedir el texto original oficialmente y, además, que nos hicieran saber cuál era la opinión de esos 10 colegas, qué razones los llevaron a preparar lo que ya comenzó a llamarse como "Carta de los Diez" (cuyo texto original conocimos apenas días después). En honor a la verdad, ninguno de los miembros de la UNEAC en Cienfuegos quiso firmar apoyando el turbio y manipulador *Pronunciamiento* de la directiva nacional. Tuve noticias de que algo similar había sucedido en algunas otras provincias, e incluso me consta que muchos que no asistieron a las reuniones o llamados para firmar fueron incluidos en las listas de firmantes, pues el propio presidente de la UNEAC Abel Prieto había dicho que en casos extremos como estos "el que calla o se ausenta, otorga". Traigo a colación esta anécdota como un acto de justicia para quienes nos opusimos a una de las canalladas más sucias preparadas por los comisarios culturales de turno contra colegas a quienes conocían perfectamente. Manuel Díaz Martínez, un nombre imprescindible de la poesía cubana (y uno de aquellos "mercenarios"), lo recuerda así:

"Fueron escasos los intelectuales cubanos que resistieron las presiones oficiales y se negaron a suscribir ese documento, portador de acusaciones tan graves y, falsas al fin, en ningún momento probadas. Entre los que se negaron recuerdo a la poetisa y ensayista Fina García Marruz, a los poetas César López y Emilio de Armas, al historiador Manuel Moreno Fraginals y a los narradores Reynaldo González y Alberto Batista Reyes. Éste último fue fulminantemente destituido de su cargo de director de la Editorial Letras Cubanas. [...] En aquellos aciagos días se me acercaron —algunos fueron a mi casa— muchos firmantes del Pronunciamiento, unos para disculparse por su debilidad, otros para quejarse por haber sido engañados, otros en busca de la verdadera historia de la Carta... [...] El novelista Lisandro Otero, en una sesión de la Academia Cubana de la Lengua, de la que ambos somos miembros, me dijo que él firmó el Pronunciamiento porque le aseguraron en la UNEAC que se publicaría sin la línea en que se nos acusa de ser "ejecutores de una operación enemiga". El novelista Miguel Barnet y el poeta Pablo Armando Fernández me confesaron que a ellos los incluyeron en la lista de firmantes estando uno en México y el otro en España. Que yo sepa nunca protestaron por eso, pero Pablo Armando condenó con firmeza mi expulsión de la UNEAC"[50].

¿Qué había originado la ira de los represores? Que diez creadores, la mayoría de una trayectoria importante, se atrevían a cuestionar el modo en que Fidel Castro dirigía esa finca de su propiedad llamada "Cuba". Pedían cambios que en otros países ni siquiera ocuparían las páginas de relleno de los periódicos, pero en Cuba la dictadura las considerada "maniobras del enemigo". Entre otras cosas, la "Carta de los Diez" pedía al gobierno que propiciara un diálogo cívico, en el que estuvieran representadas todas las tendencias políticas existentes en el país, para hallar una solución cubana a la crisis cubana; que se permitiera la elección de los diputados a la Asamblea Nacional mediante el voto directo y secreto de la ciudadanía; que se concediera la libertad inmediata de los presos políticos; que se suprimieran las trabas que impedían a los ciudadanos cubanos salir del país y regresar a él; y que se volvieran a establecer los

---

[50] Díaz Martínez, Manuel. "La carta de los Diez". En: Revista *Encuentro de la Cultura Cubana*. No. 2, 1996. Pág. 22.

mercados libres campesinos (eliminados a dedos por Fidel Castro años atrás) para estimular la producción agrícola y reducir la escasez de comida.

Diez nombres serían crucificados esa vez por la maquinaria represiva: los escritores María Elena Cruz Varela, Raúl Rivero, Manuel Díaz Martínez, José Lorenzo Fuentes, Bernardo Marqués-Ravelo, Manuel Granados, Roberto Luque Escalona y Nancy Estrada Galván (los seis primeros, figuras de una reconocida trayectoria en las letras cubanas), los periodistas Fernando Velázquez Medina y Víctor Manuel Serpa. A ellos, poco después, se sumarían las firmas del traductor germanista Jorge Pomar, el actor y cantante Alberto Pujol Parlá y el cineasta Ricardo Vega.

Fidel Castro vio una clara provocación en el modo en que la hicieron conocer: enviaron copias al Consejo de Estado y al Comité Central del Partido Comunista, pero también (sabiendo que la prensa cubana jamás publicaría la carta original) la hicieron llegar a periódicos extranjeros, básicamente de Estados Unidos y Europa. Como suele pasar en esos casos, para contrarrestar el efecto de la propaganda de la prensa extranjera, que comenzó a reproducir las demandas, el domesticado periodismo nacional se lanzó a una vergonzosa campaña de descrédito contra los firmantes. El primer editorial, publicado en el periódico vocero del Partido Comunista, Granma, se tituló sin rodeos "Una nueva maniobra de la CIA" y utilizando el discurso clásico de "colaboracionismo", "traición", "anexionismo" anunció la que según los represores era la nueva táctica de Estados Unidos contra Cuba: utilizar a mercenarios. Pero, aún más cínico: se intentó desprestigiar personal y profesionalmente a los firmantes, y así, entre otras mentiras, María Elena resultó ser "una poeta menor" (aunque todo sabíamos que era ya entonces una excelente escritora), Raúl Rivero y Manuel Díaz Martínez cargaron con la etiqueta de "borrachos indecentes y poetas sin obra", y, en general, a todos se les acusó de hacerle el juego a los enemigos de "la

Revolución" con el objetivo de ganar prestigio internacional, con las obvias ganancias que ello les haría obtener (además de lo que ya, supuestamente, les habían pagado "sus amos" en Estados Unidos por su labor mercenaria).

La repercusión internacional contra estos atropellos alcanzó casi la misma resonancia que el Caso Padilla: el 31 de mayo de 1991, el periódico *El Nuevo Herald*, de Miami, publicó una declaración de condena firmada por destacadas figuras de la intelectualidad cubana en el exilio y por intelectuales extranjeros, entre los que se encontraban Mario Vargas Llosa, Oscar Arias, François Revel, Susan Sontag, Hugh Thomas, Jorge Semprún, Fernando Savater, Fernando Sánchez Dragó, Gastón Baquero, Carlos Alberto Montaner y Heberto Padilla

Y esa resonancia despertó aún más la ira del tirano. Además de los actos de repudio con los que los acosaron en sus casas y centros de trabajo, además de las "visitas" de los oficiales de la policía política sugiriéndoles apartarse de una "maniobra contra Cuba en la que la CIA los está utilizando a ustedes" (así le dijo uno de ellos a Jorge Pomar), y además de las terribles humillaciones públicas, golpizas multitudinarias y heridas físicas recibidas por varios de ellos (siendo María Elena Cruz Varela y Jorge Pomar los más dañados), todas las puertas, entonces, se les cerraron a los firmantes, y también a otros que sumaron sus firmas a la Carta o que la apoyaron: a quienes eran miembros de la UNEAC les pidieron que se retractaran o serían expulsados (ninguno aceptó renegar de sus ideas y por ello se les aplicó la "expulsión deshonrosa"); a los periodistas, se les expulsó también de la Unión de Periodistas de Cuba (UPEC); a la mayoría se les cerraron sus contratos de trabajo (Nancy Estrada Galbán, por ejemplo, fue expulsada de la revista *Mujeres*, donde era redactora; a Díaz Martínez lo echaron de la emisora donde atendía la sección cultural de la programación informativa, y a Jorge Pomar lo cesantearon de su puesto como jefe de departamento de traducción de la

Editorial Arte y Literatura); e incluso algunos de ellos fueron condenados a prisión bajo la acusación de "difamación" y "propaganda enemiga", como el propio Jorge Pomar, María Elena Cruz Varela, Fernando Velázquez Medina, y Roberto Luque Escalona.

El acoso, las injustas condenas a prisión que tuvieron que cumplir, la represión diaria y el cierre de todas las posibilidades de realización personal y profesional (negándoles incluso el derecho a ganarse el dinero para comer) obligó a todos los firmantes a emigrar, siendo la única excepción, el poeta y periodista Raúl Rivero, quien finalmente emigraría poco más de una década después de aquellos sucesos, obligado por otras circunstancias, aunque también represivas.

Como dato accesorio añadiré que quizás a esa atmósfera se deba la represión exacerbada que la policía política utilizó para destruir un proyecto artístico interesante surgido en Cienfuegos ese mismo año: el "Movimiento Extropista", una idea contestataria encabezada por el muy joven escritor Arturo González Dorado junto a otros amigos de su generación; proyecto que, luego de ser reprimido individuo a individuo, causó la expulsión de González Dorado de la Universidad.

La represión sería también fuerte con otros intelectuales que eran considerados "lobos solitarios" en las letras cubanas, y especialmente en Cienfuegos, debo citar el caso del narrador Armando de Armas, quien tuvo que escapar de la isla en un barco, protagonizando una huida que podría servir para el guión de una película de Hollywood.

O toda la estrategia persecutoria en Santiago de Cuba contra el escritor Ismael Sambra, luego de que fundara en 1991 el primer Grupo Independiente de Escritores y Artistas de Cuba, conocido como EL GRUPO y la revista del mismo nombre.

2.- Julio 1991: "Alicia en el pueblo de Maravillas"

"Siempre he sentido que huelga la aclaración de que este caricaturesco pueblo no es un retrato de la Revolución, sino de las excrecencias y lastres derivados de conductas y deformaciones éticas que inevitablemente acompañan todo proceso social hecho por el hombre"[51].

Daniel Díaz Torres, director de cine.

Aunque en este período la censura en el cine también amordazó a los filmes *Un día de noviembre*, de Humberto Solás (1992) y *Cerrado por reformas*, de Orlando Rojas (1995), cuya filmación fue suspendida al tercer día por considerarse una obra contrarrevolucionaria, fue la película *Alicia en el pueblo de Maravillas*, de Daniel Díaz Torres (1991) la que se convertiría en un escándalo nacional por lo kafkiano de la censura contra ella; censura que parecía querer extender a la vida el universo absurdo de represión, miedos y falta de libertades que la historia recreaba.

A partir del guión escrito por Daniel Díaz Torres y el Grupo Nos-y-Otros (el escritor Eduardo del Llano, fundamentalmente), *Alicia en el pueblo de Maravillas* comenzó a filmarse en el momento de mayor convulsión previo a la caída del campo socialista, en 1989, con un elenco de lujo (Thais Valdés, Reynaldo Miravalles, Alberto Pujols, Carlos Cruz, Raúl Pomares, Alina Rodríguez, Jorge Martínez, Enrique Molina) y antes de estrenarse en Cuba, el 13 de julio de 1991 en el teatro Charles Chaplin de La Habana, ya se había alzado con la mención especial del Jurado en uno de los más prestigiosos

---

[51] El director de la película fue obligado por los comisarios culturales a entonar un "Mea Culpa", retractación a la que pertenecen estas palabras. Aparecen en: *Guía crítica del cine cubano de ficción*, Juan Antonio García Borrero, Editorial Arte y Literatura, La Habana, 2001.

festivales internacionales de Cine, la Berlinale, de Alemania, en febrero.

Había sido filmada en momentos en que el discurso oficial hacía creer que se podía hablar de todo (no se olvide que Fidel llevaba tiempo repitiendo que el verdadero papel de un revolucionario era criticar lo criticable, señalar los errores, lo cual era pura palabrería como demostró la realidad), pero el filme vino a transmitirse en un período álgido, complejo en lo ideológico: el año en que el socialismo dio su último suspiro, hundiendo al país en una depresión económica absoluta, en especial para la cultura. Además, *Alicia...* había venido anunciándose con frecuencia en la prensa cubana y los medios culturales, puesto que de algún modo significaba un triunfo de la creación contra los avatares de la economía y, ya desde esas primeras promociones, se comentaba que era una película crítica, por lo que fue ganando "mala fama". Por ello el 17 de julio, sólo tres días después de su estreno, todas las copias fueron recogidas de los cines de la isla.

¿Qué vieron los censores en la película que pudiera resultar lesivo a "la Revolución"?

Eduardo del Llano, con cierta ingenuidad a mi parecer, lo recuerda así:

"Cuando empezamos a trabajar con Daniel, mis amigos y yo teníamos veinticuatro años. Hay gente que piensa que llegamos solo hasta donde nos dejaron llegar. La verdad es que escribimos lo que queríamos escribir, sin limitarnos. Si no hay más en la película, es porque no queríamos que hubiera más. Nos gustó la idea de que una muchacha fogosa e idealista, recién egresada, llegara a Maravillas de Novera (anagrama de Averno, ja) un pueblecito donde todos son culpables. Un sitio donde todo es malo, pero nadie lo dice. Nos pareció audaz y divertido, porque lo hacíamos desde adentro"[52].

Pero, sobre todo, muchas claves en la trama apuntan a cuestionamientos de todo tipo de hegemonía dentro de una sociedad; no sólo los monopolios del poder tradicional como la Iglesia Católica, la burocracia o la economía, sino también todo tipo de control de masas (y aquí apuntaba claramente a "la Revolución", aunque lo hacía desde el tono satírico heredado del mejor cine cubano de las décadas iniciales del período revolucionario —entiéndase, *Las doce sillas*, de 1962; *La muerte de un burócrata*, de 1966 o *Los sobrevivientes*, de 1979, todas de Tomás Gutiérrez Alea.

Haciendo un análisis de lo sucedido, según cuenta Del Llano y Díaz Torres, tanto desatino censor puede deberse a la confluencia de varios sucesos: por un lado, la represión solapada que desde inicios de ese 1991 se había instaurado en los escenarios intelectuales y culturales, pues las autoridades no podían olvidar que la caída pedazo a pedazo del socialismo había comenzado precisamente por las críticas de algunos reformistas y por la intensa labor de zapa de los intelectuales; segundo, la aparición de comentarios públicos sobre los mensajes críticos de la película, a partir de que varias copias incompletas circularan clandestinamente por La Habana; tercero, los elogios que recibió la proyección de *Alicia...* en la Berlinale de Alemania, que generó comentarios en la prensa y en el entorno europeo del cine, asombrados de que en Cuba, la única dictadura socialista que seguía con vida, se permitiera una película como aquella, y cuarto, la rabieta del poder político por las protestas de varios cineastas contra los planes estatales de fusionar el Instituto Cubano del Arte y la Industria Cinematográficos (ICAIC) con la Televisión Cubana y con la

---

[52] Eduardo del Llano. "La maravillosa historia de «Alicia» contada por Eduardo del Llano". En: El cine es cortar, blog del cineasta Manuel Iglesias, 2001.

sección de cine de la Fuerzas Armadas Revolucionarias (FAR), con la intención de racionalizar recursos en medio del Período Especial decretado por Fidel, pero que los cineastas veían como un mecanismo de control monopólico, puesto que quienes dirigirían todo si se producía esa fusión serían precisamente los militares.

Del Llano recuerda que "los periódicos la emprendieron con nosotros. *Granma*, *Juventud Rebelde*, *Trabajadores*, *Tribuna*, *Bohemia*, publicaron artículos con títulos como "La suspicacia del rebaño" y "Alicia: un festín para los rajados", donde nos llamaron contrarrevolucionarios y flojos", y dice que aunque los guionistas escribieron una carta al Comité Central jamás recibieron respuesta: "No pudimos replicar. No pudimos conversar".

Pero, lo que marca el cambio de rumbo de la política censora fue que dicha censura sólo se efectuó contra la película, intentando apagar su impacto social, aunque ello, como suele suceder, la convirtió en un objeto de culto del mercado clandestino de videos en la isla. Pero no existió ninguna represión fuerte contra los "pecadores", como reconoce Del Llano: "aunque hubo alguna que otra felonía a pequeña escala, y rumores, y vivimos un tiempo esperando nuestra inminente conversión en personajes de Maravillas, en tronados sempiternos, es justo decir que ni los actores, ni Daniel, ni yo, que era entonces profesor en la Facultad de Artes y Letras, tuvimos problemas laborales o sociales como consecuencia de *Alicia*...". Olvida, sin embargo Del Llano que el cineasta Julio García Espinosa, entonces director del ICAIC, fue sustituido en ese cargo por Alfredo Guevara, el Papa de la censura en el cine cubano desde su papel protagónico contra el corto *PM*.

Todavía estaba yo en Cienfuegos, trabajando como periodista en la radio, cuando el director, un gris periodista con alma de censor, llamado Armando Sáez, nos reunió y nos orientó asistir a la proyección de la película en el cine más importante de la ciudad con estas palabras: "Es una obra contrarrevolucionaria, pero la alta dirección del Partido ha decidido demostrar que no tememos en absoluto a provocaciones así, que sólo buscan que el gobierno aplique el derecho a censurar un material hecho por enemigos, para darle a Estados Unidos un motivo para acusarnos injustamente. Se espera incluso que elementos mercenarios quieran aprovechar la proyección para crear problemas y por eso el Partido nos ha orientado que los revolucionarios debemos llenar los cines. Primero, para evitar que un material tan infame envenene la conciencia de nuestro pueblo y, segundo, para responder con firmeza revolucionaria a cualquier provocación que surja en los cines del país donde se proyectará la película".

Y eso sucedió: la película se trasmitiría, pero realmente, con excepción de los primeros tres días cuando el público pudo asistir abiertamente, el resto de las proyecciones fue vista casi en exclusivo por miembros de la Unión de Jóvenes Comunistas, del Partido Comunista, la Asociación de Combatientes de la Revolución y trabajadores de instituciones estatales que fueron movilizados para llenar los cines (en muchos casos, como se supo después, a quienes asistieron se les pagó ese día su salario por duplicado).

Y a partir de ese momento, los comisarios de la cultura iniciaron una sostenida campaña de descalificación: a la cabeza de estos detractores, Abel Prieto, presidente de la UNEAC y futuro Ministro de Cultura, quien repitió en varios escenarios que *Alicia...* era una película de mala calidad artística; y Alfredo Guevara, el Papa de la censura en el cine, que la acusó de poseer una ambigüedad política imperdonable para la difícil realidad de un país cercado por Estados Unidos y por el imperialismo como último reducto del socialismo en el mundo.

3.- Los peligrosos puentes con la cultura de la diáspora

"En el año 2000, decidí abandonar definitivamente La Habana y radicarme en Barcelona. Fue una decisión difícil. Rectifico: fue una decisión extraordinariamente difícil. Aquí habrá que hacer una pequeña explicación para que se entienda el uso del adverbio. ¿Por qué fue extraordinariamente difícil aquella decisión? En la lógica del mundo, y no sólo del mundo en que vivimos, ir a vivir a otra ciudad, a otro país, nunca debiera ser un asunto terrible. Hemingway vivió muchos años en París y en La Habana. Joyce vivió en Trieste y en Zurich. José Saramago vivió en una isla española. Son sólo tres ejemplos y nada hay de excepcional en ellos. Sin embargo, para un cubano posterior a 1959, salir de Cuba tenía algo de definitivo, de trágico, de irreversible. Salvando las convenientes distancias, se asemejaba más a la huida de los escritores e intelectuales españoles después de la Guerra Civil, o de muchos escritores judíos alemanes durante la Segunda Guerra Mundial. Era casi partir para siempre. Dejarlo todo atrás para no regresar, como si condenaras la puerta de tu casa y echaras las llaves al fondo del mar."[53]

Abilio Estévez, escritor y dramaturgo cubano.

La configuración de un poderoso escenario cultural cubano en el exilio, gracias a la contribución de la obra de miles de creadores de la llamada diáspora cubana que comenzó desde los primeros días de "la Revolución", obligaba a un diálogo, a un reencuentro por una simple razón: luego de 30 años era irracional y retrógrado hablar de cultura cubana solo teniendo en cuenta la producida en la isla. Y algo tan obvio comenzó a derribar muchas barreras que lo ideológico y lo político habían levantado entre las filas de los artistas, escritores e intelectuales cubanos de lo que muchos llamamos "orillas de lo cubano". Nació así la necesidad de restablecer puentes, de abrir canales de retroalimentación que unieran nuevamente esa esencia única que estrategas políticos,

---

[53] Estévez, Abilio. "La verdadera vida está en otra parte", entrevista concedida a la revista *Josefina La Cantante*, 2005.

comisarios culturales y gendarmes habían partido en dos. Era algo no muy difícil de lograr, puesto que además de la pertenencia a ese ámbito espiritual que es la creación desde las raíces que conforman el árbol de la nación, existían muchas conexiones (generacionales, de amistad, de tendencias y corrientes literarias, vivenciales, estilísticas, etc.), entre quienes creaban y pensaban en Cuba y quienes creaban y pensaban en la diáspora.

Pero justo esa: la ruptura de las conexiones humanas (que siempre son más fuertes que las conexiones ideológicas o políticas) había sido una estrategia de "la Revolución", que adoptó como regla uno de los rasgos psicológicos del comportamiento egocéntrico de Fidel Castro: la utilización obsesiva de la máxima "Divide et impera". Como se ha demostrado ya, en su larga vida Fidel colecciona una asombrosa saga de ataques contra la unión y la integridad de quienes le impedían lograr sus propósitos, deformación demostrada incluso en su lejana infancia con sus propios hermanos, como queda claro en las anécdotas que sobre ese período han contado su hermana Juanita, su hermano mayor Ramón, e incluso el propio Raúl Castro.

Bajo esa regla parte-aguas, "la Revolución" no permitiría que tal reunificación cultural ocurriera porque ello le haría perder el control absoluto de la cultura que, como se ha dicho, era una de sus más poderosas herramientas de propaganda. Y como, además, algunos de los patrocinadores internacionales de ese intento de reunificación estaban anotados en la lista negra oficial de enemigos del "proceso revolucionario", es comprensible que el gobierno cubano tuviera interés en que fracasaran todos los eventos y proyectos que, ingenuamente, creyeron que tal diálogo podía ser posible contando con quienes se han creído desde 1959 los amos y señores de la cultura cubana.

Eso explica que el Encuentro de Estocolmo, en 1994, organizado por el Centro Internacional Olof Palme y con la coordinación del escritor cubano exiliado René Vázquez Díaz, sólo llegó a realizarse luego de largas y complejas tretas burocráticas y gestiones organizativas y, como todavía hoy aseguran varios de los participantes, resultó un encuentro frustrado en lo esencial: la búsqueda de restablecer los puentes.

Lo mismo sucedería luego al Coloquio sobre poesía "La isla entera": los participantes de la isla recibieron los "permisos de salida" apenas 24 horas antes del viaje, y aunque las presiones de la policía política y los comisarios culturales sobre ellos llegaría a enrarecer en algún momento los contactos con sus colegas del exilio, en general se consiguió una relación entrañable y respetuosa que irritó a los censores en la isla y por ello los análisis oficiales posteriores que se hicieron en Cuba sobre el encuentro estarían envenenados por el lenguaje guerrerista y excluyente típico de la nomenclatura política, que se manifestó dispuesta a evitar que se repitiera la experiencia.

Y lo consiguieron: el Encuentro de Literatura Cubana de Berlín (1995), tras un larguísimo calvario de complicaciones que alcanzó los dos meses, sólo contó con la participación de dos escritores de la isla; el Festival de Nantes, también en 1995, que pretendía ofrecer una visión amplia de toda la cultura cubana y al cual habían sido invitados cientos de escritores de la isla y el exilio, no pudo finalmente celebrarse porque el gobierno cubano no estuvo de acuerdo con la inclusión de algunos artistas y escritores a quienes consideraba enemigos frontales; y al seminario "El cuento en la literatura cubana", organizado en Madrid por la Secretaría de Estado para la Cooperación Internacional y para Iberoamérica, con la colaboración de la Casa de América y la Facultad de Filología de la Universidad Complutense, celebrado entre el 29 de enero y el 2 de febrero, y que se había propuesto ser la continuación del evento de 1994 sobre poesía cubana, no pudieron asistir varios de los más importantes invitados de la isla, también por la negativa de los censores cubanos.

Como explicó el escritor Ángel Santiesteban en el prólogo de mi libro *Palabras amordazadas*, años después, en el 2002, quienes sólo pretendíamos otra vez propiciar un encuentro en las letras entre nuestros colegas de la isla y el exilio, en este caso a través de la editorial Plaza Mayor y su Colección Cultura Cubana, (colección ideada y dirigida por Patricia Gutiérrez Menoyo desde Puerto Rico y en la que tuve el honor de ser Editor y Coordinador General), sufrimos tantas presiones, trampas burocráticas, amenazas y coerciones que finalmente, luego de cuatro años de agonías y resistencias, el proyecto se vio obligado a desaparecer.

4- Primer resumen de malas noticias

"El hombre de letras en Cuba desapareció, y el hombre de letras es algo importantísimo, porque es el hombre que mantiene los vínculos en un espacio público. Desaparecido este hombre de letras, en cualquier tipo de república que sea, por muy mala que sea, desaparecen muchas cosas juntas. Digamos pues, si ya no hay un espacio público donde puedas crear grupos, revistas, donde tú te puedas mover libremente, donde puedas participar en los movimientos públicos del mundo, cosa que pasaba en Cuba con extraordinaria facilidad en los años treinta, cuarenta y cincuenta. No estoy conversando sobre la relación pobreza, riqueza y literatura, son campos difíciles para ensamblar. Pero realmente creo que hubo un golpe fuerte, y luego mueren una serie de hombres que venían formados en ese mundo pequeño, ridículo, miserable, como querrás llamarlo, llamado República, pero que era importantísimo. ¿De dónde surgen Carpentier, Lezama Lima, Nicolás Guillén? ¿De dónde surgen nuestros grandes hombres de letras, nuestros grandes músicos? Precisamente de la República tan mala que habíamos tenido".

Rolando Sánchez Mejías, escritor.

Fue también esta una etapa en la que la censura y la represión se diversificaron pero, sobre todo, tanto se especializaron en los métodos oficiales de apagar su resonancia en el medio cultural (y aun mas, fuera de estos escenarios) que resultaba muy difícil demostrar su existencia. Para reforzar esa inteligente estrategia, los voceros culturales de "la Revolución", con Abel Prieto a la cabeza (presidente de la UNEAC hasta 1997, en que es nombrado Ministro de Cultura), comenzaron a utilizar todas las plataformas a su alcance para asegurar que mentían todos aquellos que hablaban de censura y represión cultural en Cuba.

Ese cerco de silenciamiento fue roto, sin embargo, por algunos casos interesantes por el prestigio de quienes fueron censurados. El más conocido de estos censurados fue el grupo literario "Diáspora(s)", un proyecto de escrituras alternativas que fundó Rolando Sánchez Mejías (1959) junto a Carlos A. Aguilera (1970), Rogelio Saunders (1963), Pedro Marqués de Armas (1965), Ismael González Castañer (1961), Ricardo Alberto Pérez (1963), José Manuel Prieto (1962) y Radamés Molina (1968), y que se convirtió en un referente de las letras cubanas entre 1993 y 2002.

> "Según palabras de Carlos A. Aguilera, Diáspora(s) tuvo dos etapas: "una que comienza en el 93 o 94, cuando quería ser una mezcla de terrorismo con pedagogía", y otra que se inicia en 1997 con la publicación de la revista *Diáspora(s). Documentos*, hasta 2002. En esta primera etapa se hicieron *performances*, videos, cursos, lecturas para radio, charlas. [...] En la llamada segunda etapa (1997 - 2002) participan todos los miembros del grupo, junto a colaboradores afines estéticamente, o que comparten la misma línea política contra el secuestro institucional del origenismo institucional que el grupo de Lezama Lima ha realizado en el imaginario literario de la isla. [...] El grupo tiene un pensamiento disidente, y sus discursos poéticos y ensayísticos poseen un alto poder de demolición, como lo atestigua el importante grupo de

ensayos de Rolando Sánchez Mejías, Rogelio Saunders, Pedro Marqués de Armas y Carlos A. Aguilera, respectivamente, publicados en la revista. [...] Con los ensayos, sus autores llaman la atención sobre temas que hasta entonces no habían sido abordados en los medios oficiales de la cultura nacional: el fascismo, la violencia, la locura, el totalitarismo, la relación conflictiva con la tradición poética nacional. [...] El tema mejor desarrollado es la resistencia al nacionalismo, que traspasa todos los géneros practicados por estos autores [...] En el plano político, se sitúan al margen del ámbito institucional y sostienen una relación agónica con el canon origenista, propuesto como instancia suprema de profundización en las raíces de la nacionalidad. [...] La resistencia a la representación autoritaria es central en la escritura más vanguardista de Diáspora(s)".

La selección anterior, tomada de las palabras iniciales que la crítica Idalia Morejón Arnaiz hiciera al dossier sobre este grupo publicado en el número 148 de la revista mexicana *Crítica*, basta para comprender que, aunque Sánchez Mejías en su "Presentación" del primer número de la revista *Diáspora(s). Documentos* asegurara que Diáspora(s) era "una avanzadilla (sin)táctica de guerra", cada uno de sus propósitos se lanzaba frontalmente contra el universo monopólico vital de "la Revolución" y de su anquilosado concepto de cultura, de modo que, empezando por la cabeza pensante del grupo, Sánchez Mejías, cada uno de ellos podría colocar aquí un listado de las censuras y presiones recibidas que obligaron a algunos a emigrar (Sánchez Mejías, Aguilera, Prieto, Molina), a automarginarse para no ser brutalmente marginados (Pedro Marqués de Armas, Ricardo Alberto Pérez) o a convertirse en funcionarios culturales al servicio del gobierno como Ismael González Castañer.

Sánchez Mejías resume así aquellos momentos, y su continuidad como proyecto en el presente:

> *"Diásporas* fue un grupo y una revista. El grupo se fundó alrededor de 1993, pero la revista mucho más tarde. Era un grupo de unas seis, siete personas que casualmente hoy casi todos estamos fuera, en la diáspora real. Pero en esos años *Diásporas* era huir, huir de un centro. Existían dos centros que nos marcaban con mucho énfasis. El primer centro era la política cultural cubana, con todas las derivas que eso trae, y el segundo era la propia tradición de la poesía cubana y del cuento cubano y de la literatura en general. Digamos pues, que *Diásporas* tenía como una doble cara: política, porque realmente éramos como una especie de resistencia frente al poder político (*Diásporas* se hizo como un *zamisdat*, pocos ejemplares que pasaban de mano en mano, con recursos propios, en secreto, al margen del poder), pero por otra parte era como un punto de fuga, desde un eje muy encerrado que era la isla, que era el canto sobre la isla, o el "yo-víctima-que-vivo-en-la-isla-rodeado-del-mar".
>
> "[...] Yo me fui, me largué, y en parte me largaron, en 1997, Rogelio Saunders (que ha escrito un par de cuentos y dos o tres poemas de los mejores escritos en Cuba en todos los tiempos) se fue unos años después; Pedro Marqués de Armas (cuyo libro *Cabezas*, como libro, es uno de los más rotundos de la poesía cubana, como *Algo de lo sagrado*, de Omar Pérez, y otros pocos; Carlos Aguilera también, que es casi como el eje de la revista pues la sostuvo junto a Marqués de Armas en Cuba cuando yo salí, y también porque la poesía de Aguilera fue el gesto más radical, más de *avant-garde*, la gente no entendía ni aún entiende su poesía, que debe leerse como una provocación. [...] *Diásporas* prosigue

hoy, pero ya hay como una especie de nuevos puntos de fuga de lo que éramos, y cada cual va encontrando su propio territorio: novela, cuento, ensayo, incluso géneros cruzados.

"Lo que sí es cierto que continúa un gesto de vanguardia —y, por favor, no lo interpreten como algo que uno quiere que ocurra, pues cuando se dice "vanguardia" parece que uno está queriendo concederse una determinada calidad literaria, y no hablo de "calidad", hablo de "cualidad", algo rotundamente nuevo en Cuba. Pero *Diásporas* también tiene mucho no sólo de la tradición cubana, sino de la tradición de Brasil y de la tradición argentina. Nos influyeron mucho los hermanos Campos, Drummond de Andrade, Paulo Leminski; nos influyó mucho la poesía rusa, Brodsky, los poetas norteamericanos, Borges, Macedonio Fernández, César Vallejo, los centro-europeos, Coronel Urtecho, Carlos Martínez Rivas y el primer Ernesto Cardenal, Octavio Paz, López Velarde. Y por supuesto Lezama Lima, Cintio Vitier, Eliseo Diego, el grupo *Orígenes* en general y su deseo de "trascendencia", de "poesía medular". Digamos que fue más bien como un gesto de fuga hacia muchas partes, un movimiento hacia fuera y hacia adentro a la vez"[54].

EN OTROS CASOS, errores de censores o represores que no parecían estar muy al tanto de las "nuevas reglas" dictadas para evitar que surgieran escándalos, permitieron que censuras, prohibiciones y estrategias de represión resultaran conocidas, al menos en los escenarios de la cultura.

---

[54] Sánchez Mejías, Rolando. "Una conversación con Rolando Sánchez Mejías", Blog: Penúltimos Días, 19 de junio de 2008.

El caso más vergonzoso, pues se aplicó a uno de los escritores más queridos y respetados dentro de Cuba, por su enorme humildad pese a ser el autor de una de las obras más originales y genuinas de la narrativa cubana, fue el de Guillermo Vidal Ortiz (1952-2004). Guillermo era, además, de una sinceridad demoledora, con una profunda cultura y una valentía demostrada a lo largo de su vida. Y esa sinceridad, que lo llevó a cuestionarse muchas de las injusticias que le tocó vivir, comenzó a trasladarla a su obra, de manera que, por partida doble, comenzó a molestar a los censores. Intentaron comprar su silencio con viajes y cargos culturales: se negó a venderse. Intentaron silenciarlo enviándole a maestros literarios y amigos a quienes respetaba: se negó a callarse.

Y entonces, decidieron atacarlo por donde más le dolía: su familia, y le hicieron un falso juicio a su hijo menor, Aliar; lo llevaron a la cárcel, y le dijeron que lo dejarían en libertad solamente si convencía a su padre de que acallara sus críticas.

"Yo vivo orgulloso de tu integridad y quiero seguir estando orgulloso de ti, así que no te preocupes por lo que me hagan a mí aquí en la cárcel, pero tú no te rindas", le dijo Aliar a Guillermo, y fue ese valor de padre e hijo lo que frustró tan sucia maniobra de represión.

Fui el mejor amigo de Guillermo durante sus últimos años, hasta el punto de que me declaró su albacea literario antes de morir de cáncer. Podría escribirse un libro grueso que contara contar todas las trampas, las presiones, las censuras a las que tuvo que imponerse sin que jamás le mataran esa alegría que hoy todos sus amigos seguimos recordando como uno de sus sellos personales. Pero eso tampoco honraría su memoria: era un ser humano con una capacidad de perdón impresionante y siempre le escuchamos hablar de sus enemigos y detractores con juiciosas palabras de misericordia y compasión. Pero para mencionar sólo dos de las más absurdas tramas tejidas en su contra, podría hablar de una noche, en un evento literario en Cienfuegos, en el que le enviaron a una hermosa muchacha, de

16 años, supuesta admiradora, que se desnudó ante él y comenzó a seducirlo. El azar quiso que, horas antes, un amigo escuchara cuando un oficial de la policía política le daba instrucciones a la muchacha para que intentara acostarse con Guillermo: era menor de edad, habían puesto una cámara en la habitación y una prueba así destruiría el prestigio del escritor, además de que era el pretexto que necesitaban para lanzarlo tras las rejas. Pudimos avisarle: "Guille, te han preparado una trampa", le dije, y recuerdo que sus ojillos verdes se encendieron, no sé si de ira o malicia por la estocada maestra de contraataque que su mente concibió en segundos, pero, esa noche, cuando ya la muchacha estaba desnuda sobre la cama y obviamente los fisgones de la policía política se estaban afilando los dientes, Guillermo se paró frente a donde debía estar la cámara y dijo: "Se acabó la obra de teatro. El que debes de estar preso eres tú, por utilizar a una niña para algo tan sucio. Debería darles vergüenza estar gastando recursos en velar a quienes sólo queremos decir lo que pensamos".

O podría rememorar la gran crisis que creó en la UNEAC, el Instituto Cubano del Libro y el Ministerio de Cultura la decisión de un simple obrero de una imprenta, miembro retirado del Ministerio del Interior que, por considerarlo un libro contrarrevolucionario, impidió que sus compañeros imprimieran la novela *El quinto sol*, de Guillermo Vidal, que acababa de ganar el Premio Nacional Hermanos Loynaz 1996. Además de amenazar a sus compañeros de que se implicarían en un acto contra Fidel Castro si imprimían la novela, el viejo militar envió una carta a las altas instancias de las Fuerzas Armadas, exigiendo que se castigara al escritor por sus desviaciones ideológicas y quejándose de que el Ministerio de Cultura premiara libros que atacaban a "la Revolución". Fui testigo del miedo que se coló en las oficinas de los altos jefes de esas tres instituciones culturales y puedo asegurar que, más que defender al escritor, lo que les interesaba era salir ilesos de un ataque inesperado. El escritor Antón Arrufat, con quien nos encontramos en un evento por esos días, nos diría a varios escritores, entre ellos Guillermo: "Lo que ha sucedido pasa solo porque este país tiene dos ministerios de cultura: uno oficial y sin poder real, que dirige el compañerito Abel Prieto, y otro a la sombra, pero con verdadero poder, que dirigen algunos que tienen los hombros llenos de estrellas".

Lamentablemente, no sería ese el único libro que se sacó de imprenta, una vez aprobado: baste mencionar, entre unos veinte casos bastante conocidos, el del libro *La noche del Gran Godo* (Premio UNEAC de Cuento, 1992), de Manuel Gayol Mecías, o el de la novela *Las largas horas de la noche* (finalista del premio Casa de las Américas de novela, 1993), de Antonio Álvarez Gil, cuya publicación se detuvo porque los autores habían decidido no regresar a Cuba, aprovechando respectivos viajes a España y Suecia.

O más de un centenar de títulos que sufrieron una de las más sórdidas estrategias de silenciamiento ideadas por los censores: se publicaba el libro en pequeñas ediciones, haciéndole creer al autor que se había impreso una tirada normal (en Cuba eso era entonces entre 1000 y hasta 3000 ejemplares), se distribuían esos pocos ejemplares en las librerías principales que el autor podía verificar y se destinaba otro pequeño número de ejemplares al lanzamiento en la Feria Internacional del Libro. Así, el autor no podía decir que había sido censurado, pero su libro, impreso en apenas unos 100, 300 o 500 ejemplares en casos excepcionales, se volatilizaba en un país de lectores.

Mientras trabajaba en la Dirección de Literatura del Instituto Cubano del Libro supe de muchos autores "conflictivos" silenciados con ese procedimiento, entre los cuales recuerdo los casos de Rafael Almanza, Antonio José Ponte, Jorge Ángel Pérez, Alejandro Aguilar, Pedro de Jesús, Jorge Alberto Aguiar, Guillermo Vidal, pero también de libros "polémicos" de autores entonces bien vistos por la oficialidad cultural y política, como Eduardo del Llano, David Mitrani, Raúl Aguiar, Leonardo Padura o Ángel Santiesteban Prats, a quienes se les había aplicado esa misma medida. Por suerte, a varios colegas (y lamentablemente ello hizo insoportable mi trabajo, debido a las presiones laborales que empecé a recibir y a la desconfianza sobre mi persona) pude hacerles saber a tiempo que los ejemplares sobrantes de sus obras se habían enviado a un almacén en La Habana donde permanecerían ocultos antes de ser convertidos en pulpa, siendo el caso más sonado el del libro *Paisaje de Arcilla*, de Alejandro Aguilar, que pudo reclamar a tiempo gracias precisamente a mi aviso.

Era, por la recurrencia comprobable en cientos de casos, un procedimiento usual, casi una ley no escrita entre los censores: la censura debía ocurrir sin que el censurado pudiera mostrar ni una sola prueba, aún cuando toda la intelectualidad lo comentara en los corrillos de la cultura. Como confesara el editor Daniel García Santos, por entonces director de Letras Cubanas (editorial insignia del Instituto Cubano del Libro), ante varios escritores de mi generación en una borrachera en el Centro Pablo de la Torriente Brau, en respuesta a mis reproches de que no me había dado ni un papel que demostrara la negativa suya de publicar mi novela *Las puertas de la noche*: "yo creo que tooooodo es publicable; un libro no le hace daño a nadie, pero me tocó la mala suerte de tener que decirles que no a algunos de ustedes, y ni siquiera puedo librarme de la culpa demostrándoles a ustedes, con una carta oficial, o algo así, que yo sólo sigo las órdenes que me caen de arriba, porque eso sí lo han dicho muy claro: papelito jala lengua, dice el dicho, y por eso si les damos un papel donde aceptemos que estamos censurando, nunca más volvemos a ser personas en este país". Me suena indecente, y poco serio incluso, acudir a las palabras de un hombre pasado de tragos, pero la contundencia vergonzante de aquellas palabras nos marcó tanto que aquella "confesión", y de otras que haría, como dijo, "intentando limpiar mi nombre ante ustedes", fue tema de nuestras conversaciones muchas otras veces.

El escritor Félix Luis Viera, uno de los cuentistas y novelistas cubanos más renombrados, que tuvo que exiliarse en México y actualmente reside en Miami, cuenta su experiencia acerca de este proceder:

> "Mi libro de cuentos *Las llamas en el cielo* estuvo 7 años en proceso editorial: lo entregué en 1977 y salió, con trabajo, en 1983. Para ver si lograba «adelantarlo», lo mandé al concurso de la UNEAC en 1980, o por ahí, no recuerdo ahora exactamente el año, y recibió primera mención, pero el premio quedó desierto. Las palabras que aparecen en la contracubierta las tuve que redactar yo mismo, y en ellas era «necesario» (así me dijeron) incluir que los cuentos del libro ocurrían en la «Cuba republicana» y no en la Cuba actual, revolucionaria. La profesora universitaria Conchita Hernández Azaret, que trabajaba en esos años en la Dirección de Literatura del Instituto Cubano del Libro, y el escritor Adolfo Martí, me confiaron que ellos batallaron para que el libro se publicase. «Si no es por mí, *Las llamas en el cielo* no sale», me confió Adolfo. En cualquier caso, el hecho de que el libro se corriera de una década para otra, alteró mi «hoja de vida» y distorsionó, por así decirlo, los asuntos y estilos periodizados por los críticos"[55].

En otros casos, aprovechándose de la crisis cotidiana de los cubanos para vivir —crisis que es común entre intelectuales y escritores, aunque muchos ingenuos en otras partes del mundo crean que se trata de un sector "privilegiado" en Cuba— la estrategia asume formas más enrevesadas y bochornosas, como cuenta el escritor Ángel Santiesteban sobre la larga

---

[55] Viera, Félix Luis. Entrevista en los Archivos del Autor, correspondiente al 11 de julio de 2016.

historia de censura que rodeó a su primer libro *Sur: latitud 13* y que comenzó con el despojo del Premio Casa de las Américas de cuento en 1992:

> "El libro tenía la temática de la guerra en Angola, lugar donde permanecimos por quince años y donde perdimos numerosas vidas de cubanos que jamás lograron comprender qué carajo hacíamos allí. El libro no era épico, como acostumbraba a tratarse esa guerra, pues sólo me interesaba el lado humano, los hombres inmersos en una contienda bélica que sentían ajena.
>
> "No se me olvida el rostro de Abilio Estévez, uno de los jurados, avergonzado, dándome la inexplicable disquisición sobre lo sucedido con el libro, y que tú más tarde escribirías que ese año premiaron el peor libro de todos los premios Casa de las Américas. Abilio contó que, en el hotel donde estaban leyendo las obras, lo llamaron por el altoparlante para que se presentara en una habitación. Cuando fue, lo esperaban los «segurosos»[56], le dijeron que a nadie le convenía que premiaran ese libro. Así también hicieron con la jurado argentina Luisa Valenzuela, que luego quiso llevarme para su país porque yo tenía la misma edad de su hija y con aquel hecho comprendió lo difícil que sería mi ascenso literario bajo el régimen. Eso fue en 1992. Desde entonces ya estaba renuente a irme del país, y le dije que le agradecía, pero que sólo Dios sabía por qué había nacido aquí y me quería aquí. [...]
>
> "Luego en 1994 sucedió algo parecido, pero esa vez la Seguridad tuvo más cuidado e intentó, sin éxito, que no se filtrara su presencia con los jurados. [...]

---

56 Así llaman en Cuba a los agentes de la policía política, la Seguridad del Estado.

"[...] previendo que la Seguridad del Estado volviera a malograrme un premio, le cambié el título (le puse *Sueño de un día de verano*), y pasó los filtros y lo premiaron. Cuando se vieron con ese libro que debían publicar, y que hablaba sobre la parte humana, el hombre inmerso en aquella guerra, sus contradicciones, entonces el libro les comenzó a ser un dolor de muela. El libro los aterraba. Iba de un buró a otro. Varias veces me llamaron para conversar por mi negativa a publicarlo antes que verlo cercenado. Y otra vez asumí el silencio a lo Gandhi, pero con la variante de que no quería ser escándalo político, el que deseaba era literario. Ser noticia cultural.

"Hasta que decidieron llamarme a negociar. Me hablaron abiertamente, había varios cuentos que no podrían salir a la luz pública, sobre todo el cuento 'Los olvidados', «ni en veinticinco años saldrá publicado», me dijo el funcionario[57] (Logré publicarlo en el 2001 en el libro *Los hijos que nadie quiso*, premio Alejo Carpentier). Yo tenía, como te dije antes, la necesidad urgente de presentar un libro, pero me daba lástima con el libro; aceptar que saliera sin esos cuentos era una traición, la peor de todas, traicionarse a sí mismo. Pero a la necesidad de publicar se unió otra, inesperada: alguien esperaba un hijo mío y no tenía hogar. Y el funcionario me ofreció un apartamento. Me mantuve pensativo por un rato. De pronto surgía la posibilidad de darles una estabilidad a aquella persona y a mi hijo, que nacería en los próximos meses. También pensé en que un editor de cualquier parte tiene el derecho a leerse el libro y decirte lo que le interesa publicar, y aquel funcionario me daba

---

58 Posteriormente, Santiesteban ha aclarado que este funcionario era Abel Prieto, por entonces Presidente de la oficialista Unión de Escritores y Artistas de Cuba (UNEAC), quien, en 1997, sería Ministro de Cultura y actualmente es el Presidente de la Casa de las Américas.

la posibilidad de un libro mío, finalmente, y por los cuentos que se mantendrían inéditos me daba un apartamento. Sentí que canjeaba en un mercado de Bagdad y, de todas formas, el hombre siempre es y será «él y sus circunstancias». Y acepté… El libro salió en la feria de 1998, con una caratula deslucida, lo hicieron a propósito, pues, más que un libro parecía una caja de detergente. Así logré presentarme a los lectores, y de paso, que mi primer hijo naciera en un espacio decoroso"[58].

Como queda demostrado con éste y otras decenas de testimonios que han circulado y circulan en los corrillos literarios, en la blogósfera cultural independiente cubana y en las redes sociales, aunque en los momentos en que se escribe este libro ése procedimiento se ha relajado bastante, uno de los filtros más cerrados para controlar la legitimación de los autores de acuerdo a su comportamiento "revolucionario" era, y es, la concesión de premios literarios. Es algo muy lógico: en Cuba, hasta la actualidad, entrar directamente a una editorial resulta bastante engorroso, pero la existencia a nivel nacional de una amplia red de concursos, cuyas bases incluyen la publicación, es la vía más expedita para que un nuevo autor vea su obra editada. Los agentes de la policía política cubana que trabajan en el sector de la cultura llegaron a convertirse en los verdaderos jurados de certámenes en los que otros escritores, supuestamente jurados oficiales, tenían que decidir los premios sobre obras preseleccionadas a la sombra por estos celosos y suspicaces agentes, o acatar directamente sus sugerencias sobre qué autor o qué obra debía o no ser

---

[58] Tomado de la entrevista "La responsabilidad de los escritores cubanos, más que nunca, es protestar, hacer público sus desacuerdos", realizada a Ángel Santiesteban por el autor de este libro y publicada en el blog "Los hijos que nadie quiso", el 4 de abril de 2012.

premiada. Además de su (muchas veces) escandaloso accionar en los premios nacionales, al tratarse del único premio internacional concedido desde Cuba, la labor de estos "jurados secretos" era, y es, mucho más severa y estructurada para lograr el perfecto control de las deliberaciones de los jurados internacionales en el Premio Casa de las Américas. No por gusto, son muchas las historias de manipulaciones y despojos de premios a autores cubanos o latinoamericanos de posición "conflictiva" respecto a "la Revolución" utilizando estas solapadas mañas.

Otro caso sonado de censura encubierta ocurrió en 1998 y se extendió hasta el 2000, situación casi normal para muchos libros "conflictivos". Aunque en los momentos en que se escribe este libro, protagonizada por Mariela Castro Espín, hija de Raúl Castro, existe una estrategia de tolerancia hacia la diversidad sexual en Cuba, en ese 1998 todavía pervivían ciertos fantasmas que hacían impensable que una obra de temática homosexual fuera publicada en la isla. Hasta ese momento, gracias a la valentía de algún que otro antologador o jurado, habían logrado darse a conocer cuentos de los escritores Ena Lucía Portela, Roberto Urías, Jorge Ángel Pérez y Pedro de Jesús en los cuales se abordaba esa temática. Pero el libro *Memorias de cera*, del entonces joven escritor Abel González Melo (hoy, uno de los más importantes dramaturgos cubanos) era un cántico abierto y rebelde contra la intolerancia hacia la homosexualidad. Era, además, un libro con una fuerza dramática y un humanismo que lo convertía en un peligro para quienes pretendían insistir en que el hombre nuevo revolucionario no podía tener "esas debilidades". Luego de un penoso y agotador proceso de discusiones con la editorial Abril, dependiente de la Unión de Jóvenes Comunistas (UJC), el libro fue publicado en una edición limitadísima y de horrible diseño en el año 2000.

Pero esta política no se limita solamente a los escritores, se extiende también a aquellas figuras que han sido parte de la historia o de la nomenclatura. Orlando Delgado, en su artículo "Libros incómodos convertidos en pulpa"[59], se refiere a dos momentos interesantes de éste tan "exclusivo" control censor:

"[...] no me referiré esta vez a la imposibilidad de los cubanos de acceder a una literatura plural y libre de censura, sino a una falla de ese mismo mecanismo de filtro ideológico y que, luego, los comisarios ideológicos tratan de rectificar. O sea, obras publicadas por las propias editoriales estatales —siempre en ediciones muy limitadas— y que luego son recogidas y hechas pulpa.

"Si un denominador común tienen estas obras es que pertenecen a la memoria histórica de la nación cubana y que, con su ocultamiento, se pretende obliterar cualquier suceso del pasado que no es conveniente o incomoda a la cúpula gobernante.

"Una de las primeras obras de esta selecta lista son los cuatro tomos de las memorias de Fermín Valdés Domínguez, uno de los mejores amigos de José Martí, tituladas *Diario de soldado*, publicadas en 1973 por el Centro de Información Científica y Técnica de la Universidad de la Habana, y que fueron rápidamente mandadas a desaparecer por las descarnadas confesiones de este luchador independentista. [...] Las confesiones y puntos de vista de Valdés Domínguez postergaron la publicación de sus memorias durante más de siete décadas por encontrarse vivos muchos actores de los sucesos narrados por Valdés Domínguez y, al decidirse su publicación en el centenario de la muerte de los estudiantes de Medicina a manos de los voluntarios españoles, Cuba se encontraba bajo la férula del marxismo-leninismo más dogmático por lo cual era

---

59 González, Orlando. "Libros incómodos convertidos en pulpa". *Diario de Cuba*, 14 de febrero de 2015.

extremadamente contraproducente que circulara una obra tan apasionada y donde las críticas a muchos dirigentes de las guerras de independencia contradecían el relato tan maniqueo de la historiografía revolucionaria.

"Un testigo presencial de la destrucción de los tomos de *Diario de soldado* en 1974 recuerda: «Ese día llegué a Encuadernación y el libro estaba metido en paquetes de 10 ejemplares y vi a un compañero de trabajo meter cuatro paquetes en la guillotina y hacerlos añicos y repetir ese procedimiento de manera continua. Recuerdo que le dije: 'Te volviste loco, ¿picando libros nuevos?'. Él me expresó que era una orden del Comité Central».

"[...] le pregunté si era un libro contrarrevolucionario o algo así, y me dijo que lo único que sabía era que es del amigo de Martí. Me fui de allí a ver a otro técnico y este me comenta: «Ya yo sé que están picando libros, pero no solo los ejemplares destinados a la distribución sino los que sacaron de la imprenta sin haberlos terminado de coser (el cuarto tomo de las *Memorias*). También se dio la orden de mandar 20 ejemplares de cada tomo para el Comité Central y de recoger los que ya estaban en el Centro de información Científica de la Universidad»."

"[...] el premio mayor en la lista de obras pulverizadas se las lleva las memorias del luchador comunista Lionel Soto, quien en los últimos años de su vida se dedicó a dirigir una modesta editorial ubicada en la barriada de Nuevo Vedado llamada SI-MAR S.A.

"En la tarde del 15 de febrero de 2007, los tres tomos de sus recuerdos titulados *De la Historia y la Memoria* fueron presentados en el Palacio de los Capitanes Generales, publicados bajo el sello que el propio Soto dirigía. Los asistentes a la cita tendrían el privilegio de poder adquirir una obra que inmediatamente sería mandada a recoger y hoy está desaparecida. No es posible hallarla ni entre los más selectos vendedores de libros de uso ni en ninguna biblioteca del país. Una posible explicación de la desaparición de esta importante obra historiográfica puede atisbarse en la única reseña sobre el libro, publicada en la revista *Espacio Laical* (número 3, 2008). En ella, el autor de la reseña, Juan González Díaz, da algunas pistas que ayudan a explicar su prohibición y posterior desaparición.

"Cuenta González Díaz que en el primer tomo —que abarca desde 1949 hasta 1961—, Soto expone sus desacuerdos con Alfredo Guevara y Raúl Roa durante los gobiernos auténticos, y en el segundo tomo —que llega hasta 1978— revela que tanto el Ché Guevara desde la zona montañosa del Escambray en los últimos meses de 1958 como Raúl Castro, en 1959, ingresaron secretamente en el Buró Nacional de la Juventud Socialista.

"Soto fustiga muchas de las medidas que hundieron la economía cubana en los primeros años del castrismo, como la "Ofensiva Revolucionaria" de 1968, que abolió cualquier vestigio de propiedad privada, o el rotundo fracaso de la Zafra de los Diez Millones en 1970, además de exponer la insuperable irrentabilidad de las empresas en los años de dependencia soviética.

"Por esas y otras ideas que una breve reseña no puede reflejar, esos tres tomos fueron mandados a recoger, y acertadamente González Díaz califica esta obra de «libro único por los complejos problemas que aborda», pues Lionel aspiró —aclarando hechos pocos conocidos de la historia de Cuba— a un reconocimiento personal y de sus compañeros de partido, quienes en más de una ocasión fueron hábilmente relegados por Fidel Castro".

¿Y cuál era el tratamiento para los libros conflictivos procedentes del extranjero?

Siempre que hablo de estos temas suelen preguntarme cómo evitaba el gobierno que la literatura extranjera que no cumplía con sus rígidos preceptos llegara a los lectores cubanos a través de las ferias internacionales del libro. Y es que, durante muchos años, las grandes editoriales internacionales también asistían a la isla, aún cuando económicamente (y sobre todo debido a las restricciones de precios que les imponían la subvención estatal a los libros) las ventas en Cuba no representaban mucho. Eso empezó a cambiar cuando algunas de esas grandes editoriales, intentando ejercer el derecho a la promoción de autores cubanos exiliados de su catálogo y sabiendo que ello podría incrementar sus ganancias con las ventas en el mercado natural de esos autores, empezaron a solicitar los permisos para vender en la isla obras de Zoé Valdés, Guillermo Cabrera Infante, Reinaldo Arenas, Daína Chaviano, entre otros. Y, conocedores del deseo de los lectores cubanos de acceder a literatura que había sido prohibida por razones que ellos creían absurdas, incluyeron en esos reclamos los permisos para vender en la isla obras al estilo *1984* y *Rebelión en la Granja*, de George Orwell o *Archipielago Gulag*, del ruso Alexander Solshenitzin. Fueron esos reclamos, en simples palabras, la justificación que necesitaban los censores para prohibir la presencia de esos editores en las ferias cubanas: "no podemos permitir que nos inyecten la subversión a través de la literatura", nos dijo en una reunión de 1997, el entonces presidente del Instituto Cubano del Libro, Omar González.

Y en otra de aquellas reuniones, en este caso de un grupo de "vacas sagradas" e instituciones que conformaban un ente disfuncional y tan volátil como un fantasma, llamado Consejo Nacional de Literatura, ninguno de los jefes presentes dio respuesta cuando un funcionario de Ediciones Cubanas preguntó, cuestionando la decisión, por qué era necesario perder el tiempo leyendo los libros que "escritores extranjeros amigos" enviaban o se presentarían en la Feria. Recuerdo, y los especialistas que trabajábamos en la Dirección Nacional de Literatura lo comentamos después, que fue notorio el intercambio de miradas entre Omar González y otros altos funcionarios presentes, entre ellos, un ser gris, omnipresente en todos aquellos encuentros, que bajo el seudónimo "Fermán" era el oficial de la policía política responsable de vigilarnos a los "culturosos". Al salir de la reunión, el entonces director de la Agencia Literaria Latinoamericana, el escritor y periodista argentino-cubano Jorge Timosi (despojándose de su recia compostura de ser detestable y recuperando la pose de bonachón amigable del dentuso Felipe de las caricaturas de Quino) me pasó el brazo por los hombros y nos dijo al escritor y crítico literario Gerardo Soler Cedré y a mí: "algunos de estos funcionaritos menores no entienden que la ingenuidad hay que dejarla en casa, bien guardada en el cajón de las medias y los calzoncillos. Ninguno de esos *escritores extranjeros amigos* (y aquí hizo un énfasis burlón en estas tres palabras) está libre de sospecha porque viven en la tierra donde manda ese Poderoso Caballero Don Dinero, del que habló Quevedo, y eso los convierte en enemigos potenciales". Lo más interesante de aquellas palabras, dichas por alguien que todos sabíamos era respetado e incluso temido por la policía política cubana por su historia, su participación en importantes hechos de la historia latinoamericana y su siniestra influencia en las altas esferas del poder, fue que los autores extranjeros a quienes se referían eran, entre otros, los españoles Belén Gopegui, Rafael Reig, Almudena Grandes, Luis García Montero, Andrés Sorell; los argentinos Mempo Giardinelli, Abelardo Castillo, Silvia Yparraguirre y Vicente Battista; los colombianos Santiago Gamboa y Jorge Franco Ramos; los mexicanos Paco Ignacio Taibo II, Sealtiel Alatriste e Ignacio Padilla, a algunos de los cuales (especialmente a varios de los españoles) veríamos años después participar en cumbites oficiales y fiestas particulares preparadas por Iroel Sánchez (en sus tiempos de Presidente del Instituto Cubano del Libro) y el entonces ministro de Cultura Abel Prieto, en las que cada una de las palabras y actos de aquellos "amigos" eran monitoreadas y grabadas, además de las vigilancias que les eran colocadas en las habitaciones de hotel o casas privadas donde se alojaban en sus viajes a Cuba.

En verdad, en esos años, el control de la literatura extranjera (o cubana publicada fuera de la isla) corría (y aún corre hoy) sobre un mecanismo complejo: el trabajo de intercambio de información de todas las instituciones vinculadas al desarrollo de la Feria Internacional del Libro, entre las que destacaban el Ministerio de Cultura, la Casa de las Américas, Ediciones Cubanas, la Cámara Cubana del Libro, la Agencia Literaria Latinoamericana y la Oficina de Publicaciones Periódicas, asesorados por especialistas de la Seguridad del Estado y con la colaboración de la Aduana.

La colaboración que permitía conocer y filtrar los libros prohibidos o censurables comenzaba desde el primer intercambio entre la Cámara Cubana del Libro y los editores que solicitaban asistir a la Feria. Un paso esencial era la exigencia aduanal de una declaración exhaustiva de lo que se quería entrar al país, lo que incluía, obviamente, un listado de los títulos. Toda esa información, una vez conformada y organizada, era procesada por diversos grupos de trabajo de estas instituciones implicadas y, tomadas ya las decisiones sobre el material que se permitiría y el que se rechazaría, se trazaban las estrategias a seguir de acuerdo a la complejidad y a la importancia de la editorial. En muchos casos, ante la duda sobre ciertas obras y ciertos autores, una comisión de lectores del Instituto Cubano del Libro tenía que leer velozmente los títulos sobre los que recaía la duda y determinar si procedía o no permitir su presencia en la feria. Por lo general, como parte de la estrategia establecida de secretismo para este proceder, salvo muy raras excepciones, los editores censurados jamás se enteraban. Las estrategias para evitar la entrada de material prohibido podían ir desde el retraso del procesamiento aduanal de la carga donde venían las obras prohibidas, la subida inesperada, exagerada y a última hora de los precios de contratación de servicios o de stand a los editores que traían obras "polémicas", hasta medidas burocráticas absurdas que supuestamente los organizadores habían tenido que tomar también "a último minuto".

Como dato curioso, aunque luego de leer todo lo sucedido en este período muchos entenderán que era algo lógico, es precisamente en estos años cuando se produce el mayor éxodo de creadores luego de las estampidas de la década del 60 y de la salida en 1980 por el Mariel de muchos artistas y escritores. Ya fuera aprovechando invitaciones a eventos fuera de la isla, ya fuera lanzándose al mar (lamentablemente muchos no lo consiguieron y perecieron ahogados o comidos por los tiburones, como una de mis mejores alumnas, la joven escritora Laylí Pérez Negrín), ya fuera a través de la suerte de ganarse la lotería de visas hacia Estados Unidos, o ya fuera formando parte de la crisis migratoria de los balseros en 1994, cuando más de 36 mil cubanos abandonaron el país en rústicas embarcaciones, lo cierto es que, por sólo poner un ejemplo cercano a mí, más del 70% de las dos últimas generaciones de escritores y artistas (las que se desarrollaron en las décadas del 80 y principios de los 90), entre 1991 y el 2003, abandonarían la isla, consolidándose así la ya fuerte presencia cultural cubana en Estados Unidos (básicamente Miami) y España (especialmente, Madrid y Barcelona), ciudades que, sin dudas, se convertirían en las capitales de la cultura cubana de la diáspora.

5.- Circo romano y pulgar hacia abajo para "los mercenarios".

"El internet ayuda a la convocatoria, pero no veo un fermento cívico, una conciencia ciudadana, que lleve a la gente a la calle a demandar sus derechos. Por regla general, los cubanos prefieren resolver su problema personal ante el nacional, porque durante 54 años, desde muy pequeños, nos han hecho creer que el país pertenece a los que lo liberaron, que el país es de los revolucionarios".

Yoani Sánchez, bloguera y filóloga.

Triste es decirlo, pero cierto: los escritores, artistas e intelectuales de la isla asumieron pasiva (y en algunos casos con complicidad) todos los actos de censura y represión de este período, por diversas razones que iban desde la falta de información, el oportunismo, las rencillas grupales (si la represión era contra un miembro de otra capilla literaria o artística no había por qué inmiscuirse) hasta el miedo. Y por otro lado, como expresa antes Yoani Sánchez, el pueblo siente que tiene problemas más urgentes que resolver: comer, vestir, vivir, además de que también es víctima de una inopia inyectada por décadas de un bombardeo propagandístico diario, aunque ello no signifique satisfacción alguna con la gestión gubernamental y política.

Aún así, como se ha dicho, hablamos de un período en el cual el periodismo independiente fue la evidencia más activa de ese descontento popular subterráneo. En todo el país, de modo individual, comenzaron a escucharse voces de cubanos que, aunque la mayoría no había estudiado esa carrera, ejercían el papel de periodistas, intentando reflejar en sus escritos la realidad que la prensa oficial escondía. Luego, por conjunción de intereses, empezaron a surgir grupos de trabajo y proyectos de prensa contestatarios, como la agencia Cuba Press, fundada por el poeta y periodista Raúl Rivero Castañeda (uno de los firmantes de la Carta de los Diez) y Ricardo González Alfonso, quien en el 2001 fundó la Sociedad de Periodistas Manuel Márquez Sterling y en el 2002 la revista *De Cuba*. También destacó la agencia de noticias Grupo de Trabajo Decoro. Uno de sus fundadores, el escritor, periodista y editor Armando Añel, lo resume así:

"... surgió en el verano de 1998. Fue fundado, entre otros periodistas, por Manuel Vázquez Portal (presidente),

Claudia Márquez Linares, Armando Añel y Héctor Maseda. El grupo transmitía fundamentalmente para la agencia de noticias Cubanet, con sede en Miami, y para Radio Martí, aunque no desdeñaba otros receptores. En su inicio, el grupo tuvo alrededor de diez integrantes, de los que una mayoría eran jóvenes. Creo que esta característica, la de la juventud, más cierto aroma literario en muchos de sus trabajos (crónicas y ensayos), le confirió al grupo una seña de identidad particular en el universo de la prensa independiente cubana. En 1999 el régimen cubano estableció la Ley 88 o Mordaza —utilizada en 2003 para encarcelar a varios de los más importantes periodistas alternativos en Cuba—, y tras su promulgación algunos de estos jóvenes abandonaron el grupo, temiendo una redada y su posterior encarcelamiento".

Estos, y otros grupos de periodistas opositores, tienen el mérito de haber conformado un gran bloque de comunicadores que lograron sacar sus trabajos de la isla y dar visibilidad internacional al trauma del pueblo cubano. Pero generalmente su trabajo era poco conocido y sus denuncias tenían poco efecto movilizador dentro de la isla.

6.- De *Vitral* a *Convivencia*: el camino de la resistencia intelectual

"He pedido mantener en la Revista *Vitral* la verdad basada en el Evangelio y en la Doctrina Social de la Iglesia, sin caer en expresiones agresivas y contestatarias"[60].
Monseñor Jorge Enrique Serpa Pérez, Obispo de Pinar del Río.

---

60 La cita anterior, tomada del comunicado eclesiástico de fecha 17 de abril de 2007, forma parte de la cínica estrategia con la cual los altos jefes de la Iglesia Católica en Cuba, con la complicidad demostrada de las autoridades vaticanas, dieron el guillotinazo final a la revista y proyecto independiente *Vitral*.

Esa labor hacia el interior de la sociedad cubana la protagonizaría el que considero es el mayor proyecto de pensamiento social y de trabajo cívico hacia la sociedad que hasta hoy ha existido: la revista y el proyecto cultural *Vitral*, de Pinar del Río, dirigido por un intelectual laico, Dagoberto Valdés. Desde que en 1994, con el apoyo de Monseñor José Siro Bacallao, obispo de Pinar del Río, se editara el primer número de la revista, y hasta su vergonzoso cierre en el año 2007 como parte del plan de concesiones de la Iglesia Católica al gobierno de Raúl en busca de un mayor espacio para el desarrollo del catolicismo en Cuba, este proyecto logró publicar en sus 120 números una serie de trascendentales ensayos y análisis de la problemática nacional desde una perspectiva profundamente crítica, pero también otorgó presencia a escritores e intelectuales censurados a través de las páginas de esa revista, mediante las publicaciones de la editorial *Vitral* o con la plataforma de los premios literarios del mismo nombre. Durante cuatro años tuve el privilegio de colaborar con Dagoberto Valdés y su equipo en la conformación de los jurados de dicho premio y, además del acoso y marginación a la que fue sometido el gran pintor Pedro Pablo Oliva por defender el proyecto Vitral, fui testigo de otras muchas presiones, amenazas y coerciones de la policía política, impotente ante el alcance creciente que la limpieza, la ética y la honestidad de este proyecto cívico alcanzaba dentro de la provincia, la intelectualidad y el país. Podría dar aquí una lista de escritores que, animados por el prestigio de *Vitral*, aceptaron servir de jurados y a última hora me pidieron disculpas porque no tenían el valor de enfrentar las advertencias amenazantes de oficiales de la policía política que les habían "sugerido" no colaborar con ese "nido de ratas mercenarias, dirigidas por un seudointelectual que sólo pretende ser el futuro Alcalde de Pinar del Río si el gobierno se cae" (palabras con las que convencieron "amablemente" a un reconocido teatrista para que no fuera jurado).

Dagoberto Valdés, ese hombre a quien los represores consideraban "seudointelectual", rememora así aquella hazaña:

"Sobre *Vitral* siempre estuvo el ojo escrutador del Estado y sus colaboradores. Tengo que decir, con honestidad, que represión, presiones de todos tipos y de todos lados sí existieron desde el 3 de junio de 1994, fecha de su fundación, hasta el 21 de marzo de 2007, fecha de su intervención por parte de un nuevo obispo y el cambio de perfil editorial y de Consejo de Redacción. Sin embargo, tengo también que decir con toda claridad que durante esos 13 años nunca existió la censura ni por parte del Estado, ya que era una publicación de la Iglesia Católica, ni por parte de la Iglesia porque *Vitral* era "la niña de los ojos" del Obispo Mons. José Siro González Bacallao, digno pastor diocesano. Él depositó toda la confianza en su laicado y especialmente en aquellos que trabajamos con gozo y penurias por esta publicación católica.

"Si me pides alguna anécdota, te doy tres:

"En la madrugada del 29 de abril de 1996, mi jefe, cuando yo era ingeniero agrónomo de la Empresa Tabacalera de Pinar del Río, deslizó por debajo de mi puerta un pequeño pedazo de papel que decía: «Ingeniero, mañana tienes una reunión con el Director General en su oficina a las 6.30 am. No faltes. Después hablamos». Al día siguiente, a esa hora, me presenté allí. Estaba el subdirector, el jefe del Partido, el del Sindicato y mi jefe inmediato. El Subdirector me planteó, leyendo un papel, que tenía que escoger entre seguir siendo director de la revista *Vitral* o mi puesto de ingeniero en la Empresa. Le contesté que esa elección no era justa y que ser director de *Vitral* no había restado nada a mis responsabilidades profesionales. Me dijo que la dirección había decidido eso y que tenía que escoger. Le dije que no abandonaría la dirección de la revista *Vitral* porque eso era parte de mi compromiso como cristiano cubano. Me dijo entonces que tenía tres plazas para mí: una de obrero en la construcción, otra de obrero agrícola y otra, que era la que más se acercaba a mi profesión de ingeniero, ocupar una plaza recién creada como «ingeniero de yaguas». Después de una controlada sonrisa, le dije que iría a este último castigo y me dijeron que empezaría el 2 de mayo, después del Día del Trabajador, que me presentara en un barrio de la periferia y allí cogiera un tractor con una carreta en la que la brigada de estibadores iba a recoger yaguas por los campos del municipio.

"Allí estuve por diez años y un mes, hasta el 2 de junio de 2006. Fue una forma de intentar doblegar a la persona para que abandonara su compromiso. Con la ayuda de Dios y la solidaridad de muchos dentro y fuera de la Iglesia pude ofrecer este pequeño sacrificio por la Iglesia y por Cuba.

"La segunda anécdota fue una mañana en que un miembro del equipo de *Vitral* traía de La Habana, en un camión de Cáritas-Cuba, algunas docenas de cajas de papel para imprimir la revista que ya había llegado a la tirada de 12 mil ejemplares de 60 páginas cada dos meses. El papel había sido legalmente comprado, el trabajador de *Vitral* traía Factura y Conduce[61]. Fue detenido en plena autopista Habana-Pinar y conducido a la Unidad de Policía de la ciudad capital y allí retenido e interrogado durante horas, aún mostrando toda la documentación. Al final lo liberaron, pero secuestraron el camión de Cáritas con el papel. Varios días después, tuvo

---

61 "Conduce": Nombre del documento que autoriza la transportación de mercancías en Cuba.

que venir hasta Pinar un alto Jerarca de la Nunciatura Apostólica-Embajada de la Santa Sede, a quien le entregaron el camión con la advertencia de que sabían que ese papel era para... *Vitral*.

"En otra ocasión *Ediciones Vitral* recibió un alto honor y una alegría de parte del Dr. Ricardo Arias Calderón, que había sido vicepresidente de Panamá y Presidente de la Internacional Demócrata Cristiana (PDC), que es muy amigo mío y de *Vitral*, y que había venido en varias ocasiones a Cuba. El Dr. Arias escogió nuestra pequeña editorial para publicar un libro con todas sus conferencias dictadas en Cuba. *Ediciones Vitral* se apresuró y confeccionó un bello libro, casi artesanal, como tú sabes. Hicimos una tirada amplia para presentaciones en Pinar del Río, La Habana y Panamá. Acordamos la fecha del lanzamiento en Pinar y, en respuesta, el gobierno cubano no le concedió el visado necesario al Dr. Arias Calderón para la presentación de su obra en Cuba hecha por cubanos.

"Anécdotas como estas tres jalonaban nuestras actividades cotidianas. No obstante, *Vitral* era una ventana para la libertad de la luz que cada persona lleva dentro. Fíjate que nuestro slogan no fue que *Vitral* era "la luz de la libertad". No era nuestra perspectiva. La mística del proyecto *Vitral* era reflejado en la inversión del prisma: Quiso y fue una ventana multicolor que dejó pasar todos los matices de la diversidad de la nación cubana, porque fue un espacio para ejercitar "la libertad de la luz" que todo hombre y mujer llevamos dentro. Hoy lo es *Convivencia* (www.convivenciacuba.es), cuyo nombre sigue reflejando los mismos objetivos, pero ya no se refiere al medio sino al fin.

"Nada de esto hubiera podido ser, ni soñarse, en la década de los 90 en pleno «período especial», sin la conjunción providencial de dos factores: el episcopado de un santo varón al frente de la Diócesis de Pinar del Río, émulo guajiro del Obispo Espada. Me refiero a Monseñor José Siro (con S) González Bacallao, pastor humilde, sereno, firme y valiente, profético y consagrado a los pobres, sufran la pobreza material o padezcan la pobreza ética, cívica y espiritual. Y el otro factor fue que ese prelado respetó, promovió y se puso al servicio de un laicado comprometido con Cuba y con su Iglesia, que ha entregado su vida a trasvasar los valores, las virtudes y el espíritu del Evangelio de Jesús en el lenguaje y el campo de la cultura, de la educación, de los medios de comunicación, de la literatura, la música, la informática, y otras dimensiones del alma de la nación. Al estilo de un pequeño ratón que vive en las casas de tabaco pinareñas, mordía y soplaba, sin ruido, pero con constancia. Doy fe, como laico católico, que aquel estilo de ser Iglesia en Cuba, fue mi cuna, mi escuela, mi almohada y mi espuela. En ella, al lado de pastores como José Siro, Manolo de Céspedes, actual obispo de Matanzas, curas como Cayetano Martínez, Jaime Manich e Iván Bergerón, entre otros, pude hacer mi opción vocacional; pude construir mi propio proyecto de vida con libertad y responsabilidad; pude crear, sembrar y cosechar, algo raro en la brevedad de la vida de un hombre de campo como yo.

"Todo lo que he podido hacer en mi vida, en *Vitral*, en *Convivencia* y en el seno de la sociedad civil cubana, ha sido por la fe que me ha inspirado, por la educación de mi familia y por la matriz y escuela que ha sido la Iglesia católica, de la que estoy orgulloso de considerarme un hijo. Para ella, la que verdaderamente es, con sus luces y sus sombras, no tendré nunca una saeta. Otra cosa son los hombres y mujeres que la formamos. Pero he optado, pudiendo hacerlo, por no descalificar, por no atacar. He optado por centrarme en el servicio y el mensaje del que soy un discapacitado portador. Es tan sano y tan sanador… Mons. Siro y otros muchos pastores como él, quizá desconocidos por no ser mediáticos; humildes monjas que cada día se sumergen en los barrios marginales para dar amor, comida, formación y medicinas a los más pobres, sacerdotes del interior y de las periferias que callada pero perseverantemente han consagrado su vida a servir sin hacer bulla. Me duele que se le confunda y caricaturice. Esa es la Iglesia, que no puede ser reducida simplistamente a un hombre o a una obra. Esa fue la Iglesia donde crecía y me eduqué y en la que ahora sigo sirviendo, no en sus estructuras pastorales donde comencé, sino desde mi lugar teológico como laico que es el mundo, la sociedad, la cultura, las redes, el pensamiento, la educación cívica... mar adentro, entre tormentas y breves playas. Ahora me siento cada vez más laico católico.

"Vitral no fue «disidente» al estilo tradicional. *Vitral* fue coherente, que es otra cosa. El mensaje de Jesús de Nazaret es siempre un desafío para los que intentamos quedarnos o acomodarnos en la «zona de confort». El mismo Cristo por ser coherente con su vocación fue considerado por muchos como disidente de su religión, como sedicioso del orden establecido, y como piedra de contradicción. Si eso pasó con el «leño verde, ¿qué no pasará con el seco?». Como Él fuimos talados, echados fuera… y, con su gracia, retoñamos sin amarguras, sin nostalgias, en *Convivencia* con todos… y nos mantuvimos dentro: de Cuba, de su Iglesia y de la sociedad civil de la que formamos parte. Deo gratia"[62].

---

[62] Entrevista a Dagoberto Valdés, 16 de agosto de 2016. Archivos del Autor.

7.- La Primavera Negra de 2003: el periodismo independiente tras las rejas

"Si algo faltaba para que yo terminara de creer en el espíritu criminal de este régimen, eso llegó con la posibilidad de ser procesado simplemente por escribir lo que la prensa oficial callaba, por querer gritar mis verdades, ser condenado en esa farsa que armó Fidel Castro y luego sentir en carne propia vejaciones contra mi dignidad que otros presos políticos me habían contado y que yo confieso puse en duda en algún momento. Ser hundido de cabeza en ese horror de un gobierno que dice luchar por la igualdad humana, me hizo un ser humano distinto, pero me enseñó a ver la vida y a defender las ideas con más pasión, pues pude constatar que yo no estaba equivocado y que eran otros los monstruos y los traidores"[63].

Manuel Vázquez Portal, escritor y periodista cubano.

Es, sin dudas, el mayor escándalo de este período; un acto de coartación dictatorial de las libertades de expresión, al cual me referiré muy brevemente, pues ha sido un caso que, por su importancia como punto máximo de las violaciones contra la libertad de expresión en Cuba, fue muy divulgado a nivel internacional. Sí añadiré, como detalle curioso, porque así me lo hicieron saber después de los juicios algunos colegas periodistas con quienes conversaba clandestinamente en esos tiempos, que todo estalló cuando la policía política le hizo llegar a Fidel Castro un video en el cual algunos periodistas independientes que colaboraban con órganos de prensa en los Estados Unidos comentaron a un funcionario americano de la Oficina de Intereses que el apoyo a la disidencia debía ser mayor porque ya el empuje que había alcanzado el periodismo no lo detenía ni el mismísimo Fidel Castro. Ese fue su error: desconocer que a Fidel no se le pueden lanzar retos personales que lo hagan sentirse derrotado.

---

[63] Conversación de Vázquez Portal con el Autor en Berlín, 2006.

Entre el 18 al 20 de marzo de 2003, aprovechando que el presidente norteamericano George Bush aprobaba el ataque militar contra Iraq para derrotar a Sadam Husein, fueron apresados poco más de un centenar de disidentes, de los cuales serían condenados 75 a largas penas de prisión, e incluso para algunos de ellos (Martha Beatriz Roque Cabello y José Daniel Ferrer) los fiscales revolucionarios exigían la pena de muerte.

Tan desmesurada acción represiva llegó, sin embargo, a tener una resonancia mundial que el gobierno cubano no esperaba, recibiéndose incluso fuertes críticas de muchos de los más nostálgicos defensores internacionales de la dictadura de Fidel Castro. Los juicios, en su mayoría sumarios, carecieron de las necesarias garantías procesales. Era obvio, pues ya estaban condenados de antemano, aunque el entonces (y luego destronado) Ministro de Relaciones Exteriores, Felipe Pérez Roque, comunicó a la prensa extranjera que todo había transcurrido en la mayor legalidad y que se habían respetado hasta el detalle los derechos de cada uno de los acusados (posteriormente se sabría que la mayoría conoció a su abogado defensor poco tiempo antes del juicio y ni siquiera habían escuchado las condenas que solicitaba la fiscalía).

Como se sabe, un par de años después, por presiones internacionales y conversaciones de la Iglesia Católica y España con el gobierno cubano, luego de sufrir prisión en condiciones tan terribles que muchos de ellos enfermaron gravemente (Miguel Valdés Tamayo, Oscar Manuel Espinosa Chepe y Antonio Augusto Villareal Acosta morirían como resultado de esas enfermedades), esos prisioneros serían enviados al destierro forzado (se les dijo que serían liberados sólo si aceptaban abandonar el país), con la excepción de 12 que se negaron a emigrar y aún hoy permanecen en Cuba.

Ya que existen los libros, y testimonios publicados en numerosos sitios en internet, sobre las vejaciones sufridas durante este proceso por los dos periodistas más reconocidos en el momento de su detención: los poetas Raúl Rivero

Castañeda y Manuel Vázquez Portal, prefiero dar voz a otro periodista, Ricardo González Alfonso, quien además de haber sido subdirector de la Agencia Cuba Press (fundada y dirigida por Raúl Rivero) fue protagonista de dos de los momentos más importantes del periodismo independiente cubano: la fundación en mayo de 2001 de la Sociedad de Periodistas "Manuel Márquez Sterling" (perteneciente a la red internacional de Reporteros Sin Fronteras), y en el 2002 de la revista independiente DE CUBA. González Alfonso, condenado a 20 años de privación de libertad, salió directamente desde la prisión a un avión que lo llevó a España, en julio de 2010 y recuerda así aquella "primavera":

"El proceso de instrucción, que fueron en total 36 días (antes y después del juicio), transcurrió en Villa Marista, sede de la Seguridad del Estado cubana. La luz estaba encendida todo el día. Me obligaban a dormir frente a la luz, la celda tapiada. El agua para bañarse y para beber racionada. Interrogatorios mañana, tarde y noche, y de madrugada: o sea que había que dormir a ratos. Eso fue hasta el juicio. Luego ya se mantenían las mismas condiciones, pero sólo salíamos por la mañana y por la tarde a conversar, porque ya no había nada que interrogar.

"Allí estuvimos hasta el 24 de abril de 2003, cuando fuimos enviados a la prisión de mayor seguridad Kilo 8 en Camagüey, en unas condiciones muy severas. En una celda donde, cuando termina la cama, comienza el bañito. Tan estrecha, que el depósito de agua tiene que estar dentro de ese pequeño servicio sanitario. No hay ducha, sólo hay un tubo que cae dentro de ese servicio, sanitario entre comillas, que aquí se denomina turco, y allí era el desayuno, la comida, la cena y la atención médica. De lunes a viernes, cuando no había lluvia, salíamos a un soleador, donde yo tendía mis manos y tocaba las paredes: era como una celda, pero en vez de tener techo tiene rejas. Si eran las doce del día, recibía sol. Si no eran las doce del día, recibía un resplandor. Después pasamos a otra situación, donde estuve tres meses sin luz eléctrica. Después estuvimos tres meses con la luz encendida permanentemente.

"Todo esto, siempre en Camagüey...

"Sí, estoy hablando siempre de la prisión Kilo 8 de Camagüey, que está a 533 kilómetros de Ciudad de La Habana, donde vivía mi familia. Bueno, en el último mes pudimos encender y apagar la luz: y ésta ya era una gran ventaja. En estas circunstancias, yo escribí un libro de poesías, *Hombre sin rostro*, en donde reflejaba las atrocidades que iba viviendo en ese lugar. No solamente contra mi persona, por mis ideales, por defender la libertad de expresión, sino también contra otros prisioneros comunes. Como consecuencia de este libro, fui castigado. Me enviaron a una zona especial, donde están los presos de mayor peligrosidad de Cuba, aquellos que no aceptan en ninguna otra prisión, a tal punto que, estando en esa penitenciaría de Camagüey, no había ningún camagüeyano: todos eran de otras provincias. Y además, uno de ellos me lo confesó, había tres de ellos que estaban allí para hostigarme: robos, maltrato oral (no físico, pero sí maltrato de palabra, insultos...). Y uno de ellos confesó que estaba enviado por la Seguridad del Estado: que iba a ser gratificado por el papel que estaba desarrollando.

"Me vi obligado, entonces, para terminar con ese castigo, a declararme en huelga de hambre, pidiéndole a las autoridades lo siguiente: yo dejo la huelga si ustedes reconocen que me están castigando por haber escrito un libro, o me dan el mismo tratamiento que al resto de mis compañeros, que habían ido a otra etapa de prisión, que era mala pero no peor. Estuve después, ya enfermo de la vesícula y del hígado, en otra prisión, la de Agüica, en la provincia de Matanzas, donde pasé todo el tiempo en malas condiciones de salud. Me llevaron en varias ocasiones al Hospital Nacional de Reclusos, donde me operaron tres veces: a partir de ahí ya me quedé en el Combinado del Este, en La Habana, desde el 7 de diciembre de 2004. Luego me vuelven a ingresar en el hospital, pero nos expulsan sin alta médica porque habíamos hecho una protesta. Ya en la última etapa —los últimos dos o tres años— vivía sólo en una celda, gracias a protestas, amenazas de huelga de hambre, y a la campaña internacional que hizo mi mujer, Alida. Así llegué a tener unas condiciones mejores respecto a otros presos comunes: la posibilidad de tener la puerta de la celda abierta de 6 de la mañana a 6 de la tarde, tener luz que podía encender y apagar. Lo demás era el rigor de la prisión que tiene cualquiera. De todas formas, yo me negaba a ponerme el uniforme de los presos comunes, porque no era un preso común. Vestía de civil. Esto conllevó que hubiera represión hacia mi hermana cuando vino de Nueva York a visitarme. Las autoridades de la policía política cubana la presionaron en el aeropuerto José Martí de La Habana, para que intentara convencerme de vestir el uniforme de preso común. La presión psicológica fue tal que ella, que entonces tenía 71 años, se desmayó.

[...] "cuando estaba en la celda tapiada en Camagüey, castigado por la huelga de hambre, el piso era una alfombra de roedores. Era parte del castigo. A dos pasos de donde yo hacía mis necesidades fisiológicas, estaba mi cama. En los techos —y esto lo vi en todas las prisiones donde he estado, sin ninguna excepción— había siempre una humedad impresionante, tanto que los presos teníamos que hacer unos canales con nylon, para que las filtraciones de las tuberías no cayeran encima de uno mientras estaba durmiendo, o estaba comiendo: son canales que se hacen con nylon amarrado, con la creatividad criolla del preso. En las dos últimas celdas donde estuve, la pared era una humedad permanente, y el agua corría por la pared y por las filtraciones.

[...]

"Ha habido una cadena de sucesos que empezó con la muerte de Orlando Zapata Tamayo, la huelga de hambre heroica de Guillermo Fariñas, la lucha de las Damas de Blanco en las calles de La Habana, el apoyo de diferentes organizaciones internacionales, el apoyo del exilio, las presiones de algunos gobiernos democráticos de distintas áreas del mundo y la situación económica muy crítica. Todos estos elementos crean una situación favorable para que podamos ser excarcelados. Cuando ya se da una situación en la que existe el comienzo de un diálogo entre la Iglesia católica y el gobierno de Raúl Castro, el ministro de Asuntos Exteriores español Miguel Ángel Moratinos decide intervenir como observador del dialogo para facilitar la salida de los presos de la Primavera Negra de 2003, para que viajasen a España. Por lo que se refiere a los presos que decidieron no salir de Cuba, a pesar de las presiones del gobierno, tengo que decir que tienen toda mi admiración y mi respeto. Y es significativo que el régimen no los haya liberado antes de quienes hemos decidido emigrar. Cuando un preso tiene que emigrar de la forma que lo hemos hecho, que es directamente de la prisión al aeropuerto, hay que hacer una serie de trámites, chequeo médico, visado. Sin embargo, cuando hay que liberar un preso que se quiere quedar en Cuba, sencillamente no habría que hacer más que abrir la puerta. Hace siete años, ellos detuvieron en 72 horas a 75 hombres. Ahora, deciden liberar 52, y hay 10 que quieren quedarse. ¿Pueden? Yo siempre me he preguntado por qué el gobierno no los suelta, si es más fácil que soltar a los que van a emigrar. No se concibe que sigan encarcelados todavía todos aquellos que decidieron quedarse en la patria"[64].

El más notable de los daños que provocó esta "Primavera Negra" fue que se logró descabezar una plataforma informativa nacional que resultaba peligrosa para la dictadura y aunque justamente este suceso sería el embrión de un despertar de la conciencia cívica y de sectores importantes de la sociedad civil independiente (en especial con la labor pública del movimiento hoy conocido como "Damas de Blanco") el ambiente se enrareció aún más, tiñendo el país de una atmósfera de miedo que se coló sobre todo en el ámbito de la cultura y la información, cuando Fidel Castro en una comparecencia anunció mano dura contra quienes durante un tiempo habían difamado libremente de "la Revolución" y anunció que la magnanimidad había llegado a su fin. Entre las amenazas latentes de sus palabras, dejó claro que los condenados en esa primavera no serían los únicos.

---

[64] Entrevista realizada por Alessandro Opppes, Reporteros sin Fronteras, 2010.

III

Últimas noticias
del verdugo

"Palabras a los intelectuales" fundó, por primera y única vez, en las experiencias socialistas conocidas, una política cultural ajena a todo sectarismo, a todo *dirigismo* con respecto a la creación, antidogmática, unitaria, con una capacidad para convocar a creadores muy diversos, de todas las generaciones y tendencias, en la gran obra educacional y cultural que se iniciaba. Es muy triste que ese discurso tan extraordinario haya sido reducido a una frase fuera de contexto, mal citada muchas veces, y que no se relea en toda su dimensión. Gracias a "Palabras a los intelectuales" los enemigos de Cuba nunca pudieron crear una quintacolumna en nuestra intelectualidad y han tenido que acudir durante todos estos años a caricaturas lamentables, sin obra ni moral. La idea de Fidel de que "sólo podemos renunciar a los incorregiblemente contrarrevolucionarios" y de que pueda haber espacio para intelectuales honestos, "no revolucionarios", que se sumen con generosidad a nuestra obra común, tiene una fuerza y una vigencia difícilmente calculables. Sólo renunciaremos, como Fidel, como Martí, a los anexionistas".

Abel Prieto, Ministro de Cultura.
Del blog: "Cubano 1er Plano", 30 de junio de 2011.

2003 hasta la actualidad
La quinta columna

"¿Paraíso donde un comisario decide quién pública y quién no? ¿Paraíso donde se hace zafra, a machetazos literales, contra quien ose decir que el país vive bajo un sistema dictatorial? Los que se 'portan mal' no van a Caracas ni publican en Letras Cubanas, y menos en Unión. Te mueres en un rincón y jamás te vuelven a invitar a una Feria del Libro, y encima les hacen creer que son libres. Mira, mi hermano, si no puedo publicar o decir en las entrevistas lo que se dice en la mesa de dominó de la esquina, entonces todo está bien jodido y que se metan su paraíso cultural por donde mejor estimen. Tú necesitas ser africano o latinoamericano para ser recibido como escritor en Casa de las Américas y ser hospedado en el Meliá Cohíba, siempre y cuando digas lo que te pida el comisario cultural de turno"[65].

Luis Felipe Rojas Rosabal, escritor y periodista.

LA RAZIA contra la prensa independiente cubana realizada por la policía política en marzo de 2003 y los juicios realizados en abril, condenando a los detenidos a penas de hasta 27 años de prisión, provocaron una ola de indignación de tal magnitud en la intelectualidad mundial que dentro del propio gobierno cubano se alzaron voces preocupadas por la resonancia negativa de aquel suceso y por la cantidad de puertas que una represión tan evidente contra las libertades le cerraba a la propaganda internacional de la Revolución Cubana que, justamente en esos momentos, estaba ganándole muchas batallas a Estados Unidos en los organismos internacionales

---

65 Rojas Rosabal, Luis Felipe. "Si no puedo publicar o decir en las entrevistas lo que se dice en la mesa de dominó de la esquina, entonces todo está bien jodido", entrevista concedida al Autor. En: *OtroLunes - Revista Hispanoamericana de Cultura*, No. 27, Mayo 2013. Año 7.

debido a los errores estratégicos de la administración de George W. Bush en su política hacia Cuba y a la errada aplicación de una ciega política de condena de la Unión Europea para aislar al gobierno cubano, siguiendo los propuestas del presidente español José María Aznar (a quien Fidel llamaba despectivamente "el Führercillo"). Cientos de intelectuales, artistas y políticos de todo el mundo, y otros cientos de intelectuales y artistas cubanos del exilio, unieron sus firmas en cartas que condenaban los hechos de represión que, como ya dijimos, comenzaron a llamarse "Primavera Negra de 2003", y los argumentos de esas cartas, conjuntamente con la cantidad de figuras de reconocimiento universal que la firmaron, generó una contracarta de un reducido grupo de creadores cubanos de la isla, miembros de la oficialista UNEAC, titulada "Mensaje desde La Habana para los amigos que están lejos - Carta de intelectuales cubanos frente a los ataques a la Revolución", con la que Fidel Castro y sus comisarios culturales intentaban evitar una nueva ruptura al estilo "Caso Padilla".

El objetivo de esta contracarta era obvio: el reconocimiento internacional que había ido recuperando la isla en esos últimos diez años debía mucho a la labor promotora de intelectuales de izquierda norteamericanos, latinoamericanos y europeos que, al encontrarse la mayoría de ellos fuera de los circuitos tradicionales del poder cultural en sus países de origen, habían sido literalmente comprados por el gobierno cubano mediante invitaciones a la isla en calidad de huéspedes de honor, publicaciones o traducciones de sus títulos, e incluso salarios y contribuciones económicas a sus proyectos personales a cambio de su fidelidad a la "Revolución atacada por el imperialismo mundial". Innegable es que el impacto de las detenciones en Cuba fue tan grande que, incluso muchos de esos "fieles amigos", manifestaron duras críticas, como fueron el premio Nobel portugués José Saramago, el alemán Günter Grass (que defendió siempre al gobierno cubano aunque en su país fuera un crítico rabioso contra el comunismo) o el escritor uruguayo Eduardo Galeano.

La estrategia de la censura y la represión cultural cambió totalmente su discurso: por un lado, tomada ya la maquiavélica decisión de ofrecer una cara más permisiva al mundo —que evitara la estampida horrorizada de los pocos partidarios de "la Revolución" que permanecían fieles—, críticos, opositores o intelectuales disidentes, cubanos de la isla o el exilio, o de otras naciones, comenzaron a ser acusados de formar parte de una Quinta Columna contra la Revolución, preparada por instituciones norteamericanas y otras organizaciones internacionales, básicamente de Europa, que el gobierno cubano consideraba enemigas. Por otro lado, se inició una política más activa de reclutamiento de "intelectuales y artistas amigos confundidos"; estrategia que daría sus primeros pasos a través de un trabajo conjunto con las Asociaciones Pro Cuba, controladas por las embajadas cubanas en muchos países del mundo, y terminaría mostrando su verdadera cara como emporio del control de la cultura y la información mediante la inserción en la Alternativa Bolivariana para las Américas (ALBA, como se sabe, proyecto ideado por Fidel Castro y el presidente venezolano Hugo Chávez) del plan ALBA Cultural que, a partir de Casas de Cultura en todas las ciudades latinoamericanas, que se proponían "defender una verdadera cultura revolucionaria contra los ataques aniquiladores del monopolio capitalista", inició y mantiene hasta hoy una política sectaria de promoción artística, intercambios culturales y financiamiento de proyectos, condicionada a la fidelidad a los principios ideológicos de ese bloque político.

Esa estrategia censora y represora, como analizaremos en el capítulo final de este libro, se modificaría inteligentemente buscando adaptarse a las nuevas circunstancias históricas nacionales e internacionales, ocurridas tras la cesión del poder de manos de Fidel Castro a su hermano Raúl, en el año 2006, con adecuaciones muy particulares y claramente definidas luego de los dos grandes sucesos de la llamada "Era Raulista":

la implementación de una política oficial de "Cambios" (las comillas, obviamente, pretenden cuestionar ese término) que alcanzaría a todas las áreas de la hasta entonces estática sociedad cubana, y el restablecimiento de las relaciones entre Cuba y Estados Unidos, luego de cinco décadas de una guerra abierta y frontal entre ambas naciones.

Etiqueta: Quintacolumnistas

"La abierta hostilidad imperial ha logrado causarle a Cuba enormes daños no solo en el plano económico, sino también en el funcionamiento social y en áreas del pensamiento. Si el actual César reconoce que esa política no le sirvió al imperio para conseguir sus propósitos, se refiere al afán de doblegarla, ponerla de rodillas y obligarla a cambiar su sistema social por el capitalismo, aunque en un discurso habanero el mismo mandatario haya dicho otra cosa, oportunistamente. Si la nueva táctica lograse neutralizar a Cuba, se anularía la influencia de este país en el mundo, especialmente en nuestra América, donde la actual embestida de la derecha tendría un gran auxilio en el cese de la resistencia cubana, inspiradora de muchos de los más significativos procesos revolucionarios, antimperialistas, emprendidos en la región. Tal encrucijada nos llama a tenerlo todo claro en nuestro pensamiento y en nuestras relaciones con el mundo: no solo en particular con el imperio[66]".

Luis Toledo Sande, periodista y escritor.

En conversaciones con colegas intelectuales de eso que podemos llamar "izquierda nostálgica" (militantes en la izquierda con puntos de vista críticos hacia las actuales dictaduras latinoamericanas solapadas bajo el sello de "Socialismo del Siglo XXI", pero que mantienen la nostalgia de lo que supuestamente podría lograrse si se rescatara la

---

66 Toledo Sande, Luis. "Se trata de símbolos", *Cubadebate*, 21 de septiembre de 2016.

esencia original de la Revolución Cubana), y en foros o eventos intelectuales en los que he podido participar en la última década, me ha resultado sorprendente la facilidad con la que intelectuales de alto nivel, a quienes respeto por su inteligencia y sagacidad en otras áreas de análisis, creen ciegamente en la falacia de que contra Cuba, en el terreno cultural, existe un quintacolumnismo orquestado, financiado y dirigido por ese ente tan complejo e indefinible que los propagandistas y defensores a ultranza del castrismo llaman "el enemigo internacional". Apartando la "ingenuidad" (otros colegas menos indulgentes le llaman "estupidez") de considerar una unión anticubana tan cerrada entre Estados Unidos y la Unión Europea (dos "bloques enemigos", cuyas divergencias y luchas en todas las áreas son cotidiana y escandalosamente visibles), existen cientos de ejemplos que demuestran que precisamente en lo que se refiere a la cultura no existe tal confabulación en las acciones, proyectos y propuestas de estos bloques, y de otros "enemigos" menores, léase instituciones internacionales independientes defensoras de las libertades de expresión y los derechos humanos.

La realidad, si se analiza con honestidad lo que ha sucedido desde el 2003 hasta hoy, muestra que la única coincidencia real que existe entre todos esos bloques, sea cual sea su poder e incidencia en la opinión pública y en la política internacional, es el deseo ("malsano" según las autoridades cubanas) de que Cuba y los cubanos logren salir del totalitarismo en el cual hemos estado sumidos durante seis décadas, y que la isla pruebe otras vías de desarrollo que no sean las dictadas por un partido único aferrado a una ideología que, excepto en los sueños de sus líderes mundiales, ha demostrado ser un gestor nefasto de la vida económica, social y política de los países donde se ha implantado. Bastaría con echar una mirada superficial a los comportamientos de Estados Unidos y la Unión Europea en un sólo aspecto: sus relaciones con Raúl Castro desde que Obama decidió abandonar la usual política de confrontación, para darse cuenta de que no existe consenso, de que sus tácticas y proyecciones difieren casi abismalmente, y de que lo que sí prima es la eterna táctica de contraataque entre la Casa Blanca y el Parlamento Europeo (en este caso, en los intentos por ambas partes de ver cómo llevarse más pedazos del pastel cubano en la Cuba actual y la que podría existir con cambios que no sean los cambios cosméticos actuales).

¿Cómo es posible entonces que se hable de una estrategia *unificada* de destruir "la Revolución" mediante acciones puntuales quintacolumnistas en ámbitos tan distintos, distantes y complejos como la literatura, la historiografía, el periodismo, el empresariado independiente y las instituciones de la sociedad civil? Resulta risible aceptar tan livianamente la existencia de tan "malintencionado" plan unificado, porque cualquier persona que conozca el funcionamiento de estos ámbitos generadores de ideas dentro de una sociedad (y aún más, todo el que conozca cómo se desenvuelven estos ámbitos en las condiciones cubanas) sabe que se necesitarían una serie de "ministerios internacionales diferenciados" para analizar, gestionar y garantizar que tal estrategia funcione, sin contar la multimillonaria inversión financiera que se requeriría para que dicho plan, de existir, no se quedara solamente en la "mala idea" de sus gestores.

Pero sí..., inconcebiblemente, basta mirar en internet para comprobar cómo renombrados politólogos o filósofos afines al castrismo, y al Socialismo del Siglo XXI, escriben largos artículos, ofrecen extensas charlas o hablan por horas en entrevistas, dejando la idea de que el enemigo clásico (aquel famoso "Tío Sam" que representa al imperialismo norteamericano) ahora ha decidido aparecer luciendo su infaltable sombrero con la bandera americana, un escudo azul con el círculo de estrellas de la Unión Europea colgado en un brazo, y el rostro travestido entre la vivacidad huesuda (y maléfica) del viejo Tío Sam y la mofletuda (y perruna, para ellos) cara de Ángela Merkel.

Bajo ese criterio, "el enemigo", a través de su plan unificado de desestabilización, ha sembrado quintacolumnistas en el gremio de los escritores en la isla, apoyándose en escritores, editoriales, eventos y revistas de la diáspora cubana a las que, ¡vaya casualidad!, los comisarios culturales castristas acusan de recibir financiamientos de la CIA, a través de USAID, NED u otras entidades, y unificándolas también como si fueran un único ente del mal, obviando a conveniencia que el universo literario del exilio es de una diversidad tal que sus divisiones sobre el modo en que los escritores del exilio deben proyectarse sobre Cuba y sus avatares políticos son más que visibles. En la historiografía, terreno donde el oficialismo tiene en la isla el monopolio total, y que además es curiosamente uno de los espacios de menos desarrollo e impacto público comparado a otras zonas de creatividad cultural y de pensamiento en el exilio, supuestamente también existe una estrategia unificada de quintacolumnismo, basada en darle validez o rescatar de un "merecido olvido" a figuras y momentos históricos anteriores a "la Revolución", como es el caso, por ejemplo, del General Fulgencio Batista (a quien los historiadores oficialistas satanizan, eliminando ciertas partes muy interesantes, e incluso progresistas, de su trayectoria vital en la historia del siglo XX) o de ese complejo período, también satanizado, la "Seudorepública", del cual las versiones oficiales castristas han eliminado todos sus momentos luminosos e históricamente fundacionales para la nación.

En el periodismo, la existencia de un punto de convergencia entre los proyectos de Estados Unidos y de la Unión Europea (enfrentar a los jóvenes periodistas cubanos con el periodismo plural, abierto, diverso e ideológicamente representado en su totalidad, que existe en otras partes del mundo y que nada tiene que ver con el universo monopólico de la información que según la propaganda gubernamental rige los destinos informativos del planeta) es también vista como una estrategia unificada para, nuevamente desde el quintacolumnismo, remover los cimientos de ese baluarte del poder de "la Revolución" que es la prensa. Y bajo esa turbia perspectiva, generada en La Habana por un grupo de reconocidos talibanes de la información (Iroel Sánchez, Rosa Miriam Elizalde, Randy Alonso, Lázaro Barredo, Reinaldo Taladrid, et al.) han sido cuestionados incluso proyectos independientes que, en universidades norteamericanas, europeas o instituciones progresistas y de izquierda del periodismo en Latinoamérica, Europa y Estados Unidos, intentaban honestamente colaborar en la preparación profesional de los periodistas cubanos.

1.- Las mafias del poder intelectual

"La oficialidad refrenda a ese tipo de intelectual, que evita un comportamiento problemático, capaz de convertirse en vocero coyuntural, o de prestarse para confundirse entre la masa coral, dando la imagen de que las consignas y los discursos gastados, impersonales, también provienen de los cauces por donde se van armando las calidades artísticas de estos creadores. Intentamos, aprendemos a sobrevivir en las grietas del pedazo de espacio al aire libre que nos tocó. Este efecto camaleón es, también, aceptémoslo, herencia de nuestros periodos grises, legado de nuestro afán de supervivencia y nuestro endémico instinto de adaptación. Lo peor es que vida pública y oficialidad en Cuba llenan el mismo espacio, y las grietas que la política deja en la realidad pueden hacerse tan pequeñas que finalmente ni Dios habite en ellas. Entre ese miedo que nos sube la adrenalina [...], debíamos dejarle lugar a un poquito de vergüenza por nosotros mismos"[67].

Francis Sánchez, escritor.

---

67 Sánchez, Francis. "Respuesta a Arturo Arango". Dossier "Pavongate o La Guerrita de los Email, 2007", en numerosos sitios de descarga gratuita en internet.

Los tres últimos años de la "Era Fidelista" (2003-2006) y los diez años de la "Era Raulista", aunque son llamados así porque se trata de dos momentos históricos claramente distinguibles en las estrategias políticas, económicas y de proyección internacional, pueden analizarse como un único período en lo referido a la cultura precisamente por lo estática que ha sido la estrategia de censura y represión..

Ya desde los sucesos de la "Primavera Negra" en 2003 la cultura cubana sufrió una rara metamorfosis: si bien es cierto que durante los años finales de la década del 80 y en la del 90, salvo excepciones, el comportamiento sutil de los censores y represores hizo creer a muchos en una apertura y una permisibilidad oficial en los escenarios del arte y la cultura, también es innegable que en estos trece años se produjo la pérdida de credibilidad de las instituciones culturales oficiales, que, sin dudas, comenzaron a verse como apéndices totalmente maniatados por la política y la ideología. El atrincheramiento de esas instituciones al lado del poder político en momentos climáticos del descontento de los artistas y escritores a quienes debían defender, terminó de destruir la falsa imagen de representatividad que en algún momento llegaron a tener y las fue convirtiendo en simples agencias de viajes (UNEAC, Asociación Hermanos Saíz, Ministerio de Cultura), en terrenos vedados de difícil acceso (editoriales nacionales y Feria Internacional del Libro, en el caso de la literatura) o en espacios sin importancia, de consuelo (las pequeñas y atrasadas editoriales provinciales y las ferias del libro regionales), ante la imposibilidad de acceder a otros escenarios reservados a las "viejas glorias" o a los "carneros fieles".

En lo concerniente a la concentración del poder cultural —una lucha intelectual entre las diversas generaciones o facciones en torno a lo que debe ser "la cultura revolucionaria", que ha tenido un rol protagónico en las diferentes y sucesivas etapas de la represión cultural desde los primeros años de "la

Revolución"—, este período simboliza el triunfo de una estrategia trazada por una facción muy singular, la llamada "Generación del 80", a la cabeza de la cual está el narrador y ensayista Abel Prieto Jiménez. El más alto representante, y el más reconocido de esta generación a nivel internacional es precisamente el único que se ha alejado de todos esos espacios de poder para dedicarse a su obra: Leonardo Padura, Premio Princesa de Asturias 2015, quien ha dicho pertenecer a una generación "perdida", "frustrada", "aplastada" por las circunstancias históricas. El resto de los creadores —se trata de un grupo de autores, artistas e intelectuales nacidos durante la década del 50, que llegaron a su madurez artística y literaria en los momentos más duros de la represión de los 70— han emigrado o se han convertido en funcionarios activos de la Política Cultural de la Revolución, siguiendo con una fidelidad ciega los dictados y las jugadas de posicionamiento del *capo di tutti capi*, Abel Prieto, él mismo un ejemplo del ascenso político de muchos de los integrantes de este consorcio: luego de estudiar Letras en la Universidad de La Habana, ejerció como profesor de Literatura y, más que por méritos propios, aprovechándose de la historia y las relaciones políticas de su padre[68], consigue llegar a diversas responsabilidades, entre ellas ser nombrado director de la editorial Letras Cubanas (la casa editora insignia del país), luego Presidente de la UNEAC (de 1988 a 1997), Ministro de Cultura (de 1997 a 2012), Asesor del Presidente de los Consejos de Estado y de Ministros (es decir, de Raúl Castro, de 2012 a 2016) y desde julio de 2016, ante la necesidad de "conducir con mano experta el combate contra las campañas culturales dirigidas a destruir nuestra invicta Revolución"[69]) es nombrado nuevamente

---

68 Abel Prieto Morales, padre de Abel Prieto Jiménez, es apenas mencionado en la historiografía oficial cubana (y su hijo tampoco suele mencionarlo). Sus méritos más reconocidos son haber tenido una relación de amistad con Fidel Castro y haber sido un conocido ideólogo extremista de la política homofóbica del gobierno castrista en los años 60 y 70, siendo un defensor de la llamada "Teoría del Contagio Homosexual".

69 *Cubadebate, Granma, Juventud Rebelde*, 9 de julio de 2016.

Ministro de Cultura, para terminar finalmente, hoy, como Presidente de la Casa de las Américas.

La utilización en el párrafo anterior de los términos "facción", *"capo di tutti capi"* y "consorcio" para hacer referencia a este grupo tiene su basamento en el nombre de este capítulo (las mafias culturales): anécdotas conocidas en Cuba, contadas por los escritores Francisco López Sacha, Carlos Martí, Norberto Codina, Arturo Arango, Reinaldo Montero, dan fe de una propuesta generacional establecida como estrategia de posicionamiento para ocupar todos los espacios culturales importantes en la isla con escritores de dicha generación, cercanos todos al capo mayor, Abel Prieto.

Recién llegado desde Santiago de Cuba a La Habana, apenas comenzando entonces mis andanzas en la literatura nacional gracias a que había ganado un importante premio literario, fui testigo de una de aquellas reuniones en las que Abel, a quien recientemente habían nombrado Presidente de la UNEAC, comentó con pasión y casi rabia que ellos tenían la responsabilidad de poner el punto final a la desastrosa era de Armando Hart Davalos[70] al frente de la cultura y que cada uno de los pasos de esa generación debían encaminarse a ese propósito. Años después, en una fiesta en casa del escritor Eduardo Heras León, celebrando la designación de Abel Prieto como Ministro de Cultura, le oí decirles a varios colegas de su generación que había llegado su hora. Y lo cierto es que, aunque ya algunos de ellos se habían posesionado en cargos de decisión cultural en ministerios, revistas, editoriales y otras instituciones, a partir de ese momento salvo el monopolio de la Casa de las Américas (que dirigía desde años atrás el poeta y ensayista Roberto Fernández Retamar) y la Fundación Alejo

---

70 Armando Hart Dávalos (La Habana, 1930. Ex dirigente estudiantil reformista, abogado, revolucionario y político. Como dirigente del Movimiento 26 de Julio participó activamente en la Revolución cubana de 1958-1959. Fue Ministro de Educación de Cuba entre 1959 y 1965 y Ministro de Cultura desde 1976 a 1997.

Carpentier (que muy celosamente capitaneaba la viuda Lilia Carpentier) apenas quedó en la estructura cultural cubana un puesto oficial que no estuviera ocupado por algún miembro de esta generación, por útiles funcionarios que por edad pertenecían a esta generación, o por miembros de otras generaciones muy cercanos a nuestro *capo di tutti capi.*

A este grupo, al tiempo que desarrollaban nuevas estrategias que incluían un mayor ámbito de representatividad cultural para los creadores, ciertos espacios de diálogo y crítica que no sobrepasaran límites negociados previamente con el poder político, y aperturas en otros aspectos del desarrollo cultural —que convertían el nuevo escenario en un paraíso en comparación con la estática atmósfera de limitaciones y politizaciones abiertas que caracterizaron al período de Hart como Ministro de Cultura—, corresponde la responsabilidad de la "sutilidad represiva" como nuevo método de control de la cultura.

En los corrillos culturales de la isla existen numerosas evidencias de los estragos de este entramado de poder, escandalosas anécdotas e incluso reacciones airadas de algunos artistas, escritores o intelectuales serios que muestran que son estos capos generacionales los responsables directos de la readecuación de las burdas tácticas represivas de los años 70 y 80 en estrategias solapadas que invisibilizaban (hoy sigue siendo así) tanto a los actos censores y represivos como a los cerebros o gestores reales de esa "diplomacia" de control. A sus gestiones al frente de la política cultural se debe también la notoria división generacional que ha debilitado la escena cultural desde finales de los 90 hasta la actualidad (En lo literario, por ejemplo, fueron los críticos miembros de esta generación los que parcelaron las tendencias, etiquetaron autores y se convirtieron en gurús del canon y de las obras que debían ser promovidas nacional e internacionalmente). Han sido ellos los aplicados obreros que intentan solidificar el muro que divide a la cultura hecha en la isla de la creación cultural en la diáspora, atacando con especial saña a aquellos colegas generacionales que partieron al exilio y tuvieron la suerte de encontrar trabajo en instituciones, revistas o proyectos culturales críticos a la Revolución (como Coordinador en Cuba del proyecto Colección Cultura Cubana, del cual se hablará más adelante, doy fe y tenemos las pruebas de que las orientaciones contra escritores exiliados como Luis Manuel García Méndez, Félix Luis Viera, Carlos Alé Mauri y Antonio Álvarez Gil, por sólo poner algunos ejemplos de escritores que han continuado creando una excelente obra fuera de la isla, partieron de las oficinas de Abel Prieto, Carlos Martí y Francisco López Sacha, en momentos en que estos eran Ministro de Cultura, Presidente de la UNEAC y Presidente de la Asociación de Escritores de la UNEAC, respectivamente).

Un prístino ejemplo de los límites a los que pueden llegar este tipo de ataques podría ser el más triste suceso ocurrido durante la Feria Internacional del Libro Guadalajara 2002. Quienes tuvimos la suerte de asistir a esa feria, podemos testificar sobre la bochornosa manipulación que hicieron Abel Prieto y sus satélites generacionales de una situación familiar muy específica: los más importantes eventos contestatarios de la diáspora cultural cubana durante dicha Feria dedicada a Cuba estaban encabezados por el ensayista e historiador Rafael Rojas, hermano de Fernando Rojas, filósofo e historiador, entonces Director del Centro Nacional de Cultura Comunitaria (dependencia del Ministerio de Cultura), a quien "casualmente" designaron para enfrentar los ataques del enemigo. En simples palabras, en vez de proteger a un útil funcionario (un hombre inteligente y de una altísima cultura como es Fernando Rojas, aunque también sea uno de los más rabiosos talibanes en la escena cultural insular), Abel Prieto y sus asesores de la policía política decidieron ponerlo a prueba, obligándolo a preparar todas las acciones contra aquellas actividades en las que participaría su hermano Rafael. Creo que sobran las palabras.

Inconcebiblemente, además, a las tácticas de control generadas por ellos se deben las limitaciones que durante años han tenido en la isla las luchas de ciertos sectores intelectuales minoritarios pero de mucho prestigio para dar solución a temas álgidos dentro de la población (temas que, justo por ese impacto popular, preocupan a los dirigentes políticos) como el racismo y la integración real del negro en espacios que no sean sólo la música y las danzas afrocubanas; la violencia doméstica y familiar (y por extensión, todo acto violento, que incluye la violencia oficial política, en una sociedad cada vez más violenta); las aspiraciones de igualdad para el grupo social que hoy se conoce como LGBTI (fueron ampliamente conocidos en la década del 90 los silencios de estos comisarios ante actos represivos o sus negativas burocráticas para la aceptación de los shows y espacios de expresión de la cultura travesti) o las exigencias de aquellos jóvenes creadores, descontentos con las instituciones culturales oficiales (léase Asociación Hermanos Saíz, UNEAC, revistas culturales oficiales, editoriales estatales), que pedían (o intentaban con sus propios recursos) crear espacios, eventos, revistas o editoriales independientes, proyectos que eran rápidamente atacados y censurados con la aprobación de estos comisarios.

Además, otras dos reacciones resultan visibles: por un lado, el estallido de una creatividad alterna a las instituciones donde el protagonista es el creador que hace su obra divorciado de toda institucionalidad o la unión de creadores (la blogósfera independiente, por ejemplo), y por otro lado, la focalización del discurso de los comisarios y de las instituciones culturales en la defensa de "las esencias nacionales" contra los ataques "neocolonizadores" de una supuesta quintacolumna financiada por los enemigos de la Revolución Cubana. La evidencia más clara ha sido la politización creciente de las Ferias Internacionales del Libro de La Habana en todos estos años, convirtiéndose así ese evento en uno de los mayores promotores del proyecto ideológico de la Alternativa

Bolivariana para las Américas (ALBA) ideada por el expresidente venezolano Hugo Chávez y Fidel Castro en el 2004. Pero también debe agregarse que el Proyecto Cultural ALBA, con sede en La Habana y sucursales en los países miembros de este grupo, ha servido para atraer a los creadores ofreciéndoles espacios de publicación o promoción (sutilmente condicionados a su respaldo político al proyecto) en el caso de los latinoamericanos; para callar el descontento de los creadores cubanos de la isla (con viajes y períodos de "colaboración cultural" en los países del ALBA), y también para reclutar a importantes sectores de la intelectualidad internacional.

El discurso censor se ha concentrado en ofrecer la idea de que se quiere destruir "la Revolución" y el proyecto socialista en América Latina a partir de la estructuración internacional coordinada de un plan para confundir a importantes figuras de las letras, las artes y el pensamiento en la isla, haciéndolos actuar como quintacolumnistas. Resulta sintomático que esas palabras comiencen a aparecer con frecuencia a partir del 2004 en los discursos, intervenciones y entrevistas concedidas a la prensa nacional e internacional por cualquiera de los cinco comisarios políticos vinculados a la difusión de la política cultural de entonces hasta hoy: el escritor Abel Prieto (quien, ya se ha dicho, es una especie de Sumo Pontífice de la censura y la represión en Cuba en las últimas tres décadas), el ingeniero y periodista Iroel Sánchez (expresidente del Instituto Cubano del Libro, que trabaja en la Oficina para la Informatización de la Sociedad Cubana), el escritor y filósofo Eliades Acosta Matos (quien ejerció como Jefe del Departamento de Cultura del Comité Central del Partido hasta que fue destituido), Fernando Rojas (actual viceministro de Cultura) y el escritor Miguel Barnet, hoy presidente de la UNEAC.

Es necesario aclarar que esa categoría: quintacolumnistas, tuvo un basamento en parte real. Hasta el presente, el gobierno cubano ha tildado de "mercenarios" a todos aquellos enemigos vinculados directamente a funcionarios o entidades de Estados Unidos en La Habana o fuera de la isla y esa etiqueta suele tener un toque más centrado en lo político. Pero en Cuba, en esos años iniciales del siglo XXI, los estrategas políticos no sabían cómo catalogar, ni en que estructura de ataque encasillar a muchos escritores, artistas e intelectuales que habíamos logrado hacer nuestra obra fuera de las instituciones (en mi caso, en editoriales europeas gracias a mi agente literario Ray Güde Mertin). A pesar de las críticas, no podían encasillarnos como "mercenarios" porque la mayoría habíamos rechazado contundentemente los acercamientos de funcionarios de la Oficina de Intereses de Estados Unidos en La Habana. Suele pensarse que ese rechazo del mundo de la cultura en la isla hacia los funcionarios o proyectos de esa representación norteamericana se debe al miedo que se siente por la represión, y aunque no puede negarse que muchos tienen ese miedo, en otros muchos casos (como el mío), a pesar de haber recibido decenas de invitaciones, la negativa se debía a que, haciendo gala de la torpeza, incomprensión y desconocimiento del sector cultural que siempre han tenido, esos representantes "del imperio" se acercaban a nosotros tratándonos como a lacayos, irrespetando nuestras ideas o condicionándonos de antemano las "ayudas" que podían ofrecernos. Por esa razón, los censores necesitaban aferrarse al término de quintacolumnistas para poder encasillarnos de algún modo en sus esquemas de control: según su idea, supuestamente estábamos confundidos, mal informados, y eso nos impedía ver que nuestras exigencias o críticas al gobierno servían perfectamente al plan destructivo de los enemigos del que debía ser "nuestro proyecto social".

Fueron (son aún) tiempos en que la desinformación dentro de la isla, la política de plantar el miedo (no ya sólo a la represión tácita, sino también y sobre todo al cierre de puertas para la realización profesional: "en Cuba sabes que tienes que bajar la cabeza si quieres publicar y te hacen creer que fuera de la isla te mueres como escritor por la voracidad del capitalismo", me dice el escritor Rafael Vilches Proenza en una carta reciente), el aprovechamiento político de la división de los creadores mediante el fomento silencioso de las guerras entre las capillas y los grupos ("todos sabemos que dar apoyo a la escuela del chino Heras [el escritor Eduardo Heras León, fundador del Centro Nacional de Formación Literaria "Onelio Jorge Cardoso"] es una estrategia para debilitar al grupo que llaman "Lobby Gay", que es muy crítico con la política cultural", sigue diciendo Vilches), y la vieja política de desacreditar moralmente con infundios o media verdades a los creadores que se enfrentan o son críticos con la gestión del gobierno, facilitan que muchos casos de censura y represión no reciban la condena que el gremio debería hacer de esos casos. Pero también la callada docilidad que han manifestado durante décadas la mayoría de los escritores, artistas e intelectuales ante los desmanes de la represión y la censura difuminó tanto el escaso protagonismo que pudieran ejercer como interlocutores entre la sociedad y el poder político que ni siquiera en aquellos pocos casos en los que intentaron defender a sus colegas han sido escuchados.

Me aprovecharé de que la información sobre muchas de las violaciones de censura y represión cultural en la isla, en este período, es fácilmente accesible en internet, e intentaré resumir, brevemente, los casos que sí han tenido alguna resonancia nacional y también, sobre todo en los últimos años gracias a las nuevas tecnologías, internacional.

2.- Resumen de otras malas noticias

"¿Libertad para escribir? En Cuba tenía toda la libertad del mundo para escribir lo que me diera la gana, como así hice: *La tabla, Mala jugada* y otros libros aún inéditos. Claro, tenía que estar dispuesto a pagar el precio de la cárcel y la persecución. Lo que sí no tenía en Cuba era ninguna libertad de publicación, un precio que también tenía que estar dispuesto a pagar. No hay un mejor sitio para escribir si se tiene talento y valor para no venderse. [...] Bajo una tiranía se puede escribir buena literatura, pero tiene que ser una literatura contra o al margen de esa tiranía, nunca sometida a los dictámenes de sus sargentos culturales[71]".

Armando de Armas, escritor cubano.

Como explicó el escritor Ángel Santiesteban en el prólogo a mi ensayo "Palabras amordazadas. Censura en Cuba"[72], la reacción oficial contra uno de mis libros y contra uno de los proyectos culturales en los que tuve protagonismo son considerados en la isla dos de los más deleznables actos represivos de la dictadura en el comienzo del siglo XXI y se les cita como el "Caso Habana Babilonia" (cuya resonancia se extendió desde 1999 hasta mi destierro en 2005) y el "Caso Colección Cultura Cubana de Patricia Gutiérrez Menoyo" (2002-2005). Por su importancia, y para no opinar directamente, me limitaré a reproducir las palabras de Santiesteban en el ensayo citado:

"Habana Babilonia, el mayor traspié de la censura en Cuba

Amir Valle es el autor del que es considerado el mayor bestseller underground en la historia de la literatura cubana: *Habana Babilonia ó Prostitutas en Cuba*, una profunda investigación que va desde las primeras "mujeres de la vida" que vinieron con Cristóbal Colón en el viaje en que descubrió la isla de Cuba hasta el estallido de la prostitución a causa de la crisis económica que comenzó en Cuba tras la caída del socialismo en Rusia y

---

71   de Armas, Armando. "Cuatro respuestas". NeoClub Press, 22 de Mayo de 2011.

71   Valle, Amir, *Palabras amordazadas. Censura en Cuba*, Colección Censura en el Mundo, Fundación Eva Taz, Holanda, 2016.

Europa. Periodista graduado en la Universidad de La Habana en 1989, pasó varios años metido dentro del mundo de la prostitución y la marginalidad para escribir este libro, con el que tiempo después, al ser publicado en 2006 por la editorial Planeta, obtendría el prestigioso Premio Internacional Rodolfo Walsh, que se concede cada año al mejor libro de no ficción publicado en lengua española. Además, ha sido señalado por la crítica literaria especializada como un clásico del género en Latinoamérica y existen decenas de doctorados y tesis sobre el libro.

Pero su circulación en Cuba fue clandestina, años antes de que fuera publicado (aún las editoriales cubanas no lo han hecho). Miles de copias impresas o digitales se pasaron los cubanos, de mano en mano, a escondidas del gobierno. Y esa impresionante circulación se debió precisamente a varios actos de censura contra esta obra, que alimentó en el pueblo el morbo por lo prohibido.

En 1999, luego de cinco años de trabajo, Amir terminó el libro y, con el título *Sade nuestro que estás en los cielos o Prostitutas en Cuba,* decidió presentarlo al género Testimonio del Premio Literario Casa de las Américas, como se sabe, el más importante galardón literario en América Latina después del Premio de Novela "Rómulo Gallegos". Por esos días, escritores de nuestra generación habían sido invitados a un taller que sesionaba en La Habana y muchos fuimos testigos de un rumor que nos enorgulleció: dos de nuestros colegas y amigos, Alberto Garrido y Amir Valle habían ganado el premio en las categorías de cuento y testimonio, respectivamente. Años después conoceríamos algo que Amir no quiso contar entonces, por respeto a quienes pusieron las pruebas en sus manos: hubo manipulación por parte del jurado a la hora de valorar su obra, uno de los jurados[73] (que argumentó su criterio diciendo que el libro no resultaba conveniente a los momentos que atravesaba el país) dio parte a la policía política y, a pesar de que le habían hecho saber extraoficialmente a Amir que lo había obtenido, el premio fue dejado desierto. Soy testigo, porque estuve allí, de que la noticia del despojo del premio se regó por La Habana y de que en la ceremonia de premiación, cuando el presidente del jurado leyó el acta y declaró el premio Desierto, hicimos un abucheo de protestas que llamó la atención de asistentes y prensa extranjera. Al día siguiente y durante varias semanas, medios de prensa extranjeros consignaron que "un cubano había sido despojado del premio Casa de las Américas por razones políticas".

¿Cómo llegó a convertirse ese libro, no publicado, en un bestseller clandestino? En el 2004, luego de mucho investigar, el agente literario de Amir, la alemana Ray Güde Mertin, haría saber que habían llegado a descubrir cómo era que había comenzado a circular el libro en Cuba: alguien fotocopió una de las copias enviadas al premio, lo convirtió en Word y lo puso en un CD que circulaba por la isla en ese tiempo (año 2000) con obras prohibidas por el gobierno, entre las cuales estaban *Antes que anochezca*, de Reinaldo Arenas, algunos libros de Mario Vargas Llosa, *La hora final de Fidel Castro*, de Andrés Openheimer y *Habana Babilonia*... Era también el momento en que comenzaba a implantarse en el país el sistema de correo electrónico controlado a través de la "intranet" (una especie de internet sólo para Cuba, sin acceso a un internet abierto real) y eso hizo aún más viral la circulación del texto.

---

73 En otros sitios ya se ha revelado que se trató del escritor cubano Miguel Barnet, quien junto a la también cubana Isabel Monal y al argentino León Rozichtner integraba el jurado.

Fue así como el intento de censurar el libro quitándole el premio se convirtió en su mayor promotor: en esa primera etapa, el libro llegó a miles de lectores cubanos. Pero, rabiosos por su fracaso, las autoridades culturales y políticas comenzaron una campaña silenciosa contra el texto en los centros de trabajo del país: "está circulando un documento contrarrevolucionario", era la máxima de esa campaña que, nuevamente, atraería más lectores hacia la obra, aunque también por desgracia se produjeron despidos, actos de repudio contra trabajadores que habían sido descubiertos mientras imprimían o copiaban digitalmente un texto "enemigo de la Revolución". Finalmente, al ser publicado el libro en el 2006 (ya Amir residía en Alemania, forzado al destierro), debido a la resonancia internacional que obtuvo esa edición, el propio Fidel Castro en una de sus últimas apariciones televisivas atacó la obra, tildando de "jineterólogos" a una periodista cubana emigrada que entrevistó a Amir y, días después, al propio autor. Fue el impulso censor que faltaba para que los cubanos se lanzaran en masa a perseguir dicho libro que, aún hoy, sigue siendo un bestseller clandestino que nuevas generaciones de cubanos buscan desesperadamente.

La Colección Cultura Cubana: otro golpe de la censura

Una nueva ola de rabia atacaría a las autoridades culturales y a la policía política que controla el mundo de la cultura en Cuba cuando Amir Valle decidió asumir en 2002 la responsabilidad del único evento contestatario que hasta hoy ha sido aceptado oficialmente en las Ferias Internacionales del Libro en Cuba: las presentaciones de los títulos publicados por la editorial puertorriqueña Plaza Mayor en su Colección Cultura Cubana.

Dos retos tenía que asumir la política cultural oficial ante este proyecto: el primero, que la Colección publicaría (y presentaría en Cuba y fuera de Cuba) a escritores de ambas orillas, como un intento de romper el muro de división que la Revolución había construido entre los escritores cubanos de la isla y el exilio; y el segundo, que el proyecto estuviera dirigido por Patricia Gutiérrez Menoyo, hija de uno de los míticos guerrilleros rebeldes, antiguos compañeros de lucha de Fidel Castro: Eloy Gutiérrez Menoyo[74], quien fuera de los primeros líderes que se alzaron contra el rumbo comunista y totalitario de la Revolución.

Pero eran años en que los estrategas de la política cultural cubana habían convencido a Fidel Castro de la necesidad de ofrecer una imagen de apertura al mundo. Comenzaba así una estrategia dirigida a recuperar el apoyo de la intelectualidad de izquierda internacional, que se había alejado durante dos décadas de la Revolución debido a la innegable represión cultural impuesta en la isla a partir del llamado "Caso Padilla" [...]

Siguiendo esa estrategia comenzó a permitirse la publicación de textos de escritores que ofrecían algunas perspectivas críticas leves, se comenzó una campaña para invitar y publicar en editoriales nacionales a escritores cubanos exiliados (siempre y cuando su

---

74 **Eloy Gutiérrez Menoyo** (Madrid, 1934 - La Habana, 2012) Originalmente fue uno de los comandantes de la Revolución Cubana desde 1959 hasta 1961, año en que, descontento con el rumbo comunista del proceso, se exilió y comenzó a realizar operaciones para derrocar al nuevo gobierno desde Estados Unidos. Junto al Ché Guevara y William Alexander Morgan era el tercer comandante barbudo no nacido en Cuba. Dirigió las operaciones militares de la organización anticastrista "Alpha 66", con la cual regresó a la isla, donde fue apresado y condenado a 30 años de prisión. Fue liberado en 1986 y siete años más tarde fundó "Cambio Cubano", movimiento político que proclama un diálogo entre el Gobierno y sus opositores internos y en el exterior.

postura no fuera tan crítica contra la Revolución), se realizó la edición de la obra de algunos escritores cubanos que habían muerto en el exilio, y se permitió incluir en las revistas nacionales menciones a la obra de autores, artistas, músicos o intelectuales que durante décadas habían sido absolutamente prohibidos. Fue bajo esa estrategia que se aprobó la presencia en las Ferias Internacionales del Libro de la editora Patricia (año 2000) y, a partir del 2002, las presentaciones oficiales de los títulos que su editorial comenzaría a publicar.

Justamente en el 2002, Amir Valle asume el cargo de Coordinador de Plaza Mayor en Cuba y, hasta su salida de la isla en octubre del 2005, nuevamente vuelve a convertirse en el centro de los ataques de los censores y represores que intentaron y no consiguieron que dicha editorial cumpliera la exigencia de moderar en sus promociones y publicidad el lenguaje crítico hacia la política cultural segregacionista del gobierno y de no publicar a autores que atacaran a la Revolución. Pero, al ser una clara posibilidad de publicar fuera de Cuba (posibilidad que el gobierno sólo concedía a algunos escasos autores en pago a sus servicios como portavoces de la Revolución), la atención de la mayoría de los escritores cubanos cayó sobre el trabajo que realizaba Amir para la editorial Plaza Mayor desde su casa en Centro Habana; trabajo en muchas esferas que se concretó en la publicación de 30 títulos (24 de ellos gestionados personalmente por Amir) y en la celebración de dos ediciones de un premio de novela, al cual podían presentarse autores de la isla y del exilio.

Ante la negativa de Patricia y Amir de aplicar a la Colección Cultura Cubana la visión censora que las autoridades culturales pretendían imponerles, en mayo de 2002, el Ministro de Cultura, Abel Prieto, en reunión con los directores provinciales de ese ministerio en todo el país, inició una campaña de desacreditación del proyecto y de su Coordinador. En reunión posterior emitiría la orden de que no se le contratara en ninguna institución cultural, de que no se le diera ningún espacio promocional, ni se le publicaran sus libros o se incluyeran obras suyas en antologías o revistas nacionales. Aún así, ese propio año, Cuba es Invitada de Honor a la Feria Internacional del Libro de Guadalajara (la más importante de su tipo en América Latina) y, luego de muchas negociaciones y condicionamientos, la delegación cubana acepta la participación de la Colección y de varios de sus autores residentes en la isla.

Todo este ambiente enrarecido, que terminó de convertir a Amir en un "apestado", en un marginado social, alguien a quien los escritores no debían acercarse para "evitar contaminarse", se hizo aún más duro cuando en el año 2003 el comandante Eloy Gutiérrez Menoyo, que residía desde 1986 en Miami, hace uso de sus derechos como ciudadano español nacionalizado cubano y decide regresar a Cuba para exigir un espacio legal a su grupo político "Cambio Cubano". A partir de ese momento, sus visitas a la casa de Amir se hacen cotidianas. Y en estas circunstancias, el reto que la figura de Amir representó para la Seguridad del Estado cubana fue tan grande, que lo declararon "colaborador del enemigo" y, para controlar de cerca sus movimientos y saber lo que pensaba, le colocaron un espía, el escritor Raúl Antonio Capote (agente "Daniel" de la policía política), aprovechándose de la amistad y la estrecha relación personal que desde muy jóvenes mantenían ambos escritores.

En el 2004 el gobierno cubano decide poner freno al trabajo de Patricia y Amir, considerando que era una labor demasiado peligrosa y contaminadora para la cultura cubana, pues pese a todos los ataques recibidos y pese a toda la propaganda engañosa desplegada contra el proyecto, la Colección Cultura Cubana seguía sumando admiradores y apoyo entre la intelectualidad cubana de la isla y del exilio. Finalmente, la Feria Internacional del Libro La Habana 2004 les daría el pretexto: durante la presentación de los últimos títulos publicados por la Colección, con la sala repleta de asistentes, Patricia Gutiérrez Menoyo lanzó un discurso demasiado crítico y provocador para el gusto de los censores. En ese discurso, la editora denunciaba los numerosos impedimentos a los que debía enfrentarse el proyecto: cambios de local y de programa sin aviso previo, desinformación para confundir a los lectores, retrasos de los procesos aduanales para evitar que los libros estuvieran en la feria a tiempo, nuevas presiones a autores de la isla y la prohibición al escritor Luis Manuel García de que viajara a Cuba a presentar su libro de cuentos *El éxito del tigre*. Patricia hizo saber en el discurso que tal prohibición se debía a que este escritor, residente en España, era también editor de la revista *Encuentro de la Cultura Cubana* (prohibida en Cuba) y leyó al público un mensaje de denuncia que enviaba Luis Manuel desde Madrid y otra carta que, desde Suecia, enviara el novelista cubano Antonio Álvarez Gil, quien anunció claramente que se negaba a venir a Cuba en solidaridad con su colega Luis Manuel y con los 75 periodistas que habían sido encarcelados durante la llamada "Primavera Negra" en el 2003, por el único "delito" de informar al mundo sobre la verdadera situación de los cubanos que la dictadura pretendía ocultar.

Las medidas represivas no se harían esperar: había que acallar totalmente la voz de Amir Valle, pues así se cortaba la influencia del proyecto editorial de Patricia Gutiérrez Menoyo sobre la intelectualidad cubana. El 3 de febrero de 2005, días antes de iniciarse una nueva edición de la Feria, a la cual ya la Colección no había sido invitada, la red CUBARTE (servidor que ofrece servicios de correo electrónico a los artistas y escritores cubanos) le comunica a Amir que "Hemos venido verificando el uso indebido del correo para difundir información no acorde a los intereses de la red Cubarte y por ello hemos decidido suspenderle ese servicio". El "uso indebido" al que se refería esa sentencia de corte fascista era la revista *Letras en Cuba*, publicación independiente que Amir elaboraba, diseñaba y enviaba a miles de lectores fuera de la isla a través de su correo electrónico, pues jamás se le concedió acceso directo a internet. *Letras en Cuba* llegaría a tener 30 números y circulaba en momentos en que ninguna otra revista cubana se había propuesto entrar en el circuito abierto de información que permitía internet. Luego de semanas de conversaciones con las autoridades, le es conectado de nuevo el servicio de correo electrónico, con la aclaración de que sólo debería utilizarlo para asuntos personales y jamás para emitir publicaciones no autorizadas. Amir creó entonces un sistema de cápsulas informativas (pequeñas noticias sobre sucesos culturales importantes que la prensa oficial no reflejaba), y, llamándolas *A título personal*, logró trasmitir poco más de 3 de esas cápsulas. El Ministerio de Cultura ordenó el cierre definitivo del acceso de Amir a los servicios de mensajería electrónica, obligándolo así, hasta su salida de Cuba, a alquilar cuentas piratas en el mercado negro de internet en la isla.

Aunque, como se ha dicho, fueron estas las más escandalosas en este período, no serían las únicas huellas del brazo censor y represor del gobierno de Fidel Castro (primero) y de Raúl (desde el 2006 hasta la actualidad).

Fueron noticia, además, en los escenarios culturales las presiones e intentos de destrucción del proyecto cívico *Vitral*. La integridad de Monseñor José Siro González Bacallao, obispo de Pinar del Río y la laboriosidad y creatividad del intelectual laico Dagoberto Valdés hicieron posible que en la garganta de un sistema tan represivo como el cubano se colara por varios años una molesta espina de opinión libre e independencia.

La estocada final para dar muerte a tan importante proyecto llegó con las conversaciones entre el Vaticano y La Habana: primero, se anunció el retiro de Monseñor José Siro González Bacallao; después, el retiro de Monseñor Pedro Meurice, Arzobispo de Santiago de Cuba ("casualmente" los dos únicos obispos que se manifestaban críticamente contra la dinastía y los desmanes del poder de los Castro); seguidamente, se produjo la sustitución de estos dos prelados por obispos dóciles, y ya eso liberó de escollos el camino para, mediante un decreto de la iglesia católica cubana comandada por el Cardenal Jaime Ortega Alamino, eliminar la revista, la editorial y el proyecto cívico *Vitral* en 2007. Ni Dagoberto Valdés, ni ninguno de los gestores de este proyecto se rindieron y fundaron la revista *Convivencia*, otro espacio de confluencias de ideas libres necesarias para repensar y reconstruir la Cuba libre que los cubanos sueñan, que sigue hoy siendo acosado, reprimido y censurado.

Empeñados en defender su monopolio de la información, la policía política cubana se concentró en controlar o destruir las numerosas revistas independientes que surgieron en estos años. En unos casos, tergiversó o mantuvo las riendas de lo que se publicaba mediante la inserción de agentes encubiertos que llegaron incluso a ser altos directivos de esas revistas (básicamente en el caso de las publicaciones, órganos y agencias de prensa de la oposición política). En otros casos, los acusados de ser "quintacolumnistas" serían jóvenes escritores que habían fundado revistas literarias o culturales sin el consentimiento de las instituciones que para ello tenía el Ministerio de Cultura y por eso la estrategia censora acudía a otros métodos que iban desde la "conversación" con los gestores para convencerlos de que su ingenuidad los hacía servir de quintacolumna, pasando por encarcelamientos breves con golpizas para asustarlos (como el que le hicieron sufrir al escritor Jorge Luis Arzola, en Ciego de Ávila) o condenas duras (el escritor Reinaldo Soto Hernández cumplía 7 años tras las rejas desde 1995); registros en las casas para decomisarles literatura prohibida o equipos, hasta las amenazas físicas o de un posible procesamiento penal por estar violando lo establecido en la Ley 88 (o Ley Mordaza). Esos procedimientos sirvieron para censurar, entre otros, a *Cacharro(s)*, del narrador Jorge Alberto Aguiar en La Habana, a la revista *Bifronte* y a los escritores que alrededor de ella se aglutinaron bajo la gestión del poeta, narrador y periodista independiente Luis Felipe Rojas Rosabal en Holguín, o a cualquiera de las ideas (publicaciones, videos, performances, etc.) del proyecto *Omni-Zona Franca*, encabezados por Luis Eligio Pérez, Amaury Pacheco, David Escalona, Alina Guzmán, Nilo Julián González y Juan Carlos Flores..

Especialmente entre el 2000 y hasta las divisiones internas que partieron en el año 2009 en dos el proyecto Encuentro de la Cultura Cubana (a partir de entonces existirían *Cubaencuentro* y *Diario de Cuba*), esa atmósfera de miedo y amenazas llegaría al resto de los creadores que manifestaban querer escribir desde Cuba para revistas del exilio cubano y cobrar por esas colaboraciones lo que el comisario Eliades Acosta Matos llamaría en una reunión "debilidades por la moneda del enemigo". Así que se acusó de prestarse al quintacolumnismo cultural a muchos de aquellos que colaborábamos con la revista y el proyecto Encuentro (la publicación que la dictadura consideraba el enemigo intelectual Número UNO, fundada y dirigida hasta su muerte en 2002 por el escritor Jesús Díaz); con su sucesora, el sitio digital

Cubaencuentro; con la *Revista Hispano-Cubana* en Madrid o el sitio digital *Diario de Cuba*.

Además de estas estrategias de presión menos traumáticas para evitar las colaboraciones con "publicaciones financiadas por el enemigo" (era el argumento más utilizado por los comisarios políticos); estrategias que en algunos casos llegaron a ser expulsiones laborales o negativas de empleo en instituciones culturales a colaboradores de estas revistas que se negaban a aceptar las razones de los censores, el más escandaloso suceso represivo se cometería contra el poeta, narrador y ensayista Antonio José Ponte. Agravando sus posturas y declaraciones claramente contestatarias, Ponte había tenido la osadía de, viviendo en Cuba, aceptar ser miembro del Consejo Editorial de la revista *Encuentro*. Escritor admirado por la calidad de su obra, e intelectual respetado por la ética e independencia con la que siempre defendió sus ideas, Ponte se convirtió en el blanco preferido de los ataques no sólo de los comisarios de la cultura, sino también de aquellos medianos y pequeños funcionarios de instituciones culturales que lo consideraron un enemigo frontal. Aunque en internet existe mucha información sobre la represión que sufrió mientras vivía en Cuba (represión que lo lanzaría finalmente al destierro), creo necesario apuntar que a todos nos conmovió la valentía que tuvo de enfrentar en una reunión de escritores a los dos comisarios principales en ese tiempo: Abel Prieto (Ministro de Cultura entonces) e Iroel Sánchez (presidente del Instituto Cubano del Libro); añadir que esa valentía provocó una reacción de la oficialidad cultural que propuso su "desactivación" como miembro de la UNEAC (término con el cual pretendían suavizar la palabra "expulsión"); y agregar que fue esa la primera vez que los dirigentes de la UNEAC aplicaban tal aberración censora restando todo valor a las reclamaciones oficiales que contra esa sanción hiciera un grupo de escritores e intelectuales, entre los que destacó por su claridad y contundencia de argumentos la poeta Reina María

Rodríguez (hoy Premio Nacional de Literatura por el conjunto de su vida y obra). Por esos mismos pecados, y por sus críticas reflexiones sobre la realidad cubana, algunos escritores serían totalmente apartados del sistema cultural oficial: los casos más representativos hasta hoy son los de los poetas Rafael Almanza (nombre imprescindible de las letras cubanas, que habita su inxilio en Camagüey) y Rafael Alcides (que comparte junto a Manuel Díaz Martínez la cima de magistralidad entre los poetas de la llamada "Generación del 50"). Como diría Regina Coyula en palabras por el 80 cumpleaños de este fabuloso poeta fallecido en 2018: "Sus pares generacionales —si no murieron o emigraron—, han recibido el Premio Nacional de Literatura y gozan de reconocimiento social y oficial. Esa es una de las razones que lo hace un escritor extraordinario. No solo no se dejó seducir por el canto de sirena del Premio Nacional hace como diez años. Hace veinte que por voluntad propia se inxilió de la vida cultural y tampoco publica en Cuba. Para él, premio ha sido que su libro *Agradecido como un perro* se cambiara por cigarros en el *Combinado del Este* a fines de los ochenta; que preguntando por el barrio, lleguen muchachos desde provincias que lo descubrieron de casualidad en una librería de segunda mano. Sus libros hoy serían de coleccionista, un escritor desconocido por los más jóvenes e inédito luego de 1990, de no ser porque el editor sevillano Abelardo Linares tocó un día la puerta de casa". O, como me diría personalmente en el 2004, con ese vozarrón suyo que tanto impacta a quien lo escucha hablar o recitar: "prefiero la soledad luminosa a la indecencia oficial de hojalata literaria que hoy es el único signo de vida de algunos de mis antiguos amigos poetas; esta soledad elegida enriquece y libera y exorciza cualquier demonio, y es mi garantía de mirar a los demás a los ojos y sonreír, sin rencores ni remordimientos".

En 2015, desde Miami, el proyecto Puente a la Vista entregó a Alcides el Premio Nacional de Literatura Independiente de Cuba 'Gastón Baquero'.

Una de las tácticas más solapadas de la censura en estas décadas es lo que en algunos de mis ensayos he llamado "aniquilamiento por invisibilización". Es un término que, según algunos analistas, proviene del mundo militar; una reformulación de la clásica fórmula de Sun Tzu en *El arte de la guerra*: "Manten a tus amigos cerca, pero a tus enemigos aún más cerca"… Aunque por suerte no suele funcionar, bajo este procedimiento, el artista, a quien se le hace creer oficialmente que todo va bien, no debería sentir que sobre él o sobre alguna de sus obras gravita el espectro asfixiante de la censura. Pero todo creador, como cualquier madre en la naturaleza, tiene un sexto sentido que lo hace intuir el peligro para su criatura incluso en las más enrevesadas estratagemas de los censores. Gracias a esa intuición, refiriéndome sólo al terreno de la literatura, muchos escritores han llegado a conformar sospechas (muy fundadas aunque, en la mayoría de los casos, indemostrables) sobre la "invisibilización" de alguno de sus libros.

Es un procedimiento cuya aplicación, bochornosamente, queda en manos de los propios colegas del censurado que ocupan cargos en el entramado cultural, trabajan directamente en instituciones estatales o son "independientes", pero se convierten en amanuenses fieles de las estrategias del poder cultural, a cambio de prebendas para sus proyectos individuales o grupales. Opera en dos ámbitos: contra el autor y contra la obra, o combinadamente, y la intención es desaparecer cualquier impacto que haya tenido dicha obra o dicho autor, ya sea en el escenario específico de la cultura o en la sociedad.

Cuántos autores cubanos "conflictivos" han sido invisibilizados a lo largo de décadas, es una pregunta aún sin respuesta. Sin importar la trayectoria o calidad del autor, se comienza retirándole invitaciones para evitar su presencia en los espacios públicos de promoción controlados por el Ministerio de Cultura, medida a la cual, en muchos casos, se suman otros ministerios, cuyo trabajo se relaciona con la formación del pueblo. Se prohíbe verbalmente la mención del nombre en los estudios literarios y en los programas educacionales. Se decreta la no inclusión en antologías promocionales de las letras cubanas, aunque dicha exclusión sea "un crimen de lesa literatura". Se utiliza convenientemente a envidiosos, mediocres o enemigos personales del autor en cuestión para estructurar un andamiaje crítico, verbal o publicado, que cuestiona sus méritos literarios. Se decreta ministerialmente, en documentos clasificados que han podido salir a la luz de cuando en cuando, la negativa de conceder trabajos, pagar o permitir que reciba algún beneficio económico por parte de las instituciones regidas por dichos ministerios[75]. E incluso se fomenta con información distorsionada las comidillas de la farándula intelectual para comenzar enturbiando el comportamiento cívico y ético del censurado, a lo cual se suman las aportaciones, muy "científicas" y efectivas desde el punto de vista de las técnicas de psicología de masas, de los agentes de la policía política que operan en los escenarios culturales, para crear una atmósfera de desconfianza y miedo en los colegas del autor víctima de esta maquiavélica maniobra.

A otros autores "conflictivos", especialmente si habían conseguido ganarse el respeto de sus colegas y lectores dentro de la isla, y si habían conseguido éxito internacional, sencillamente se les aplicaba el método conocido como "tenderles puente de plata", que en simples palabras significa dejarlos salir de viaje y prohibirles regresar a Cuba, lanzándolos al más terrible e inesperado destierro. Aunque me

---

75 En los archivos personales del autor, consta una Circular Interna "clasificada" que el Centro Nacional de Cultura Comunitaria del Ministerio de Cultura puso a circular en el año 2002 estableciendo este tipo de medidas de asfixia económica "contra los escritores Antonio José Ponte, Amir Valle, Rafael Almanza y José Prats Sariol, por sus vínculos probados con enemigos de la Revolución y por su proyección en contra de las actuales luchas de nuestro pueblo".

ruboriza escribir estas palabras, el caso más notorio fue precisamente la trama preparada para desterrarme, como puede leerse en cientos de escritos y denuncias de escritores desde la isla y el exilio al enterarse del atropello. Y aunque me resulte incómodo volver a colocarme como centro de la atención del lector, por el ensañamiento de este acto represivo y por el escándalo que generó entre mis colegas de la isla, me veo obligado a apelar, nuevamente, a las palabras de mi colega el escritor Ángel Santiesteban, en el prólogo a mi libro *Palabras amordazadas*, también sobre la censura en Cuba.:

> "[...] la labor incesante de Amir ayudando a los escritores jóvenes, ofreciendo talleres en distintos sitios de la ciudad y en su propia casa, los años en que fue jurado de narrativa en muchos de los más importantes eventos en toda la isla, los 3 años (1995 a 1998) que trabajó atendiendo a los escritores de todo el país en el Departamento de Literatura del Instituto Cubano del Libro, los dos cursos nacionales que impartió como profesor de técnicas narrativas en el Centro Nacional de Formación Literaria «Onelio Jorge Cardoso», su trabajo como Coordinador General de la Colección Cultura Cubana de Plaza Mayor, la admiración silenciosa que la mayoría de sus colegas de varias generaciones sentíamos por su ética postura ante el gobierno (diciendo lo que muchos queríamos y no nos atrevíamos a decir sobre la situación del país), y las prohibiciones sobre su obra que incrementaron el morbo de los lectores cubanos por conocer sus libros, sus escritos, sus opiniones, lo hizo ser uno de los escritores cubanos más influyentes dentro de la intelectualidad cubana durante esos años. Además, desde la publicación en el año 2001 en España de su novela *Las puertas de la noche* sobre un caso real de prostitución infantil en Cuba, la prensa internacional lo entrevistaba con frecuencia, sus libros comenzaron a ganar los más importantes premios europeos de la crítica

y los lectores, y eso confería aún más repercusión a sus críticas contra el gobierno.

"Apresarlo, como habían hecho con otros periodistas y escritores de menos o ningún renombre internacional, sería demasiado escandaloso para la estrategia cultural de «la Revolución». Es entonces cuando se decide cortar de plano su influencia en el mundo intelectual y cultural cubanos, y especialmente entre las nuevas generaciones de escritores. Como supimos después, por esos días, el ministro de Cultura, Abel Prieto, le comentaba a un colega muy claramente la jugarreta que habían ideado contra Amir: «Es una papa podrida, y a las papas podridas se les echa fuera del saco para que no pudran a las demás».

"En octubre de 2005, aprovechando un viaje de Amir Valle a España, donde realizaría una gira de presentaciones de su novela *Santuario de sombras*, sobre otro tema tabú en ese entonces en Cuba, el tráfico humano por mar hacia Estados Unidos con la anuencia de algunas autoridades militares cubanas, impidieron su entrada a la isla cuando terminó esa gira. Luego de permanecer ilegal en España varios meses, el editor alemán de Amir le consiguió una beca en la Fundación Heinrich Böll, por seis meses, y pasado ese período, al comprobar que el gobierno cubano no respondía a la campaña internacional que se hizo exigiendo el regreso de Amir a la isla, el PEN Club de Alemania le concedió una beca en el programa internacional «Writers in Exile», durante tres años. En el 2009, ante la imposibilidad de regresar a su país, las autoridades alemanas le concedieron asilo político.

Aún hoy su nombre está en una lista negra de cubanos que, según la dictadura, han perdido el derecho de regresar a Cuba. Y como si no les bastara con haberlo alejado ya 10 años de su tierra natal y de los escenarios de la cultura donde, por suerte, aún se le venera y respeta, a inicios del 2015 le enviaron a un comisario cultural (un antiguo amigo de la juventud, a quien Amir recibió por pura nostalgia de los buenos tiempos) para decirle que si quería visitar o regresar a la isla, lo más aconsejable sería que cesara o, al menos, moderara sus constantes críticas a Cuba. «Si dejas esas críticas, analizarían la posibilidad de dejarte entrar alguna vez. Sería inteligente si te adaptaras a los nuevos tiempos que han traído las conversaciones entre Obama y Raúl», le dijo el comisario".

Para la literatura "peligrosa" o "no conveniente" el procedimiento es menos complicado, aunque igual de engañoso: luego de negociaciones con el escritor (o en muchos casos sin que este sepa que la sombra negra del censor ha marcado su libro) se le engaña haciéndole creer que será publicado, se publica el título en pequeñas ediciones (numerosos casos que han logrado salir a la luz demuestran que las ediciones no sobrepasan los 200 ejemplares, pero a sus autores se les entregaron falsos documentos asegurando impresiones de 1000 o más ejemplares), se colocan unos pocos libros en librerías visibles (la policía política aquí interviene aportando los lugares de venta más frecuentados por el autor, de modo que este pueda "verificar" *in situ* la publicación y venta), la desaparición volátil de dicha obra se suele explicar alimentando el ego del escritor con argumentos al estilo de "tu libro es un bestseller, ya se acabó la edición, y es lógico, no olvides que Cuba es un país donde cuatro de cada cinco cubanos leen", y para cerrar con broche de oro, mientras usualmente el creador engañado disfruta del "exitoso impacto popular de su creación", se convierten los ejemplares sobrevivientes en pulpa, luego de una estancia secreta que puede ser de meses (estancia cuyas razones hasta hoy nadie ha logrado explicar) en contenedores especiales de los almacenes ubicados, en el caso de los libros destinados a la circulación nacional, en La Habana Vieja, Centro Habana y 10 de Octubre.

En su artículo "La censura que no censura"[76], el escritor Orlando Luis Pardo Lazo cuenta la experiencia al respecto vivida por el también narrador Jorge Alberto Aguiar Díaz (nombre literario JAAD):

> "Jorge Alberto Aguiar Díaz tenía por entonces 36 años y era un traficante de libros en Centro Habana. Su biblioteca era magistral. Impartía gratis talleres literarios que él llamaba «laboratorios» y «clínicas de escritura». [...] JAAD nos liberaba con su verbo vivo en una Habana que era cada día más cárcel y más cementerio. [...] colaboraba con sus columnas de opinión para la agencia de prensa contestataria Decoro. Así que en su casa se le aparecía a cada rato la Seguridad del Estado, siempre de dos en dos sobre una única motocicleta Suzuki, agenticos secretos en ropa de civil.

> [...]

> "En otro frente de batalla estaba sentado en su trono de talibán Iroel Sánchez, presidente del Instituto Cubano del Libro. JAAD había ganado en 2001 el Premio de Cuentos Pinos Nuevos con su libro *Adiós a las almas*. Como parte de dicho premio, *Adiós a las almas* debía ser publicado por la editorial Letras Cubanas. De hecho, se publicó en 2002. [...]

> "Al final, *Adiós a las almas* se presentó en la Feria Internacional del Libro de La Habana y aparentemente comenzó a circular. Sospechosamente, el libro de súbito resultó ser un bestseller, a pesar de que no hubo ninguna campaña de promoción oficial. En apenas semanas, los 1.000 ejemplares se agotaron en las librerías de La

---

[76] Publicado en *Diario de Cuba*, el 15 de febrero de 2015.

Habana y ya no se supo nunca más de sus ventas. Hummm…

"Los amigos de JAAD lo felicitábamos por su éxito. Pero él no lo celebraba. Tenía una intuición que a la postre resultó premonitoria. [...]

"En 2004, tras no pocas advertencias y amenazas, el Gobierno autorizó a JAAD a viajar a España, por haberse casado con una mujer de ese país. [...]

"Horas antes de tomar el avión, a JAAD lo llamó un anónimo: «Ven de inmediato a esta dirección… Trae dinero. Te conviene».

"Y JAAD, el trapichero de libros y aventuras, no pudo dejar de ir. Fue. Soy testigo.

"La dirección resultó ser un almacén de la empresa distribuidora de libros, adscrita al imperio estatal de Iroel Sánchez. Allí lo esperaba un viejo conocido de su centrohabanero barrio. El muchacho le dijo: «Siéntate o te vas a caer de espaldas»[...]

"Entraron al almacén. En una de las naves fueron hasta un par de contenedores metálicos. Solo uno de ellos estaba cerrado con candado. El muchacho sacó su manojo de llaves, eligió una como al azar, y lo abrió. Dentro estaba una especie de Álef, el irrepetible universo concentrado en algunos metros cuadrados del municipio más densamente poblado de La Habana.

"En efecto, en la barriga de aquel contenedor clausurado relucía la tirada intacta de *Adiós a las almas*. Una tirada no solo intacta, sino inédita. El libro de cuentos de JAAD se había publicado en Cuba a todos los efectos públicos, pero en la práctica estaba retirado de la circulación: por eso habían regado el rumor de que su obra había sido un bestseller y ya estaban agotadas las ventas.

"El muchacho tenía órdenes expresas de clasificarla como «libros deteriorados» y mandarlos a hacer pulpa para reciclar el papel. [...]. El muchacho había estado un buen tiempo sin atreverse a cumplir su tarea destructiva de *Adiós a las almas*. Su duda no era por solidaridad con el autor, no. Su indecisión era simplemente monetaria. [...] le pidió a JAAD un dólar por cada libro *Adiós a las almas* que quisiera salvar.

"JAAD tenía ahorrado unos cuantos euros para viajar ese día, una moneda por entonces todavía de estreno en la Isla, pues no era nada frecuente verla circular. Así que compró casi medio millar de ejemplares, unos 300 euros en total. [...] Por poco se le hace tarde para partir en taxi hacia el aeropuerto. [...] En La Habana dejaba la mitad de la tirada de un worst-seller llamado *Adiós a las almas*, su único libro incluso hoy".

El propio Orlando Luis Pardo tendría que sufrir la censura y la marginación cultural y social, años después de la anécdota anterior:

"Fui un autor cubano hasta que el Estado cubano quiso convertirme en cualquier otra cosa. Publiqué cuatro libros de narrativa en la Isla. Mis cuentos y críticas literarias aparecían tanto en revistas de papel como en las digitales (todas oficiales, como la realidad misma lo es en la Cuba de Castro). Gané varios concursos nacionales de narrativa. Fui miembro de múltiples jurados literarios...

"Pero, en el 2008, comencé a bloguear una vez por semana en la página web *Fogonero Emergente* de Jorge Alberto Aguiar Díaz (JAAD). Luego abrí mi propio blog *Lunes de Post-Revolución*. Me hice amigos de otros blogueros y artistas contestatarios cubanos, desde Yoani Sánchez hasta los músicos punk de Porno Para Ricardo. Y entonces el Estado cubano le impuso al «camping» literario cubano su versión perversa de mí: no es un autor, ahora es un disidente, un opositor, un contrarrevolucionario, un mercenario, un traidor.

"Mi libro de cuentos *Boring Home* fue sacado de la imprenta por la editorial Letras Cubanas en el otoño de 2008. Esto lo pueden verificar con mi editor Rogelio Riverón y con el novelista Lázaro Zamora Jo, quien perdió su puesto de Editor de Narrativa en el Instituto Cubano del Libro por no querer atacarme personalmente. También pueden preguntarle a los funcionarios Fidel Díaz-Castro (de *El Caimán Barbudo*), Iroel Sánchez (entonces presidente del ICL), Fernando Rojas (Ministerio de Cultura), Abel Prieto (entonces Ministro de Cultura), Nancy Morejón (presidenta de la Sección de Escritores de la UNEAC), Ernesto Pérez Chang (hoy devenido periodista independiente), Yinet Polanco (periodista de *La Jiribilla*) y Jorge Ángel Hernández Pérez: todos ellos fueron los responsables directos de los ataques contra mí, junto al fallecido poeta Bladimir Zamora.

"Después de esa fecha nunca más pude publicar en Cuba. Nunca más pude tener un trabajo en Cuba. Nunca más pude hablar en espacios públicos en Cuba (en el 2012, incluso el ensayista Desiderio Navarro fue co-responsable de mi exclusión de su espacio de presentaciones de la revista *Criterios*, en el ICAIC). Nunca más pude aparecer en antologías o documentales hechos en Cuba (en el 2010, Tomás Piard me borró de su propio documental *Trocadero 162, bajos*). Nunca más pude presentar los libros de mis colegas, como el poemario *Huecos de araña*, de Jamila Medina Ríos, que ganó el Premio David 2008. Y, en consecuencia, nunca más pude ser ni siquiera censurado en Cuba: simplemente yo había pasado a las manos mentirosas y mediocres de la Seguridad del Estado, esa arma artera del Ministerio del Interior, esa fuente funesta de generar consenso y gobernabilidad en Cuba. Pero esa es ya otra historia, la historia de un escritor cubano ante la insolidaridad insultante del resto de los escritores cubanos. He dado nombres. Pero no aspiro a ningún tipo de justicia en mi caso. Sólo le he puesto un rostro a la memoria de lo mierdero cubano"[77].

Es notorio, además, que estos procedimientos "extraños" suelen llegar a extremos absurdos, muchas veces risibles, en especial cuando son urdidos por los servicios secretos, en sus intentos por mantener bajo control no sólo a los "librepensadores" que residen en la isla, sino también a aquellos que por razones diversas han decidido vivir en el extranjero y, gracias a una postura crítica "aceptable" o simplemente no confrontativa con "la Revolución", no pierden el derecho de entrar y salir del país.

Pongamos el ejemplo de dos reconocidos escritores, residente uno en Estados Unidos y otro en Europa, cuyos nombres aún no pueden ser revelados, pues ello afectaría a sus familiares en la isla. En ambos casos, ocurridos en períodos diferentes en los últimos 10 años, delicadas razones familiares los llevaron a solicitar el permiso de entrada a Cuba luego de muchos años de exilio. Dicho permiso les fue concedido, pero justo días antes de su llegada, sus hermanas comenzaron a ser cortejadas desesperadamente por individuos con quienes "se toparon por casualidad" en las calles de sus respectivas ciudades, ambas aceptaron, halagadas y aturdidas por tanto acoso, y esos supuestos novios, sin que ello despertara sospechas de las encandiladas mujeres, buscaron conocer a los hermanos recién llegados y se convirtieron de la noche a la mañana en las personas más cercanas a los escritores de visita,

---

77 Entrevista concedida por Orlando Luis Pardo, julio de 2016 vía Facebook. Archivos del Autor.

yendo con ellos a todas partes durante todos los días de estancia en Cuba, al tiempo que alimentaban el amor de las hermanas con regalos, un comportamiento angelical extremadamente seductor, atenciones de toda índole y, más que nada, la promesa de un amor eterno, deseo en el que, por desgracia, ambas mujeres habían fracasado en matrimonios anteriores y ansiaban casi con desesperación. Sin embargo, apenas los escritores montaron en sus aviones de vuelta a sus países de residencia, los "enamorados" cortaron abruptamente la relación amorosa y desaparecieron. Es así que, luego de mucho analizar el comportamiento, las preguntas y los intereses de ambos individuos, las familias de estos dos escritores llegaron a la conclusión de que se trataba de agentes de la policía política a quienes, obviamente, habían dado la misión de controlar los pasos de estos "cubanos de dudosa fidelidad a la tierra que los vio nacer".

El cine tampoco se libró en este período de casos bastante notorios de censura. En el 2004 la osadía del escritor y cineasta Eduardo del Llano concentraría la atención de los censores, en esta ocasión por su corto *Monte Rouge*, en el cual ridiculizaba directamente el trabajo de la policía cubana: dos agentes tocan a la puerta de la casa de un artista y anuncian, como si fuera lo más natural del mundo, que vienen a ponerle los micrófonos para escuchar y grabar sus conversaciones antigubernamentales con sus colegas artistas, y a partir de ese momento se genera una atmósfera de absurdos que se burla del control policial, de la corrupción administrativa y del miedo que el gobierno ha sembrado en cada cubano durante décadas. En este excelente corto, realizado por medios propios, actuaron reconocidas figuras del cine y la televisión en la isla y eso hacía aún mayor la osadía, por lo cual nadie se extrañó de las presiones que se desatarían después. Lamentablemente, en declaraciones que hizo intentando que su caso no "sea manipulado" fuera de la isla o por enemigos de "la Revolución", el propio Eduardo del Llano ahogó la importancia que pudo alcanzar su obra en la lucha contra la censura. Fue él mismo, con sus palabras mediadoras (muchos creen que llenas de miedo), quien cortó la resonancia crítica que la difusión clandestina del corto estaba provocando en quienes buscaban una puerta para salir de la atmósfera de prohibiciones que en ese momento existía en el mundo artístico y cultural.

De haberse mantenido abierta la puerta que Del Llano abrió con su corto y cerró con sus declaraciones se habría allanado el camino para propiciar esa "adaptación del cine a los cambios del pensamiento crítico y a la tónica cuestionadora de los nuevos tiempos que ya puede verse en otras manifestaciones del arte", a la que se refería Fernando Pérez en un conversatorio durante el Festival Internacional de Cine de La Habana en 2005, al analizar la historia de lucha de los artistas y realizadores cubanos por conseguir un espacio de mayor libertad para la creación cinematográfica. Muchos de los artículos que han reflexionado sobre estos sucesos consideran que tal vez se hubieran dado pasos (como algunos cineastas intentaron hacer, aprovechando el suceso crítico generado por *Monte Rouge*) que habrían podido evitar la prohibición de que se distribuyera nacionalmente el documental *La vaca de mármol,* de Enrique Colina, realizado en 2013 y que ofrecía una mirada irreverente sobre la historia propagandística que el gobierno hizo con la vaca Ubre Blanca (se llegó a decir que daba cien litros de leche al día); o la censura de la película *Crematorio,* de Juan Carlos Cremata, realizada de manera independiente ese mismo año 2013. En algunos momentos de esos artículos o en entrevistas (recuerdo ahora textos críticos de Juan Antonio García, Enrique Colina, Cremata, y entrevistas al actor Jorge Perugorría, los directores Fernando Pérez y Ernesto Daranas o el escritor Leonardo Padura) se desprende la idea de que ha sido la desunión, la falta de un cuerpo crítico consensuado y el desaprovechamiento de momentos de necesaria unidad del gremio en torno a la censura sobre alguna que otra obra, la causante de que aún predomine el poder censor en los escenarios de la creación cinematográfica, y la audiovisual por extensión. Eso haría explicables las "incomprensiones" de los censores que motivaron la censura temporal y los debates en torno a la película *Regreso a Ítaca*, del director francés Laurent Cantet y con guión del Premio Princesa de Asturias de las Letras, Leonardo Padura, o el manto de silencio lanzado sobre los éxitos internacionales del filme *El rey de La Habana*, basado en un libro de otro escritor cubano internacionalmente conocido cuya obra ha sido censurada en Cuba, Pedro Juan Gutiérrez, ambos escándalos durante el reciente 2015.

Pero también quedan pendientes algunas preguntas: ¿qué razones tiene el gobierno cubano para impedir que la televisión trasmita importantes filmes que cuestionan la realidad social, económica y política cubana?; si, como se jactan los funcionarios culturales y políticos, se tiene confianza en el alto grado de fe y confianza del pueblo en "la Revolución"; ¿por qué sólo se proyectan, algunos repetidamente a lo largo de años, aquellos filmes que loan a los gobernantes y al proceso revolucionario, o aquellos que se ocupan de asuntos realmente nada cuestionadores o incluso burdamente intrascendentes? ¿A qué temen incluso cuando se trata de películas conformadas en un escenario y con tramas y conflictos casi netamente revolucionarios pero que en ciertos momentos lanzan dudas sobre algunos conceptos esenciales de la fidelidad revolucionaria? Lo innegable es que ahí, casi intacta, sigue la lista negra que en el 2007 el prestigioso cineasta Enrique Colina sacó a la luz, con películas que, luego de haber sido proyectadas por cortísimo tiempo en los cines cubanos (por lo cual apenas un pequeño público logró saber de las exigencias críticas que proponían), agonizaban en el olvido, desterrada cualquier posibilidad de que los cubanos puedan verlas en las pantallas de sus televisores:

- *Un día de noviembre*, de Humberto Solás, 1972
- *Techo de vidrio*, de Sergio Giral, 1981
- *Hasta cierto punto*, de Tomás Gutiérrez Alea, 1983
- *Lejanía*, de Rolando Díaz, 1985
- *Papeles secundarios*, de Orlando Rojas, 1989
- *La vida en rosa*, de Rolando Díaz, 1989
- *Alicia en el pueblo maravillas*, de Daniel Díaz Torres, 1990
- *María Antonia*, de Sergio Giral, 1990
- *Adorables mentiras*, de Gerardo Chijona, 1992
- *Fresa y chocolate*, de Tomás Gutiérrez Alea, 1994[78]
- *El elefante y la bicicleta*, de Juan Carlos Tabío, 1994
- *Madagascar*, de Fernando Pérez, 1994
- *Pon tu pensamiento en mí*, de Arturo Sotto, 1995
- *La ola*, de Enrique Álvarez Martínez, 1995
- *Guantanamera*, de Juan Carlos Tabío y Tomás Gutiérrez Alea, 1995 *Amor vertical*, de Arturo Sotto, 1997
- *La vida es silbar*, de Fernando Pérez, 1998 *Hacerse el sueco*, de Daniel Díaz Torres, 2000
- *Lista de espera*, de Juan Carlos Tabío, 2000
- *Miel para Ochún*, de Humberto Solás, 2001
- *Las noches de Constantinopla*, de Orlando Rojas, 2001 - *Nada*, de Juan Carlos Cremata, 2001
- *Video de familia*, de Humberto Padrón, 2001
- *Suite Habana*, de Fernando Pérez, 2003

---

78 Justo en el año 2007, 14 años después de su éxito internacional, la televisión cubana trasmitió esta película.

- *Aunque estés lejos*, de Juan Carlos Tabío, 2003

- *Entre ciclones*, de Enrique Colina, 2003

- *Tres veces dos*, de Esteban García Insausti, 2004

- *Perfecto amor equivocado*, de Gerardo Chijona, 2004

- *Barrio Cuba*, de Humberto Solás, 2005

- *Páginas del diario de Mauricio*, de Manuel Pérez Paredes, 2006

Pese a que fuera de la isla se hace creer que los "cambios" hechos por Raúl Castro han abierto definitivamente las puertas a las libertades de expresión ("los cubanos ya critican abiertamente al gobierno", "la gente ya no tiene el miedo de antes", "no se reprime a nadie por decir lo que piensa aunque sea contra el gobierno", como se lee en muchos periódicos del mundo), es importante destacar que, así mismo como la represión ya no se ejerce siempre contra el individuo aislado que lanza sus críticas, se sigue persiguiendo y reprimiendo a todas aquellas personas cuyas críticas puedan derivar en escándalos públicos de protesta popular o a quienes se organizan y forman grupos de opinión para darle un cauce más efectivo a sus denuncias. Bajo ese esquema (que se distingue porque los ataques unifican en una misma etiqueta dos estrategias: "mercenarios quintacolumnistas") se ha mantenido una represión constante, a veces invisible, a veces abierta, a veces indulgente, contra proyectos opositores que han buscado impactar a la sociedad con propuestas que incluyen la concientización política, pero van más en la búsqueda del fortalecimiento de una sociedad civil no controlada por la dictadura:

PRIMAVERA DIGITAL, el primer periódico opositor que habla al mundo desde Cuba, gestionado por los periodistas Juan González Febles y Luis Cino, a partir de una idea surgida en el año 2005, materializada el 22 de noviembre de 2007 y que a partir del 2012 comenzó a imprimir y repartir ejemplares dentro de la isla, además de ser pioneros en el trabajo de denuncia a través de los cinco blogs que acogió desde sus inicios: "Círculo Cínico", de Luis Cino; "Infierno de Palo", de Juan González Febles; "La Matrícula", de Odelín Alfonso Torna; "El Gautardo", de Ilei de Jesús Urrutia, y "Rincón en Lawton", de Ana Torricella.

14yMEDIO, publicación digital fundada en La Habana el 21 de mayo de 2014 por la bloguera cubana Yoani Sánchez y su esposo, el periodista Reinaldo Escobar. Aunque aún sin alcanzar una verdadera resonancia dentro de la isla, este medio ha ido ganando espacios mediante su trabajo periodístico, teniendo que luchar no sólo contra las tácticas de destrucción, bloqueo informático y difamación del régimen, sino también contra las dudas que sobre el proyecto arroja la polémica personalidad de la bloguera y las opiniones enfrentadas que sobre ella existen en el espectro político cubano en la isla y el exilio. Unos la ven como una heroína de la oposición cubana; otros (que apoyan a la dictadura) la consideran (a ella, a su blog "Generación Y" y a *14yMedio*) un engendro financiado por Estados Unidos y la derecha internacional; y otros (enemigos del castrismo) creen que es un Caballo de Troya infiltrado por la policía política castrista dentro de la oposición para apagar el protagonismo internacional de otros proyectos opositores, al tiempo que confunde al mundo ofreciendo una imagen de tolerancia: "incluso una mercenaria como Yoani Sánchez disfruta del derecho que la Revolución le da de fundar su propio periódico", dijo en una entrevista reciente el Ministro del Exterior cubano Bruno Rodríguez Parrilla. Toda esa atmósfera enrarecida complica aún más el alcance de *14yMedio*, limitado ya por el simple hecho de que, de una población de 11,2 millones, apenas 2 millones tienen acceso a internet, y en la mayoría de los casos se trata de un acceso caro, limitado y esporádico.

ESTADO DE SATS, proyecto fundado en julio de 2010 por el activista político Antonio Rodiles con la intención de crear un espacio plural de participación y debate en la sociedad civil cubana. Su mérito más relevante desde el punto de vista cultural ha sido darle voz pública (en videos o actividades abiertas de discusión) a sectores marginados o silenciados de la intelectualidad opositora cubana, en busca de establecer un contrapunteo mediante el diálogo con el discurso intelectual oficial. Lamentablemente, ese intento de contrapunteo no se ha conseguido: hasta el momento, más que un debate, sus actividades y materiales audiovisuales han sido foros para que opositores de distintas tendencias expongan sus criterios usualmente similares sobre temas candentes de la realidad nacional; el proyecto no ha logrado aún sumar a sus espacios de debate otras opiniones, ni siquiera las muchas voces divergentes (de la blogosfera, la intelectualidad política o el propio gobierno) que consideran que el modelo social cubano debe ser reformado desde dentro. No obstante, Estado de Sats fue fuertemente reprimido por su protagonismo en la unidad de los grupos opositores de la isla a través de proyectos como el Foro por los Derechos y las Libertades, la campaña #TodosMarchamos y la promoción nacional e internacional que hizo cada domingo de las marchas de las Damas de Blanco en La Habana.

Pero, es importante aclararlo, no sólo son monitoreadas de cerca y reprimidas las publicaciones y las agrupaciones opositoras, cuyos proyectos de trabajo incluyen la cultura o la creación de pensamiento: ante la imposibilidad cada vez mayor gracias a las nuevas tecnologías de censurar sin provocar escándalos o sin empañar la imagen de tolerancia que la dictadura ha ideado para engañar al mundo, se ha adoptado el método de criminalizar, difamar y acusar de colaboracionismo quintacolumnista a los creadores, especialmente cuando éstos logran que sus críticas lleguen a plataformas de promoción fuera de la isla, ya sea a través de blogs propios o a través de proyectos culturales "enemigos" en el exterior.

Ese ha sido el caso, por sólo poner ejemplos muy recientes, de los escritores Ángel Santiesteban Prats y Rafael Vilches Proenza, de los artistas plásticos Danilo Maldonado y Tania Bruguera, y del teatrista Juan Carlos Cremata[79]. Al escritor Ángel Santiesteban, el más laureado cuentista cubano de mi generación, se le inventó un falso delito de violencia doméstica para condenarlo a 5 años; al también escritor Rafael Vilches, para convertirlo en un paria sin trabajo, se le hizo una intensa campaña nacional denigrándolo por "querer encontrar validación cultural vinculándose a proyectos mercenarios y a figuras reconocidas de la disidencia"; a Danilo Maldonado, un joven artista del graffiti, se le metió en prisión mediante una absurda regulación de culto a la personalidad que establece que los líderes históricos de "la Revolución" son figuras intocables incluso para el arte; a Tania Bruguera[80], la figura más reconocida fuera de la isla como artista del performance, se le impidió regresar a Estados Unidos (país donde vive), acusada en realidad de colaborar con una maquinación para desestabilizar los acuerdos de diálogo entre Cuba y Estados Unidos, aunque oficialmente se la acusara de "resistencia a la autoridad y desorden público"; y al cineasta y director de teatro Juan Carlos Cremata, censuradas una de sus obras teatrales y expulsado de su trabajo junto a sus compañeros de grupo, aún se le ataca por "darle publicidad internacional a lo que le ha sucedido, buscando una resonancia internacional que no tiene" (así dicen los comisarios culturales que intentan destruir su prestigio).

---

79 Cremata fue forzado a irse al exilio en mayo de 2016, al encontrar cerradas en Cuba todas las posibilidades para su desarrollo profesional e incluso para conseguir el alimento a su familia.

80 Por razones de espacio no ampliaré aquí lo sucedido a Tania Bruguera y Juan Carlos Cremata. Basta poner en internet sus nombres para encontrar numerosos artículos que relatan en detalles la censura y la represión de la que fueron víctimas.

También, aunque con connotaciones menos traumáticas para la vida profesional de la víctima de la censura aquí referida, el mundo se conmovió en 2013 con el llamado "Caso Zurbano", suceso de notoria represión e intolerancia de los comisarios culturales hacia sus propios funcionarios (Roberto Zurbano[81] ocupaba entonces el importante cargo de Director del Fondo de Publicaciones de Casa de las Américas), que se diluyó en la nada por la apocada y dubitativa reacción del censurado. Uno de los sitios críticos más interesantes en internet en relación con estas polémicas culturales, Blogger Cubano, lo resumió así:

> "El Caso Zurbano estalló a finales de marzo de 2013, cuando el intelectual de ascendencia africana, residente en Cuba, publicó en *The New York Times* el ya célebre artículo *Para los negros en Cuba, la Revolución no ha terminado*, que el periódico estadounidense traduciría como *Para los negros, la Revolución no ha comenzado*. Viniendo como venían de un escritor afín a las instituciones culturales oficiales en la Isla, sus palabras alcanzaron una relevancia mediática considerable, convirtiéndose en un reto para el funcionariado procastrista.

> "El hecho de que Roberto Zurbano fuera desplazado inmediatamente de su cargo como Director del Fondo Editorial de la Casa de las Américas, elevó el caso a la categoría de polémica nacional (por supuesto, en un país donde los medios de difusión masiva están todos en manos del Partido Comunista, dicha polémica ha quedado circunscrita a Internet, un espacio al que pocos cubanos pueden acceder fluidamente).

> "El propio Zurbano, quien además criticó la traducción hecha a su artículo por el periódico estadounidense, explicó,

---

81 Roberto Zurbano es ensayista y crítico cultural. Especialista en literatura, raza y músicas alternativas. Autor de varios libros y ensayos, entre ellos *Cuba 2012: Doce dificultades para enfrentar los (neo) racismos.*

en una reunión de la Articulación Regional de Afrodescendientes de Latinoamérica y el Caribe, en su Capítulo Cubano (ARAC), que la decisión de la Casa de las Américas había sido «pasarlo a otra plaza de especialista».

"ARAC emitió una declaración pública donde «apoya resueltamente la libre expresión de ideas por todas sus activistas», y se opuso a «medidas o procedimientos institucionales o personales de carácter obstructivo o represivo contra cualquier participante en tales polémicas».

"Otras reacciones hubo además de la destitución citada antes. «Me proscribieron en *La Jiribilla*, órgano digital de donde, en la tarde del lunes primero de abril, recibí una simple llamada informativa minutos antes que colgaran los primeros artículos, sin posibilidad de colocar ningún texto mío»[82], ha denunciado el intelectual. *La Jiribilla*, por supuesto, es una página electrónica manejada por la oficialidad cubana".

Pero los dos casos más escandalosos, por lo burda que fue la represión, son el de Danilo Maldonado y Ángel Santiesteban. Al primero, por intentar hacer un performance en las calles de La Habana (pasear a dos cerdos pintados de verde y con los nombres de Fidel y Raúl escritos en letras rojas sobre sus lomos), se le encarceló por "desorden público", nunca se le hizo juicio y aún así permaneció 10 meses en prisión, de donde salió luego de una campaña internacional por su liberación, después de que decidiera ponerse en huelga de hambre hasta morir o que le dieran la libertad.

Con el segundo, Santiesteban, la represión fue más encarnizada, como le diría uno de sus carceleros, para hacerle pagar su traición, pues hasta el 2007 había sido uno de los

---

82 http://segundacita.blogspot.com/2013/04/roberto-zurbano-responde-manana-sera.html

escritores más promocionados por el régimen, pese a que siempre sus obras habían tenido que atravesar un calvario de censuras para poder ver la luz. Pero a Santiesteban, harto de fingir y de callarse sus opiniones sobre la destrucción de la isla, se le ocurrió abrir un blog con la ayuda de amigos en el exterior y en sus post empezó a mostrar la dura vida de los cubanos y un grupo de bochornosas verdades que el gobierno intentaba ocultarle al mundo. Enviaron a colegas escritores a decirle que dejara de escribir esos post, los agentes de la policía política lo acosaron por un tiempo, semana tras semana, intentando convencerlo de que abandonara esa postura contestataria, enviaron a otros oficiales (vestidos de civil) a que le dieran una paliza en la que le rompieron un brazo y uno de ellos le dijo: "eso te pasa por contrarrevolucionario", las autoridades culturales decretaron una prohibición absoluta de su obra y cualquier tipo de participación suya en eventos oficiales, le impidieron asistir a un evento internacional (Festival de la Palabra 2010) al cual había sido invitado en Puerto Rico alegando que estaba acusado de delitos que luego se demostraría eran falsos..., y todo eso solamente provocó que sus post fueran aún más críticos. Lograron convencer a su antigua esposa y madre de uno de sus hijos para que lo acusara de haberla violado, golpeado, robado y de quererla quemar viva. Tanto lo criminalizaron que la fiscalía pedía que fuera condenado a más de 50 años de cárcel. Pero todas las pruebas eran falsas y Santiesteban pudo desmontar la gran mentira con la que pretendían condenarlo. Finalmente, ante la falta absoluta de evidencias, una perito calígrafa de la policía política, luego de analizar un escrito de Santiesteban concluyó que "podía ser" culpable porque la inclinación de su letra mostraba que "podía ser" violento. Con esa "prueba" lo condenaron a 5 años, de los cuales cumplió la mitad y actualmente, luego de cumplir 3 años de cárcel y dos en libertad condicional, sigue exigiendo que se realice una Revisión del Juicio, para probar la maniobra política en su contra, pues incluso el hijo de Santiesteban, ya mayor de edad, confesó a la televisión extranjera que su madre lo había obligado a mentir contra el padre y que sicólogos de la policía política lo habían presionado también para que lo hiciera. Aunque ya no está detrás de las rejas, Ángel Santiesteban sigue siendo un proscrito dentro de la isla.

Sobre el silencio con el que sus colegas han observado toda la represión en su contra, Santiesteban dice:

> "Siempre me pregunto cuál es la fórmula para callar, para pensar de una forma y decir otra públicamente. ¿De qué hay que estar hecho para aceptar dádivas al precio de ver a tu país en dictadura, al pueblo en la miseria y permanecer en silencio? ¿Cómo se ignora a la historia que te recogerá como un hipócrita, como un aliado de un sistema manipulador que en más de cincuenta años lo único que supo fue censurar, amordazar la opinión personal y llenarnos de sacrificio denigrante, tristeza y hambruna?

> "[...] la responsabilidad de los escritores cubanos, más que nunca, es protestar, hacer público sus desacuerdos. Exigir sus derechos como artista independientemente de las consecuencias. Tiene la responsabilidad de ser el eco de su tiempo, de su pueblo y de su conciencia. Con eso basta para ser martianos.

> "A mí, quizá más que a nadie, me han dado pruebas los escritores de su posición real ante el sistema. A veces, cuando los escuchaba, me hacían sentir más cerca de la política del sistema que ellos. Tienen dos discursos: el oficial y el crítico, que esconden a la oficialidad. Porque prefieren viajar, como te dije ahorita, como miserables, pero viajar, porque algo resuelven, además de respirar libertad. Pero no creo en la honestidad de la mayoría. Fingen ser "compañeros de viaje", es un status cínico que aceptan ambas partes, y se usan y aprovechan con la finalidad de permanecer, uno como humano, y el otro como sistema social.

"Los escritores mueven la famosa banderita, a veces con más ímpetu que otros, según las dádivas ofrecidas, y acallan su verdadero sentir del sistema. Pero para eso se inventó la historia que infaliblemente recogerá la hipocresía de cada cual"[83].

Para terminar, no podría cerrarse este breve recorrido sin mencionar dos sucesos que conmovieron el escenario de la cultura a partir del 2005 (el surgimiento de la blogosfera cubana) y en el 2007 la mayor protesta intelectual hasta hoy ocurrida conocida como "La guerrita de los Emails" o el "Pavongate".

3.- 2005 - La blogosfera cubana y el control del internet

"Equipos de trabajo dotados de la logística necesaria, dirigidos directamente desde los centros de operaciones de guerra psicológica de los servicios especiales de los Estados Unidos, preparan y llevan adelante los planes contra Cuba, el rumor prefabricado, la calumnia, la falsa noticia, todo es utilizado para crear zozobra y sembrar el desengaño, la duda, el miedo, la confusión, las redes sociales son manipuladas ampliamente y se construyen líderes de opinión espurios, que trabajan con perfiles falsos, equipos de hasta una decena de personas, comparten uno o varios seudónimos, algunos de esos ciber mercenarios cuenta con varios perfiles, verdaderos maestros del chisme, del rumor, de la mentira han surgido de esas filas"[84].

Raúl Antonio Capote, escritor, agente "Daniel" de la DSE

El blog llegó tarde a Cuba, como todo lo que tiene que ver con la tecnología y el desarrollo de internet, pero bastó

---

83 Santiesteban Prats, Ángel. "La responsabilidad de los escritores cubanos, más que nunca, es protestar, hacer público sus desacuerdos", entrevista concedida al Autor, 4 de abril de 2012.

84 Capote, Raúl Antonio. "Disparan: el blanco es la Revolución". Blog: *El adversario*, 22 de agosto de 2016.

con que algunos periodistas independientes descubrieran sus posibilidades como instrumentos de expresión libre para que el fenómeno se expandiera por toda la isla, de modo natural y no debido a esa macabra preparación de los servicios especiales de Estados Unidos, como sugiere Raúl Antonio Capote[85] en la cita anterior. Es hoy muy conocido, por su calidad e impacto internacional, y por la polémica que ha generado, el blog *Generación Y*, de Yoani Sánchez, y justo es decir que en parte a su labor personal se debió la eclosión de lo que empezó a ser llamado "Movimiento Blogger", refiriéndose exclusivamente a los blogs escritos por voces contestatarias, y que se ha preferido llamar "Blogosfera Cubana" en un intento de resumir un fenómeno que quizás haya sido (y aún lo es en muchos modos) el único escenario de debate público sobre temas de interés nacional que existe en Cuba, pues en su entorno virtual han confluido (y aún confluyen) las ideas de quienes se oponen a la dictadura y las opiniones de quienes la defienden.

Aunque en la actualidad se trata de un fenómeno bastante amplio y diverso, en esos primeros tiempos hay que destacar el protagonismo que tuvieron los blogs de Yoani Sánchez, Claudia Cadelo, Orlando Luis Pardo Lazo, Ángel Santiesteban, Luis Felipe Rojas Rosabal y Luis Cino, entre otros muchos, escritos con post de una calidad y una originalidad tal en sus acercamientos a la vida cotidiana nacional que llamaron la atención de cientos de miles de lectores en todo el mundo. Estos blogs, a contracorriente de las graves dificultades que existían para acceder a internet, brotaron en toda la isla, aunque entre los años 2005 y 2010, otro sitio contestatario, *Desde Cuba* (desdecuba.com), ofreciera una visualidad internacional

---

⁸⁵ Luego de una trayectoria vinculada a la oposición intelectual cubana, Capote fue reclutado por la policía política castrista (DSE) al ser reclutado también por la Agencia Central de Inteligencia, y además de cumplir tareas para el gobierno cubano como doble agente, informaba sobre las declaraciones, actividades y movimientos "sospechosos" de varios de sus colegas escritores, algunos de ellos amigos muy cercanos. En la actualidad es uno de los mayores "talibanes" de la política cubana.

mayor a los blogueros asentados en esa plataforma, y alcanzaran una presencia interesante las aportaciones de las revistas *Voces*, *Vitral* y *Primavera Digital*. En cualquier caso, como apunta el escritor y periodista Armando Añel en su artículo "Periodismo ciudadano dentro y fuera de Cuba" en el sitio digital *Blogger Cubano*, lo más notable es que esta modalidad de la comunicación "tomó el bastón de relevo del periodismo independiente tradicional [...] en la emergente era de las redes sociales, el periodismo ciudadano de los nuevos blogueros se adaptó mejor a las particularidades de la revolución tecnológica en ebullición. Paralelamente, en esos años, a los blogueros de dentro de Cuba les sirvió de soporte, y actuó como agente de interacción informativa, un dinámico y variopinto movimiento de blogueros exiliados. Internet unía a las dos orillas con una eficacia y una inmediatez que no había logrado hasta ese momento ningún otro medio tecnológico".

Como bien apunta Añel, y yo lo considero la estocada inesperada que provocó la reacción de los censores, un momento importante podría encontrarse en la campaña ocurrida el primero de junio de 2009, organizada por blogueros cubanos del exilio, quienes lograron impactar a miles de internautas de otros países en el empeño de poner a la opinión pública internacional frente a la verdadera cara represiva de la dictadura, presionándola en tres aspectos esenciales: la liberación de los presos políticos, la eliminación de las restricciones impuestas a los cubanos a la hora de salir y entrar a su país; y el acceso libre a internet para todos los cubanos.

Algo así, es obvio, atacaba el centro de gravedad de los censores: la realidad demostraba que estaban perdiendo claramente el monopolio del control de la información. Y fue así que se decidió combatir a todos los niveles lo que la propaganda oficial comenzó a tildar de "Guerra mediática" o, como explicaría el periodista Randy Alonso en una Mesa Redonda televisiva sobre el tema, "el quintacolumnismo periodístico". A partir de ese momento se establecieron normas que intentaron responder a la supuesta guerra en tres direcciones: por un lado se autorizó el surgimiento (controlado) de blogueros oficialistas para poner un contrapeso a una balanza que, hasta ese instante, favorecía a los blogueros opositores; por otro lado, se comenzó un proceso de entrenamiento de los periodistas cubanos en las nuevas tecnologías (muchos de ellos ni siquiera habían navegado antes en internet) y se les exigió respuestas militantes siempre que encontraran en blogs "enemigos" opiniones que debían ser enfrentadas, y por otra parte, se creó en la Universidad de Ciencias Informáticas una división para estudiar, controlar, bloquear y combatir de cualquier forma tecnológica los ataques cibernéticos, ya no solo de la blogosfera enemiga, sino también de cualquier publicación o sitio digital que atacara a "la Revolución".

De un evento que sobre este tema se realizó en la isla con el patrocinio de la policía política cubana se escaparon algunos videos de especialistas que explicaban la necesidad de utilizar todo tipo de procedimientos (se habló de robots, cuentas falsas, intervención de correos, hackeo de cuentas, etc.) para contrarrestar la resonancia propagandística que internet estaba ofreciendo a nivel internacional a las ideas contrarrevolucionarias a través de (y son exactamente las palabras de uno de esos especialistas) "la táctica del quintacolumnismo que en los últimos años viene utilizando frecuentemente el gobierno de Estados Unidos en sus ataques contra nosotros". En una de esas conferencias se sugirió una idea que luego veríamos estallar en internet: no sólo aquellos revolucionarios residentes en la isla debían convertirse en "guerreros cibernéticos", sino que las embajadas de Cuba en el exterior debían reclutar a cubanos residentes en el exilio para que se convirtieran también en ciberguerreros, y presionar a los grupos extranjeros de apoyo a "la Revolución" para que orientaran a sus miembros estar atentos y responder con contundencia a cualquier ataque contrarrevolucionario en internet. Es justo siguiendo esa táctica que las representaciones diplomáticas cubanas comienzan a distribuir numerosos materiales con una bien pensada campaña de difamación de todos aquellos activistas, grupos o políticos de la oposición que con más frecuencia aparecían o utilizaban los medios sociales para demostrar al mundo civilizado la verdadera cara del régimen. Son esos los argumentos que suelen utilizar en los medios sociales, a favor de la Revolución Cubana, esos "ciberguerreros".

Ese período de burda confrontación mediante tácticas difamatorias, derivó en una realidad kafkiana: muchos de los más destacados blogueros y periodistas oficialistas criticaron el atrincheramiento ideológico, la falta de creatividad y las rígidas concepciones de las libertades que limitaban incluso a quienes querían defender sinceramente el sistema cubano y se sentían maniatados por los condicionamientos y limitaciones que encontraban para realizar esa defensa sin ser ellos mismos censurados. Posteriormente, coincidiendo con el deshielo entre La Habana y Washington, las aguas de la blogosfera tomaron un rumbo más tranquilo hasta que en 2015 un grupo de esos informadores, con posiciones críticas al oficialismo pero que defendían "la esencia" de "la Revolución", luego de ser invitados a conocer la realidad informativa de Alemania, serían atacados por sus propios colegas en la isla, por considerarlos (otra vez la etiqueta repetida en varios post) ingenuos incapaces de ver cómo los utilizaban para la estrategia de destruir "la Revolución" a partir de métodos quintacolumnistas a través a la información.

Nada más lejos de la verdad que esas acusaciones de "métodos quintacolumnistas". La Fundación alemana TAZ Panter, medio liberal de izquierda con larga experiencia como órgano de prensa alternativo a los medios tradicionales de comunicación en Alemania, es reconocido por organizar regularmente entrenamientos para jóvenes periodistas alemanes y por haber trasladado esa experiencia a nivel internacional mediante talleres con jóvenes periodistas de

Europa del Este y Myanmar (antigua Birmania). Bern Pickert, periodista a quien se le ocurrió probar suerte con Cuba en ese terreno de intercambios, confiesa no sentirse alarmado, pero sí asombrado de la reacción de algunos líderes del periodismo oficial:

> "Conozco bien el caso cubano, pero creyendo que en verdad el gobierno tenía intención de hacer cambios, no pensé que la reacción fuera tan absurda e intolerante. Nunca hemos pretendido derribar nada, ni este proyecto es un ataque a nada. Por eso me resultan ridículas las acusaciones que nos hicieron desde la isla y las acusaciones vertidas contra los periodistas que asistieron a ese primer encuentro. Nuestros invitados, aunque sean críticos, no tienen vínculos con la llamada disidencia política cubana. Y como, al menos yo, creo que es un error que todos los medios pertenezcan al mismo dueño, cuando empecé a ver el surgimiento de estas voces jóvenes, con una mirada muy interesante desde la pertenencia al proceso revolucionario pero también con una independencia demostrable, sentí que podría ser interesante propiciar intercambios, abrirles más su estrecho espectro de información sobre el periodismo fuera de la isla, no esos entrenamientos ni esos adoctrinamientos engañosos a los que aluden esos otros periodistas a quienes incluso estos muchachos llaman *talibanes de la información*".

Lo cierto es que, gracias a esos apoyos internacionales, a la visualidad que han ganado con la ayuda promocional de instituciones europeas y norteamericanas, y gracias a cursos, maestrías, talleres y viajes que han podido realizar para ampliar su experiencia periodística, sitios como *On Cuba*, *Periodismo de Barrio*, *El Estornudo*, *El Toque*, *Progreso Semanal*, *La Joven Cuba*, y algunos otros menos conocidos, se han convertido en los nuevos protagonistas de un periodismo más libre en la isla. Aunque, justo es decirlo, no sean ellos los únicos, como asegura el periodista independiente Luis Cino:

"Resulta loable que hayan aparecido estos jóvenes comunicadores de los medios alternativos que hablan de una Cuba más parecida a la real que la que pintan los medios oficialistas. Los hay excelentes, como Elaine Díaz, o los de *El Estornudo*, con su periodismo literario, y Harold Cárdenas, por qué no, a pesar de sus pretensiones de "salvar a la Revolución" y mostrarse más socialista que Marx y Engels juntos. Pero si se habla de calidad, en el campo de los independientes —los disidentes, quiero decir—, están desde hace muchos años, derrochando oficio, periodistas como Miriam Celaya, Tania Díaz Castro, Iván García, Ernesto Pérez Chang, Juan González Febles, Víctor Manuel Domínguez y Jorge Olivera, entre otros"[86].

4.- 2007 - La guerrita de los emails

"Vivimos un momento tan difícil como intenso, y estoy convencido de que el rumbo que el país tome en un futuro más o menos inmediato es responsabilidad de todos. El campo intelectual cubano, a mi juicio, se ha complejizado en los años más recientes, y, al lado de un evidente pensamiento de derechas, dentro y fuera de Cuba, coexiste una posición complaciente (¿una derecha pragmática?) en la que se mezclan las oportunidades del mercado con la preferencia oficial por actitudes de obediencia y silencio. «Si me dejan ganar dinero en paz,

86 Cino, Luis. "Un informe decepcionante e injusto". Cubanet, 30 de septiembre de 2016.

me quedo callado o aplaudo sin reservas», parecería ser un lema frecuente en estos días, alimentado por la difusión de que disfrutan esos que siempre asienten y el usual ninguneo para quienes, desde la izquierda y la revolución, prefieren pensar (y, con frecuencia, discrepar). Ambas vertientes, la derecha beligerante y la pasiva o pragmática, pueden ser un terreno propicio para el resurgimiento no ya de figuras cuyo capital político, incluso por razones de edad, está muy desgastado, sino de un tipo de pensamiento que persiste en nuestra cultura"[87].

Arturo Arango, escritor.

En 2015, luego de la censura contra la obra de teatro "El rey se muere", del proyecto "El ingenio", dirigido por Juan Carlos Cremata; luego de la expulsión de este talentoso artista de su cargo y de la "reubicación" de los actores de ese proyecto en otras agrupaciones teatrales, un grupo de cineastas protagonizó un acto de independencia colectiva que, aunque debería ser lo normal, es una rara avis en la cultura cubana. Primero, los participantes se opusieron abiertamente a la represión emprendida por los comisarios culturales contra Cremata y cuestionaron que la oficialidad pretendiera que el artista asumiera con resignación y en silencio la censura de la que había sido víctima; después, lanzaron profundas críticas al control censor que impiden las libertades creativas y encadenan a directores y actores al monopolio concebido por el Instituto Cubano de Arte e Industria Cinematográficos (ICAIC), y como para no dejar dudas de su determinación, se opusieron a que un funcionario echara de la actividad a Eliécer Ávila, un reconocido líder del movimiento político opositor "Somos +", que asistía como público a la discusión. Pero aún

---

87 Arango, Arturo. Mensaje electrónico 6 de enero de 2007. Dossier "Pavongate o La Guerrita de los Email, 2007", en numerosos sitios de descarga gratuita en internet.

está por ver si las críticas vertidas en este evento tienen consecuencias represivas o respuestas solucionadoras a los graves problemas allí analizados.

Algo similar, pero de mayores dimensiones, ocurrió en enero del 2007. Inesperadamente, en programas de alto rating de la televisión cubana, se le rindió homenaje a antiguos comisarios culturales, sobre quienes recaía directamente la responsabilidad de la represión del llamado "quinquenio gris" de los años setenta del siglo XX. A finales del 2006, la programación del Instituto Cubano de Radio y Televisión (ICRT), presidida entonces por el teniente coronel Ernesto López (antiguo director de los Estudios Fílmicos del Ministerio de las Fuerzas Armadas), había incluido una entrevista a Jorge "Papito" Serguera, como ya se ha dicho aquí un censor destacado y ex director de la televisión cubana entre 1967 y 1974 en pleno auge de la represión intelectual. Otro programa entrevistó a Armando Quesada, a quien en el mundo cultural llamábamos *Torquesada*, pues había sido el comisario a cargo de la tarea "revolucionaria" de purgar el movimiento teatral cubano, labor en la cual llegó a cerrar el prestigioso Teatro Guiñol, mandando incluso a quemar los muñecos y las marionetas.

Esas apariciones, aunque encendieron algunas alarmas, en especial entre aquellos artistas que habían sufrido la represión a manos de Serguera o Quesada, no tuvieron repercusión más allá de algún que otro intercambio de comentarios entre las víctimas. Pero el 5 de enero de 2007 el canal principal de la televisión cubana, Cubavisión, presentó a otro represor, el escritor Luis Pavón Tamayo, en el programa *Impronta,* destinado desde su creación a homenajear a figuras que merecen ser recordados eternamente en la historia de la cultura cubana. Luis Pavón Tamayo había presidido el siniestro Consejo Nacional de Cultura (CNC) entre 1971 y 1976, y era considerado uno de los cerebros y brazos ejecutores de la represión, censura y marginación contra cientos de artistas, escritores, intelectuales y periodistas cubanos, que morirían sin ser reivindicados, huirían al exilio o pasarían largos años de exclusión social.

Para muchos quedó claro que aquellos tres homenajes no se debían a la casualidad. Nadie creyó tampoco la versión que luego se difundiría de que aquellos homenajes se debían a "errores de especialistas desinformados". Aún nadie puede asegurar qué perseguían los gestores de esa maniobra de revivir negros espectros de un pasado tan terrible para la cultura cubana, pero todos tuvimos la certeza de que la unidad intelectual inesperada que provocó aquellas "resurrecciones" frustró un plan que, por absurdo, tenía un tufo bastante siniestro.

Mauricio Vicent, entonces corresponsal del periódico español *El País* en Cuba, en su artículo "El recuerdo del 'quinquenio gris' moviliza a los intelectuales cubanos", del 13 de enero, lo resumió así:

"Primero fueron unos pocos amigos, que esa misma noche comenzaron a llamarse por teléfono y cruzarse mensajes por correo electrónico comentando lo sucedido; en los días siguientes, decenas de intelectuales y creadores, muchos de ellos víctimas del *pavonato,* siguieron escribiéndose...

Poco a poco fue tomando cuerpo una protesta que creció como una bola de nieve en Internet [...] Entre las primeras cartas intercambiadas, estuvieron las de los escritores Jorge Ángel Pérez, Desiderio Navarro, Arturo Arango, Reynaldo González y Antón Arrufat, los dos últimos *parametrados* y marginados en aquella época por su homosexualidad, entre otras "debilidades ideológicas". [...] En menos de tres días, cerca de 40 intelectuales cubanos enviaron mensajes de respaldo o testimonios que avivaron y enriquecieron la polémica, incluidos los escritores César López, Sigfredo Ariel, Ena

Lucía Portela, Ambrosio Fornet, Waldo Leyva, Jaime Sarusky y Miguel Barnet; dramaturgos y actores como Abelardo Estorino, Pancho García o Carlos Celdrán; los cineastas Enrique Pineda Barnet, Senel Paz y Juan Carlos Tabío; el coreógrafo Ramiro Guerra; así como Eliseo Alberto, Amir Valle y Abilio Estévez, además de otros intelectuales del exilio".

Por primera vez se unificaba la crítica en torno a la responsabilidad que todos tenemos en el desastre nacional. Desiderio Navarro apuntaba que si "la responsabilidad de los políticos en las limitaciones del papel crítico del intelectual" era importante, también lo era "la responsabilidad de los intelectuales: sin el silencio y la pasividad de la casi totalidad de ellos (por no mencionar la complicidad y el oportunismo de no pocos) el *quinquenio gris* o el *pavonato,* como ya entonces lo llamaron muchos, no hubiera sido posible, o, en todo caso, no hubiera sido posible con toda la destructividad que tuvo". Y recuerdo que, como reseña el propio Mauricio Vicent en su artículo, pedí que se abriera un debate real que llegara hasta las últimas consecuencias y agregué que "espero que llegue el momento de que no se intente librar de culpa a quien haya sido culpable de aquellos desastres y de muchos que se han cometido (y aún se cometen), y esa culpa, lo dejo bien claro, empieza en Fidel y llega hasta esos muchos Pavones que hoy conocemos. Eso, entre otras muchas razones que deben dilucidarse, hablando claro y sin medias tintas".

Gerardo Fulleda León, una de las víctimas de la censura contra el grupo *El Puente*, recordó que tanto víctimas como victimarios habían aceptado callar durante tres décadas, eludiendo un tema vital para la cultura nacional, y con mucho tino escribió que no era hora "de temor, o de silencio, sino de unidad para evitar cualquier intento de retrotraer los tiempos y que la historia intente repetirse. La caja de Pandora la abrieron ellos y son quienes deben temer a nuestro dolor, excusarse ante nuestras cicatrices y callar".

Lo realmente inédito fue que, salvo un par de excepciones que intentaron cuestionar que "al debate" se sumaran los mensajes de cubanos exiliados, todo el discurso estuvo centrado en la necesidad de evitar que el viejo fantasma de la represión cultural plantara otra vez sus botas sobre la escena de la cultura. Y esa unidad entre las dos orillas (isla y exilio) en torno a lo esencial del problema, junto al hecho inédito de que varias generaciones de creadores cubanos asumieran sin proponérselo una plataforma común de diálogo respetuoso poniendo a un lado heridas y diferencias, hizo saltar las alarmas de la alta nomenclatura política que, como se filtraría luego, dio la orden al Ministro Abel Prieto de ponerle freno a una bola de nieve que podría alcanzar dimensiones peligrosas.

La UNEAC, como siempre servicial al poder, fue la primera en contraatacar (nótese los subrayados que he hecho al texto):

"La política cultural de la Revolución es irreversible

"El Secretariado de la UNEAC comparte la justa indignación de un grupo de nuestros más importantes escritores y artistas como consecuencia de recientes emisiones de tres programas de la Televisión Cubana: "Diálogo abierto", "La diferencia" y en particular "Impronta". A partir de las mismas, se generó un intenso intercambio de opiniones. Desde fuera de Cuba, algunos intervinieron con honestidad en la polémica; <u>otros, trabajando obviamente al servicio del enemigo,</u> han querido manipularla y sacar provecho de la situación creada. <u>Quedarán definitivamente frustrados, una vez más, aquellos que pretenden ver en el debate entre revolucionarios posiciones ambiguas, fisuras u oportunidades para su agenda anexionista.</u>

"El pasado 9 de enero se convocó una reunión del Secretariado de la UNEAC con los creadores que habían participado inicialmente en ese intercambio para evaluar los hechos y consensuar una respuesta. La preocupación fundamental de los compañeros allí reunidos, consistía en que los mencionados programas pudieran responder a una intencionalidad y expresar una tendencia ajena a la política cultural que ha garantizado y garantiza nuestra unidad. <u>Fue de la mayor importancia contar desde el primer momento con el más absoluto respaldo de la dirección del Partido</u>. El 12 de enero la Presidencia del ICRT nos ofreció una explicación detallada sobre los resultados iniciales de un análisis acerca de estos programas. Se puso de manifiesto que no respondían a una política del organismo y que en su gestación y realización se habían cometido graves errores. En la discusión, se hizo evidente la necesidad de trabajar de conjunto, el ICRT, la UNEAC y las instituciones culturales, en la promoción a través de los medios de obras y creadores que expresen las auténticas jerarquías intelectuales y artísticas de la cultura cubana.

"<u>No nos dividirán ni las torpezas ni los que quieren aprovecharse de ellas para dañar a la Revolución. La política cultural martiana, antidogmática, creadora y participativa, de Fidel y Raúl, fundada con "Palabras a los intelectuales ", es irreversible</u>"[88].

Maquiavélicamente, la estrategia fue propiciar lo que la mayoría de las víctimas llevaba años pidiendo a gritos: una tribuna para hacer catarsis de su dolor. Los estrategas de la censura sabían que, propiciando ese espacio, todo regresaría al ámbito dócil de las palabras y abandonaría el terreno de los hechos, concretado en este caso, primero, en una peligrosa

---

88 Dossier "Pavongate o La Guerrita de los Email, 2007", en numerosos sitios de descarga gratuita en internet.

ruptura de los muros que la dictadura había levantado durante décadas para dividir la cultura cubana en dos extremos supuestamente irreconciliables, y segundo, en el abandono de la mansedumbre y resignación con la que los creadores de la isla aceptaban los designios de los políticos y de sus amanuenses, los comisarios culturales.

Lo que vino después es vergonzoso: una comisión de "elegidos" visitando al Gran Comisario Abel Prieto para pedir cuentas (como diría uno de ellos luego en otro intercambio de mensajes, ni ellos mismos se creían que Abel fuera a responder sinceramente); una reunión en Casa de las Américas donde ninguno de los "líderes de la protesta" protestó por la cantidad de colegas a quienes se les negó la entrada; víctimas haciendo luego gala de sus heridas en foros de cupo limitado a los cuales se negó la entrada de jóvenes creadores y voces opositoras; publicación de esas intervenciones envolviéndolas en el falso velo de que se trataba de un acto de justicia poética que "la Revolución" le concedía a esos "artistas revolucionarios" como prueba de que los errores jamás regresarían; comisarios políticos dando por cerrado el caso con entrevistas y comunicados donde, entre otras sutilezas, se volvían a levantar las piedras caídas del muro de la división, anunciando que los artistas y escritores cubanos, la UNEAC y otras estructuras del poder cultural, habían vuelto a ganar una batalla contra "los intolerantes" y extremistas que, tanto en la isla como en el exilio, pensaron que podrían aprovecharse de aquel suceso para herir de muerte a "la Revolución"; y finalmente la publicación de las intervenciones de ese "debate" en el libro *La política cultural del periodo revolucionario: Memoria y reflexión*, que se presentó en otro show en la Feria Internacional del Libro del 2008, otra vez controlando la asistencia para evitar voces que pudieran resultar peligrosas.

Y aunque algunos de los protagonistas de aquel debate se dieran por satisfechos con haber podido soltar las cargas que habían silenciado durante años, el debate que pudo abrirse no fue tal. Ningún debate se cierra mirando al pasado y enterrando los errores, cuando se tienen las pruebas de que se siguen repitiendo los mismos errores. Hay un largo rosario de censuras y represiones que demuestran que son otros los censores, que son otros muchos los censurados y que represión y censura siguen gozando de salud, disfrazados con trajes más agradables para complacer a quienes prefieren ver sacrificar al toro desde la tranquilidad de las gradas. Por eso jamás estaré de acuerdo con las palabras triunfalistas de Desiderio Navarro con las que intentó tirar este capítulo de la censura a un oscuro rincón del pasado: "la voluntad de recordar, esclarecer, profundizar, explicar, escuchar, comprender y dialogar a fin de hacer valer la verdad histórica y los principios morales que dieron origen y legitiman a la Revolución, para la cual, sin duda, este debate ha sido un muy esperado y verdadero triunfo de su confianza en sí misma y de su madurez".

Y quizás ese era el sentido del mensaje que, desde Estados Unidos, envió la poeta Belkis Cuza Malé, que fue víctima junto a su entonces esposo, Heberto Padilla, de todo aquel horror, y que conoce bien a muchos de los que "protestaron":

"[...] ¿oyeron a alguno de ellos levantar la voz cuando hace dos años fueron encarcelados los 75 escritores, periodistas y disidentes que todavía guardan hoy prisión, salvo unos pocos que han sido liberados? ¿Qué han dicho entonces y ahora? ¿Quién defendió entonces a su colega Raúl Rivero? ¿Alguien se ha atrevido a pedir justicia para el doctor Oscar Biscet? ¿Quién denunció el encarcelamiento de Reinaldo Arenas, René Ariza, Heberto Padilla? ¿O el fusilamiento del escritor Nelson Herrera, o años después el atropello y cárcel a María Elena Cruz Varela y Tania Díaz Castro? ¿O quién protestó cuando a finales de los sesenta Virgilio Piñera, y muchos otros escritores, fueron separados de la UNEAC, ese 'cascarón de figurones', como la llamó Heberto Padilla en su momento?[89]"

Veo más sinceridad y más sentido común en lo que premonitoriamente me dijeran entonces, en mensajes que cruzamos, Ángel Santiesteban: "jamás había sentido tanta vergüenza de llamarme escritor; jamás creí que cobardía y escritor podían sonar como una misma palabra y lo peor es que, según se ve, arrastraremos siempre ese yugo de bestias domesticadas", y la novelista Ena Lucía Portela: "cerdos que marchan contentos al matadero, así se han comportado; a partir de ahora cualquier represión será justificada y silenciada; ya saben que es imposible que nos levantemos alguna vez de nuestra miseria y nuestro miedo".

---

89 Cuza Malé, Belkis. Mensaje electrónico 26 de enero de 2007. Dossier "Pavongate o La Guerrita de los Email, 2007", en numerosos sitios de descarga gratuita en internet.

Epílogo

Las nuevas estrategias para la futura era neocastrista

UNA DE LAS "VIRTUDES" más reconocidas de Fidel Castro ha sido su camaleonismo; esa intuición que le permitía descubrir con antelación cualquier señal de cambio o adaptarse sin transición a toda circunstancia adversa o favorable. A ese camaleonismo, que aplicó a todas las áreas de su vida, incluidas la sentimental y la íntima, debe mucho la supervivencia de la Revolución Cubana por 61 años. Porque, como he dicho en varias entrevistas, nadie podrá entender jamás qué es Cuba hoy y qué ha sido la Revolución Cubana obviando la compleja personalidad de Fidel, la traslación que ha hecho de todos sus vicios y tics envilecedores al sistema político que fue amoldando y, en consecuencia, la configuración de una estructura social incapaz de concebir la idea de su infalibilidad. En simples palabras, es imposible entender la Cuba de las últimas seis décadas sin aceptar que el castrismo no es únicamente una metodología política, una desviación oportunista de la idea que sobre la Revolución tenía la mayor parte de quienes lucharon junto a Fidel para sacar a Batista del poder, sino también una filosofía de vida extendida a la sociedad y, además, en lo antropológico, una enfermedad degenerativa que ha contaminado el comportamiento íntimo y público de millones de cubanos. Y aunque necesitaría otro libro para explicar a fondo esta cuestión, creo necesario agregar que si se pierde la atención a esa peculiar filosofía de vida jamás podrá llegarse a entender el verdadero trasfondo de los "cambios" propuestos por Raúl Castro desde que asumió el poder en el 2006, y tampoco podrá descubrirse el hilo casi invisible con el que el castrismo va tejiendo los pasos de la sucesión de la vieja generación castrista por la nueva nomenclatura: el neocastrismo. Finalmente, si no se asume que el castrismo es, además, una filosofía de vida injertada por el propio Fidel en el ámbito familiar de la generación "fundadora" de la "Revolución", nadie llegará a entender qué hay de diferente en los neocastristas, cuáles son sus fortalezas, qué amalgama de ideologías pueden leerse tras sus actos, en qué punto difieren o se amoldan a la herencia política recibida, o dónde se les han colado esos gérmenes autófagos que los conducirán inevitablemente, y aunque demore un poco, a la autodestrucción.

Todo lo anterior lo comento para señalar algo que puede parecer exagerado o un disparate, pero que es tema de muchos análisis: como cualquier otro elemento de la sociedad que Fidel moldeó siguiendo su idea monopólica de poder, la cultura cubana responde a las leyes generales objetivas establecidas por la filosofía, la antropología, la política y otras ciencias que estudian ese fenómeno **solamente** cuando se le analiza como parte de la ideología política del castrismo. Como cientos de estudios indican, la cultura hecha en Cuba en el llamado "período revolucionario", aunque se asentó en la concepción estalinista y repitió algunos de sus errores de control, ha transitado por caminos, métodos y parámetros que en muy poco coinciden con la "Cultura Soviética", como también la mayoría de esos estudios coinciden en señalar un cisma en estos ámbitos entre la cultura de la Cuba anterior a 1959 y la cultura de estos 61 años de castrismo. Muchos partidarios de "la Revolución", y también muchos ingenuos enemigos, consideran que, el gobierno de Fidel antes y de Raúl hoy, pretendían con sinceridad poner la cultura al servicio de la sociedad y del pueblo (y argumentan esa idea con el innegable apoyo gubernamental que ha propiciado que en la isla se produzca uno de los mayores desarrollos culturales de todo el planeta, incluidos muchos países del Primer Mundo). Aluden usualmente a una palabra que, en el caso cubano, es una ofensa al sentido común: independencia, pues en su criterio "la Revolución" "dio vía libre a la creatividad popular", "masificó la cultura como una manifestación libre de cualquier cubano", "sacó a la cultura de los castillos de cristal que habitaba antes de 1959", "concedió total libertad creativa", y otras barbaridades que, casualmente, son las que ha repetido década tras década, hasta hoy, la propaganda de la dictadura. Por haberme zambullido a los 13 años en el escenario de la cultura cubana, si no bastara todo lo que hicieron para castigarme por no convertirme en un propagandista cultural de la ideología "revolucionaria", doy fe de que "independencia", "libertad creativa", "manifestación libre de la creatividad" son términos que han funcionado sólo en ese momento íntimo y solitario de la creación (en aquellos casos de quienes logran desintoxicarse del virus de la autocensura y el miedo, una plaga innegable entre los artistas, escritores e intelectuales de la isla). Pero una vez que decides compartir tu obra, en un escenario donde el único dueño es el gobierno y en el que rige como ley inexorable la Política Cultural de la Revolución, los términos "independencia", "libertad creativa", "manifestación libre de la creatividad" son elementos tan palpables como la galaxia EGS-zs8-1 que, dicen los astrólogos, es la más antigua, la más lejana, a 13 mil millones de años luz de la tierra.

Nadie que quiera entender la cultura cubana hoy puede olvidar ese elemento: es un apéndice de la ideología política del castrismo y, por ello, un instrumento de propaganda revolucionaria; algo que instituciones como la UNEAC, la Asociación Hermanos Saíz, otras dependencias del Ministerio de Cultura y los comisarios culturales suelen recordarnos en sus declaraciones: la cultura debe ser "un arma de la Revolución". Pero tampoco, especialmente en los últimos tiempos, debe olvidarse el papel que el factor "guerra con

Estados Unidos" ha ocupado en la configuración de ese discurso de trinchera, incluso durante ese corto e "ilusionado" período de la tan cacareada "Nueva Era" entre Washington y La Habana, bajo la batuta de Barack Obama.

Podría pensarse que la ingenuidad del presidente Barak Obama de romper una política de confrontación de más de 50 años entre los gobiernos de Cuba y Estados Unidos, haciendo concesiones unilaterales en todos los ámbitos sin exigir absolutamente nada a Raúl Castro, derrumbó ese discurso de "plaza sitiada por el enemigo". Pero apenas se produjeron los primeros gestos conciliatorios de Obama, tanto la prensa nacional como la plataforma propagandística de la cultura insistieron en que se trataba de "una nueva estrategia para acabar con la Revolución". A ninguno de los ideólogos de la dictadura se le escapó la que podría ser la más peligrosa de las ideas en la propuesta de Obama: que un contacto mayor entre las dos sociedades, entre los dos modos de vida, entre las dos culturas, de pueblo a pueblo, generaría a corto y largo plazo muchos más cambios en la sociedad cubana que mediante la confrontación política de las últimas cinco décadas. Como dijeran algunos comisarios políticos cubanos en programas televisivos sobre el tema, el campo de batalla se había complejizado a nivel nacional, pero además se había trasladado al propio país del norte, de modo que "salvar a la cultura de estos nuevos métodos de injerencia, es salvar a la Revolución". Ese pensamiento se ha recrudecido desde el mismo inicio de lo que en la isla han llamado "la era regresiva Trump".

Si bien Estados Unidos todavía facilita el intercambio cultural (existe un real flujo de profesionales cubanos y norteamericanos que viajan a universidades y eventos en ambos sentidos); y si bien ofrece aún cursos de entrenamiento en sus universidades para opositores jóvenes y miembros de la sociedad civil disidente, continúa aceptando sin protestar (o haciéndolo en corrillos que aún no provocan ninguna reforma o cambio en esta anómala "apertura) la decisión unilateral del gobierno cubano de que ese intercambio siga enturbiado por la ideología y por la exclusión. Por sólo mencionar dos aspectos: Estados Unidos generalmente no pone cuestionamientos individuales a ninguno de los profesionales que viajan a su territorio, y, sin embargo, el gobierno de la isla sigue arrogándose el derecho de limitar la inclusión de profesionales norteamericanos en programas y eventos realizados en Cuba, aceptando sólo a quienes apoyan abiertamente su gestión, y además se niega a incluir en dicho intercambio a un gran número de profesionales exiliados críticos con la dictadura.

Conociendo que buena parte de la intelectualidad norteamericana sigue manifestándose nostálgicamente a favor de la Revolución Cubana y de lo que representó originalmente el proceso revolucionario castrista para la izquierda internacional, los comisarios culturales (encabezados por Abel Prieto, y no debe olvidarse que fue durante un buen tiempo el asesor de Raúl Castro) manifestaron en muchas reuniones a distintos niveles, en la "era Obama" y lo hacen ahora en la "era Trump", que el reto mayor de la academia y de la intelectualidad oficialista es conquistar, "enamorar" a ese sector que, como se sabe, tiene gran impacto dentro de la opinión pública norteamericana. Hay que señalar, además, que la intención manifiesta de la Unión Europea de acercarse a Cuba, acercamiento que se ha intensificado en el último quinquenio reforzando los lazos existentes entre Europa y Cuba en materia cultural, ha trasladado también a los escenarios europeos esta estrategia proselitista para atraer a los intelectuales "amigos" o "confundidos por los ataques de la derecha internacional contra la Revolución".

La policía política se ha sumado a este empeño con una doble estrategia: hacia el interior, una mayor represión y control abierto del pensamiento y el comportamiento "disidente" en el mundo de la cultura; y hacia el exterior, el camuflaje de sus tácticas de control. Enfocándose en que los intelectuales norteamericanos (incluso los de izquierda) suelen asustarse cuando la censura o la represión es demasiado obvia, con el objetivo de reforzar la idea de tolerancia hacia el pensamiento intelectual "enemigo" en la isla, ha ido camuflando sus métodos con una sutileza que logra confundir incluso a los intelectuales más entrenados en descubrir este tipo de engaños de dictaduras y totalitarismos. Por poner sólo un ejemplo de estas nuevas tácticas comentaré que a un reconocido etnólogo norteamericano, especialista en temas raciales, que viajó a la isla en 2015 a realizar un estudio sobre las causas de la disminución del apoyo que tradicionalmente la población negra dio a "la Revolución" en sus años iniciales, le hicieron coincidir "casualmente" en su universidad en Estados Unidos con un joven investigador "exiliado" dispuesto a conseguirle en Cuba un contacto con otro colega que podría buscarle encuentros con fuentes supuestamente "no oficialistas"; al final, esas fuentes ofrecerían información que lo conducirían a conclusiones tan falsas que ni él mismo las creyó, por lo cual desechó su investigación.

Dentro de la nomenclatura cultural castrista, a cualquier nivel de gestión, es sabido que existe vía libre para toda negociación o convenio con instituciones o personalidades **de otros países** que contribuyan a generar o reforzar la idea en el exterior de que la isla vive momentos de cambios, de apertura y de tolerancia. Al tratarse de una estrategia establecida como política de trabajo y de propaganda, en muchos de esos casos los dirigentes tienen sólo que informar a sus superiores, antes de firmar su aprobación. Sin embargo, esos mismos funcionarios están obligados a cumplir rígidas estructuras burocráticas de información, análisis y espera de aprobación ante cualquier evento, negociación o convenio **dentro del país** que pueda constituirse en un cambio real, una apertura no "permitida" según la estrategia gubernamental o que signifique un gesto de tolerancia que vaya más allá de lo que realmente el gobierno tolera.

En el plano literario sucede algo curioso que, aunque nadie se atrevería a asegurar que es parte de esta estrategia, es innegable que ayuda a sus propósitos. En la isla existen dos grandes tabúes en torno a cómo el escritor debe reflejar la realidad: el primero, que se difunde mayormente a través de los viejos representantes de la escuela realista (encabezados por el escritor Eduardo Heras León, maestro de las últimas generaciones de escritores cubanos como director del Centro Nacional de Formación Literaria "Onelio Jorge Cardoso"), asegura que siempre antes de escribir es necesario distanciarse de la realidad o encontrar sus "elementos perdurables", pues la realidad inmediata y muchos elementos puntuales de la historia más reciente no suelen terminar en "gran literatura"; el segundo tabú es un credo bastante extendido entre los viejos escritores que priorizan lo imaginario por encima de la realidad (tabú que defienden con rabia algunos escritores a quienes en Cuba se les ha llamado "el lobby gay"), y para ellos la realidad es sólo un punto de partida en la búsqueda de escenarios donde la espiritualidad, la polisemia, el absurdo y la fabulación conforman un mundo literario lejano de cualquier atisbo de una realidad que consideran espiritualmente vacía y vulgar. He conversado en los últimos años con editores y agentes literarios que han ido a Cuba a buscar novelas y todos ellos se asombran de que la mayoría de obras que han encontrado eluden casi en absoluto sucesos traumáticos de la vida cotidiana y momentos álgidos de ruptura en el pensamiento social del país producidos por la pésima gestión política y económica del castrismo. E incluso algunos jóvenes críticos residentes en la isla (búsquese los trabajos de Gilberto Padilla, Rafael Grillo, Yunier Riquenes, etc.) han cuestionado el modo en que las nuevas propuestas literarias y las más recientes generaciones eluden el cuerpo a estos peligrosos asuntos y "se van por las ramas".

Los métodos, aunque más sutiles, siguen siendo en esencia los mismos, como afirma el poeta, narrador y ensayista Francis Sánchez, una de las más importantes voces independientes en el panorama literario nacional, quien finalmente contra su voluntad y debido a la peligrosa represión contra su familia decidió residirse en 2018 en España:

> "En los setenta, por ejemplo, a mi hermano escritor, Félix Sánchez, el compañero representante de la Seguridad le preguntó por qué en un cuento suyo un personaje se había ido del país, por qué el CDR no había frustrado su salida ilegal, y mi hermano tuvo que responder por la eficiencia del Comité en el barrio de su cuento, ¿kafkiano, verdad? Pues en los ochenta seguía siendo más o menos así, pero ese papel lo cumplían ciertos falsos escritores que, de manera camuflada, torcida, podían incluso provocar el debate y hacerse pasar por irreverentes. Conocí casos de escritores apresados en esa madeja, que me contaron que, al terminar un Encuentro Debate de un taller, debían dirigirse hacia una casa de la Seguridad, donde rendir cuentas a un Agente.
>
> "Hoy los censores tienen un sentido muy práctico, carecen de ideología, hoy la censura no es —como quizás sí lo era más en los años sesenta— resultado de un debate ideológico; simplemente se censura como parte de la manipulación de las vidas de aquellas personas y actitudes que se pretende contener, reducir, invisibilizar. En muchos casos, se censura más a las personas que a los textos o signos específicos. Hay un poco más de tolerancia, pero está controlada, forma parte de estrategias.[90]"

---

90 Sánchez Francis. En: "Censura en la literatura de la Cuba contemporánea: un monstruo de siete cabezas", por Osmel Almaguer, revista independiente *Arbol Invertido*, Cuba, 10 de septiembre de 2016.

Mención aparte —prueba del miedo que el castrismo siente de que el pueblo encuentre por medios alternativos la información que quisieran seguir dosificándole a conveniencia de sus intereses de poder— merecen los constantes asedios, detenciones, amenazas e incautaciones de libros, computadoras y otros medios digitales para la reproducción de literatura, hechos por la policía política contra el movimiento de bibliotecas independientes, instituciones generalmente improvisadas en las casas de opositores cuyo trabajo consiste en conseguir y mantener a disposición de los lectores toda aquella literatura que ha sido prohibida por los comisarios culturales o, directamente, por los dirigentes políticos.

El ensañamiento censor y represor comenzó primero contra el Movimiento de Bibliotecas Independientes, fundado en 1998 por Berta Mexidor y Ramón Colás, en Las Tunas, idea que en pocos meses se extendió por todo el país y que comenzó a ser apoyada por sectores de la población que donaban sus libros de modo clandestino o por residentes en el exterior que hacían verdaderos milagros para dotar de buena literatura a las más de 15 bibliotecas independientes fundadas en esos tiempos iniciales. Posteriormente, en el 2009, se fundaría la Red de Bibliotecas Cívicas "Reinaldo Bragado", integrada por 44 bibliotecas diseminadas por todo el país, y que además de ofrecer a todo tipo de lectores, sin censuras, literatura variada, historia universal, biografías, deportes, política exterior, economía, revistas, medicina, enciclopedias, películas censuradas, documentales y vídeos sobre la represión interna, publican trimestralmente el magazine cultural *Curazao 24,* organizan numerosas actividades para niños pobres de las comunidades marginales, promueven el concurso para novelas de gaveta Franz Kafka (que se convoca y publica en la República Checa) y sirven de sede a colecciones de artistas plásticos censurados a causa de sus críticas políticas al gobierno; una labor riesgosa y constantemente reprimida que, pese a ello, coordinan nacionalmente Nuria de la Vega, Juan

Antonio Madrazo, Alejandro García, Teresa Castellanos, Irina León, Adel López, Adalberto Blanco, Leticia Ramos, Reinaldo Villafaña y Raúl Pereda, a la cabeza de lo que las autoridades cubanas consideran un "peligroso proyecto".

En otro ámbito, el del teatro, aunque en la última década obras del joven dramaturgo Abel González Melo, entre algunos pocos, ofrecen una mirada irreverente y muy crítica sobre la realidad nacional, y han tenido la suerte de ser representadas y, en el caso de González Melo, de ganar premios en la isla (incluido el Premio Casa de las Américas en 2020), esta atmósfera de autocensura y miedo ha aplastado la voz de una manifestación artística que durante décadas fue escenario y reflejo de los grandes problemas nacionales, como asegura uno de los más prestigiosos teatristas cubanos, Víctor Varela, fundador de Teatro Obstáculo, que fue expulsado de su puesto de profesor en la Escuela Nacional de Teatro por introducir en sus clases métodos de la dramaturgia internacional no bien vistos por los comisarios culturales: "El teatro cubano de hoy es un teatro de una cobardía total. Cobardía totalitarista. No denuncia, ni siquiera da testimonio de las atrocidades del régimen que están presentes en la realidad. Se prefiere montar a los clásicos. Después de todo lo que dijo Shakespeare, ya no se puede censurar. Teatro domesticado por el sistema. Teatro que en algunos casos alcanza un buen nivel, pero se agacha y cierra los ojos al drama real de la Cuba actual para no meterse en problemas"[91]. Sólo habría que añadir que, como se supone, las presiones de la policía política y de los comisarios culturales en este sector son el mayor responsable de esa "cobardía", de esa "domesticación" a las que hace mención Varela, como es fácil constatar con la experiencia vivida recientemente por el teatrista y cineasta Juan Carlos Cremata, cuyo caso ya hemos expuesto antes.

---

91 Varela, Víctor. "El teatro cubano de hoy es de una cobardía total". Entrevista concedida a Juan Abreu, Cubaencuentro, 15 de diciembre de 2005.

También, desde el surgimiento y auge del movimiento de blogueros independientes dentro de la isla y de plataformas en internet de sitios alternativos de comunicación e información, la represión y la censura se ha movido desde el terreno de lo secreto a lo público y oficial. Son, entonces, usuales las llamadas de atención (léase aquí "entrevistas de la policía política" intentando amedrentar a los gestores de esos blogs o medios digitales), los bloqueos temporales o totales en la isla para evitar el acceso de la población a esas fuentes de información, la detención consecutiva de periodistas o blogueros mientras cumplen sus funciones en sitios públicos, la presión contra el "disidente" a través de sus familiares e incluso los intentos de procesarlos por delitos comunes ante la imposibilidad de demostrar alguna culpabilidad real en las clásicas acusaciones de "mercenarismo" (supuestamente son pagados por enemigos externos de la revolución), "intrusión profesional" (porque sólo periodistas y personas autorizadas por el gobierno pueden ir por el país recabando información o investigando), o la tan socorrida "colaboración directa con el gobierno norteamericano o naciones enemigas de Europa". El colofón de estas maniobras de control censor fue el bloqueo temporal en enero de 2020 de más de 20 sitios webs de importantes publicaciones alternativas o claramente opositoras (*Diario de Cuba, Cubanet, CiberCuba, ADN Cuba, Cuba en Miami, Cubanos por el Mundo, Periódico Cubano, Cubita Now, Todo Cuba, Isla Local, Cuba Trendings, Gracias Cubanos y Gurú,* generadas fuera de la isla, y *Diario 14 y Medio, El Estornudo, Tremenda Nota, Periodismo de Barrio, El Toque, La Joven Cuba* y *OnCuba News,* todas gestionadas dentro del país) lo cual llevó incluso a que un vocero cultural del régimen, de la talla del cantautor Silvio Rodríguez, criticara tal medida, reconociendo que aquello solamente era posible mediante una orientación del Partido Comunista de Cuba, opinión nada descabellada cuando días antes el periodista y escritor Manuel Henríquez Lagarde, director de la web oficialista *CubaSí,* perteneciente al monopolio estatal de telecomunicaciones ETECSA, enumeró los 20 sitios web que, en su opinión, "suelen asumir una postura abiertamente contra la Revolución, o que, desde posiciones seudorrevolucionarias suelen coincidir con las políticas (…) del Gobierno de Estados Unidos contra Cuba"[92].

Mención especial merece la estrategia establecida contra proyectos culturales dirigidos por cubanos en el exterior que promueven la unidad de la cultura de la isla y el exilio. Además de los clásicos: *Diario de Cuba*, *Cubaencuentro*, y aparte de los ataques que esporádicamente han recibido en estos años un grupo de revistas culturales dirigidas por cubanos (*Linden Lane Magazine*, de Belkis Cuza Malé; *Palabra Abierta*, de Manuel Gayol, y mi *OtroLunes - Revista Hispanoamericana de Cultura* podrían contar anécdotas muy excitantes de ataques cibernéticos y de otra índole gestionados desde Cuba), o las declaraciones de comisarios cubanos contra proyectos editoriales independientes, gestionados por exiliados cubanos; entre ellos la editorial *Hypermedia*, fundada por Ladislao Aguado en Madrid. Los más atacados han sido obviamente los gestionados desde Miami, el "eje del Mal" para los comisarios culturales en la isla. Pienso, por sólo poner dos ejemplos, en todo lo que se ha hecho para frenar la excelente labor que realizan Armando Añel e Idabell Rosales al frente de Puente a la Vista y del Festival VISTA, quienes han tenido que sobrevivir incluso a hackeos de sus sitios web, o más recientemente la revista-editorial *Signum Nous*. Curioso resulta que han sido bloqueados, luego de un período de sospechosa permisividad, incluso proyectos editoriales que intentaron mantener "vías de comunicación" con la isla, como son la cubana Verbum, de Pío Serrano (tras su reestructuración y ampliación de perfil con la entrada del escritor y editor Luis Rafael) o la española Guantanamera, que llegó a presentarse en

---

92 Henríquez Lagarde, Manuel. "Guerra mediática: Las plataformas para la restauración del capitalismo en Cuba", *Cubadebate*, 16 de enero de 2020.

una de las más recientes ferias internacionales del libro en La Habana y a premiar en España a renombrados escritores oficialistas antes de comenzar a recibir serios cuestionamientos debido a la inclusión de ciertos autores y ciertos libros, lo que terminó impulsando a su director, el escritor español Daniel Pinilla, a escribir la exitosa novela *Contenido subversivo*, donde cuenta los avatares de esas estrategias de censura en su contra, en medio de un entorno de libros prohibidos y el control gubernamental sobre la cultura.

El episodio más reciente de esta escalada contra el impacto en la isla de la cultura generada desde la diáspora se vivió en Miami, a finales de 2019, cuando a dos invitados al XI Festival VISTA, el rapero contestatario Osvaldo Navarro "NavyPro" y el periodista y escritor José Gabriel Barrenechea, se les impidió salir de la isla. NavyPro fue apresado sin haber cometido ningún delito pocas horas antes de su vuelo a Estados Unidos y a Barrenechea le comunicaron en el mismo aeropuerto internacional "José Martí" que estaba "regulado", un término nuevo utilizado por la dictadura para impedir la participación de opositores en eventos internacionales. "Estar regulado" significa no poder viajar fuera de la isla hasta que las autoridades migratorias lo permitan. Una lista negra con la cual, sólo en 2019, se impidió que la voz crítica de más de 200 activistas de la oposición cubana se escuchara en numerosos eventos internacionales sobre derechos humanos y libertades; de ellos, más de 50 pertenecen al sector de la cultura opositora en la isla. Aún más curioso resultó que mi participación en el Festival Vista fue casi un milagro de último minuto, pues incluso teniendo toda la legalidad que me concede la residencia alemana y habiendo sido aprobada la visa, ya que cumplía con todos los requerimientos que impone el gobierno de Estados Unidos, sólo la intervención directa del excongresista Lincoln Díaz Balart y de la oficina del congresista republicano Mario Díaz Balart, que intercedió ante el Departamento de Estado, logró destrabar un raramente largo e inexplicable proceso de emisión de la visa que demoró casi tres meses, anomalía burocrática que, por cierto, una vez más despertó las sospechas sobre la penetración que la policía política cubana tiene incluso en los más altos estamentos del gobierno norteamericano.

Europa, Estados Unidos y otras naciones e instituciones internacionales, con sus comportamientos cómplices y sus pactos condescendientes, derivados del oportunismo económico y de la insistencia en actuar dentro de los límites democráticos de lo políticamente correcto en relación con el gobierno de Raúl Castro primero y, ahora, de Miguel Díaz Canel, pese a que todos reconocen que se trata de una dictadura de izquierda, han legitimado la radicalización del castrismo y permitido un valiosísimo tiempo a los estrategas de "la Revolución" para la transmisión de las estrategias de control político, económico y social de las viejas a las nuevas generaciones: los neocastristas. Y ese traspaso de poder, no es un secreto para nadie, comienza a producirse también en el escenario cultural, en el ámbito de la información y en el intrincado terreno de la promoción internacional del castrismo, como evidencia la aparición de nuevos protagonistas: jóvenes dirigentes culturales de pensamiento radical y camaleonismo suficiente como para dar la idea de ser agentes del cambio, periodistas también muy jóvenes que se muestran críticos con lo criticable pero centrándose en "salvar la Revolución desde la reformación del proyecto", y exiliados (recién llegados a la diáspora o nacidos fuera de la isla, quienes, por añadidura, poseen atributos para cumplir ese requerimiento que el capitalismo exige a los líderes de opinión: hermoso rostro, buena presencia, maneras finas, dotes comunicativas, histrionismo) cuyos propósitos coinciden de un modo en verdad alarmante y sospechoso, vivan en Europa, en América o en Estados Unidos: "la Revolución", aseguran estos individuos, está dando pasos concretos para eliminar sus errores y ofrecer a los cubanos una salida digna que el capitalismo no puede ofrecer.

Todas estas circunstancias externas, ligadas al miedo del que los creadores cubanos en la isla no han logrado sacudirse, a los oportunismos y la falta de información que rompa ciertos conceptos erróneos arraigados en sus cabezas, creándoles una dependencia sumisa hacia la Política Cultural de la Revolución, hacen de la realidad cubana una tozuda negativa a cualquier idea de cambio: las editoriales concentran aún más el monopolio de lo que se publica, aplicando la gastada pero efectiva política de permitir aquellas obras que "jueguen con la cadena sin darle muchos tirones al mono"; los "pensadores" proponen una revisión del socialismo desde dentro, pero a partir de una "reinterpretación más objetiva" del marxismo; los historiadores oficiales han despertado los viejos fantasmas del anexionismo y de la bota "yanqui" sobre la cabeza del pueblo cubano, e intentan crear un nuevo discurso nacionalista para contrarrestar el agujero negro que ha creado el hecho de que el enemigo de cinco décadas, Estados Unidos, llegó incluso a actuar como un amigo consentidor; la crisis económica que afecta al país justifica que sólo se patrocine ciertos (y cada vez más pocos) proyectos culturales, y los elegidos para recibir ese financiamiento son "por casualidad" los que más sirven al régimen para su propaganda; las relaciones de intercambio cultural con cualquier país tienen que cumplir los condicionamientos político-ideológicos del gobierno; la prensa sigue ofreciendo el mismo discurso de trinchera de los peores años de la Guerra Fría, pese a los intentos de algunos sectores del periodismo joven que tiene que conformarse con hacer presencia en la blogosfera oficialista, siempre controlada por los censores para evitar que vayan más allá de lo oficialmente permitido; en los últimos tiempos, a través del proyecto ALBA Cultural, siguen siendo mecanismos de control la concesión de publicaciones y viajes pagados fuera de la isla a los artistas, escritores, intelectuales y funcionarios de la cultura que se manifiestan fieles a la ideología "revolucionaria"; la policía política continúa inflando la atmósfera de miedo entre los creadores en Cuba, sobre todo entre aquellos que suelen viajar al exterior y tienen contactos con proyectos o exiliados considerados enemigos, y resulta vergonzoso ver la pasividad con que la mayoría de los artistas y la intelectualidad de la isla permite que se censure y reprima a sus colegas; las ferias internacionales se han politizado hasta el punto de convertirse en mecanismos perfectos de propaganda ideológica del régimen; los proyectos independientes, sean de la oposición o desvinculados de cualquier grupo político, son asediados, amenazados y obligados a doblegarse o desaparecer; sigue existiendo un listado de miles de creadores exiliados que tienen prohibido visitar la isla, pese a que supuestamente ya todo cubano puede entrar y salir con libertad del país, y se mantiene una resistencia oficial (relegada a una ominosa dilación mediante enrevesados mecanismos burocráticos y de espera de respuesta de la jerarquía política) hacia exigencias legales que permitirían a los creadores mayores libertades y protección jurídica, como la Ley de Cine, en cierta medida, la más reciente y sostenida "rebelión" intelectual en la isla, sobre la que Rafael Rojas ha dicho:

> "El temor del Estado a esa Ley de Cine es que sirva de precedente para una autonomización mayor de toda la cultura cubana [...] El debate sobre la Ley de Cine demuestra que, para que haya una contención de la censura y un mejoramiento sensible de la libertad de expresión en Cuba, deben cambiar constitucional y jurídicamente las relaciones de subordinación de la cultura al Estado. Lo que están buscando los cineastas es lo que, eventualmente, buscarán todos los artistas y escritores: una verdadera independencia de sus gremios con respecto al Estado, es decir, el Ministerio de Cultura, y con respecto, también, al aparato ideológico y político del Partido Comunista que subordina al propio Estado y a toda la sociedad".

Una estocada muy fina contra la independencia de pensamiento y creación fue la promulgación del Decreto 349, que establecía oficialmente en carácter de ley un grupo de normas y conceptos de control estatal en la esfera de la cultura que habían sido esgrimidos a lo largo de años por los comisarios culturales. En simples palabras, la represión practicada extraoficialmente convertida y estipulada en ley, con lo cual quedó creado el perfecto mecanismo para transformar en delito una serie de manifestaciones creativas, artísticas e intelectuales que, curiosamente, eran los únicos espacios de independencia y oposición cultural aún "tolerados". Dicho decreto se impuso, pese a que por primera vez en la historia de la cultura "revolucionaria" se produjo un consenso crítico entre protagonistas de la cultura opositora (la artista plástica Tania Bruguera, el escritor Angel Santiesteban, el cineasta Juan Carlos Cremata, el pintor Pedro Pablo Oliva, por sólo citar algunos) y figuras oficialistas reconocidas por la cultural oficial, como Silvio Rodríguez, Pablo Milanés, Antón Arrufat o los cineastas que protagonizaron la campaña para exigir la Ley de Cine antes citada en este capítulo. A los comisarios culturales y poder político no les importaron, una vez más, los llamados de atención de quienes serían precisamente las víctimas de las limitaciones de opinión, creación y afiliación social impuestas por este bochornoso decreto.

Las violaciones persisten hasta el momento en que se actualiza este último capítulo, como sugerencia de los jurados del Premio de Ensayo "Carlos Alberto Montaner", obtenido por este libro en diciembre de 2019:

—se procesa judicialmente a raperos contestatarios, muchos de ellos pertenecientes a la Unión Patriótica de Cuba (UNPACU), siendo el caso más notorio el de Maiquel "El Osokbo", autor de canciones con fuertes críticas al castrismo;

—se intenta criminalizar y desprestigiar proyectos culturales independientes, resultando los más atacados el

Instituto Hannah Arendt, de Tania Bruguera y el Movimiento San Isidro, de los artistas Yanelys Núñez y Luis Manuel Otero Alcántara;

— se utiliza a figuras reconocidas y respetadas por la población cubana para difundir mensajes minimizadores de los graves errores cometidos por el llamado Programa Cultural de la Revolución, como ha ocurrido vergonzosamente con el crítico y promotor musical Guille Vilar, quien en un artículo[93] en la oficialista *La Jiribilla* se prestó para desmentir la persecución contra rockeros y amantes del rock en los años 60;

—se expulsa de sus centros laborales a creadores por sus vínculos con artistas y proyectos de arte independiente o por sus incursiones críticas a la realidad cubana utilizando los medios estatales, siendo los casos más recientes (y escandalosos) la expulsión de la artista Claudia Genlui de su cargo de directora del proyecto cultural oficialista Factoría Habana, adscrito a la Oficina del Historiador de la Ciudad de La Habana, y el despido del actor Andy Vázquez, uno de los protagonistas del popular programa humorístico "Vivir del cuento";

—se controla el accionar y el decir de los creadores extranjeros que deciden participar en eventos oficiales en la isla, resultando el caso más sonado el de la cineasta costarricense Ishtar Yasin, a quien se le impidió participar en el Festival Internacional de Nuevo Cine Latinoamericano, por haber proyectado algunas de sus obras en el Festival Alternativo de Cine INSTAR, como se ha dicho, proyecto de alcance internacional de la artista Tania Bruguera;

—se persigue y denigra secreta y abiertamente a figuras del entorno audiovisual que se separan de la rígida norma permitida en tan poderosos medios como la TV, el teatro y el cine, como sucedió de modo realmente violatorio de toda

---

93 Vilar, Guille. "Para ajustarnos lo más posible a la verdad histórica". En: *La Jiribilla*, No. 863, 1 al 28 de octubre de 2019.

norma ética y humanista con el cineasta Mario Coyula y la actriz Lynn Cruz, estigmatizados, entre otras razones, por haber proyectado internacionalmente el documental *Nadie*, dedicado a la vida y obra del poeta e intelectual opositor Rafael Alcides, una de las voces más respetadas de la cultura disidente en la isla;

—se les concede amnistía e inmunidad criminal a delincuentes comunes si estos se prestan para reprimir en los barrios a conocidos intelectuales opositores, como sucedió en 2019 con Rafael Almanza, en Camagüey, a quien incluso amenazaron de muerte sin que la policía haya tomado cartas en el asunto para garantizar la integridad física de este importante poeta, y con el narrador y ensayista Jorge Ángel Pérez, en La Habana, cuyas golpizas, amenazas y abusos de sus vecinos delincuentes se hicieron tan frecuentes y peligrosas que debilitaron la salud de su anciana madre, quien finalmente falleció como consecuencia de las preocupaciones, miedos y crisis emocionales derivadas del acoso cotidiano a su hijo;

—se utilizan las influencias y contactos internacionales con intelectuales o gobiernos procastristas para impedir o entorpecer las proyecciones críticas de intelectuales y escritores de la isla o de la diáspora en congresos, ferias y otros eventos literarios, como sucedió en 2014 con los escritores cubanos Wendy Guerra (residente en la isla) y William Navarrete (residente en París), cuando el gobierno de Evo Morales ordenó directamente impedir su participación en una de las actividades sobre Cuba en un festival literario en Santa Cruz de la Sierra, o, en 2018, al escritor Ángel Santiesteban, cuya presentación en Berlín durante el Festival Internacional de Literatura intentó ser boicoteada por grupos alemanes procastristas incitados por la embajada cubana en Alemania. Y son sólo dos ejemplos de una larga lista;

—se sigue satanizando, marginando e impidiendo la publicación y promoción nacional de escritores y periodistas que deciden seguir su camino en la isla lejos de las instituciones estatales, como ha sucedido, citando sólo a los más recientes, con Ángel Santiesteban, Jorge Ángel Pérez, Rafael Vilches Proenza, Rafael Almanza, Dagoberto Valdés, José Gabriel Barrenechea, Luis Pérez de Castro, Yoe Suárez, José Alberto Velázquez, Jorge Olivera (y los miembros del independiente Club de Escritores y Artistas de Cuba, CEAC, que él preside desde La Habana), Abu Duyanah Tamayo (y el grupo Demóngeles) e Iliada Hernández, a quien en el momento en que se escriben estas líneas se intenta condenar mediante un fraudulento proceso legal basado en cargos falsos;

—aprovechándose del surgimiento en la isla de un movimiento opositor secreto autodenominado "Clandestinos", que aboga desde las redes sociales por enfrentar al régimen destruyendo ideológicamente los tótems propagandísticos y los tradicionales sectores de poder del régimen (bustos de Martí, fotos de Fidel y otros líderes, delatores en la población, represores de la policía política, etc.), la artillería oficialista la emprendió mediante un programa televisivo y una amplia campaña en redes sociales contra populares artistas de la diáspora, cuyo discurso está hace mucho tiempo dando contundentes mazazos al muro propagandístico castrista. La acusación no es nada nueva: son "mercenarios de Estados Unidos" y están "financiando la contrarrevolución interna", siendo el mayor ensañamiento inicialmente contra la artista Ana Olema, y extendiéndose posteriormente al actor Roberto San Martín, al cineasta Lilo Vilaplana y su proyecto cinematográfico "Plantados", y a la artista cubanoamericana Coco Fusco, por sólo mencionar aquí a los más rabiosamente atacados por el ejército de ciberclarias que a estos efectos ha creado el régimen en las diversas plataformas sociales en internet;

—y se sigue amordazando la creación artística musical y televisiva, como ha sucedido más recientemente, con capítulos retrasados "hasta negociación" (tijeras censoras mediante) del programa "Vivir del cuento", con obras de teatro humorísticas en espectáculos públicos organizados por la AHS y el Consejo Nacional de Artes Escénicas, o la movilización del funcionariado cultural y las ciberclarias para frenar el impacto nacional e internacional de la canción "Ojalá pase", del grupo Orishas, acusándolos de un supuesto plagio al recontextualizar críticamente contra la "Revolución" el coro de la clásica canción "Ojalá" del cantautor cubano Silvio Rodríguez.

Como es fácil deducir de estos casos y de otros expuestos en este capítulo, no se sostiene la tesis de algunos defensores de la Revolución de que se trata de "casos aislados" o de "errores cometidos por funcionarios menores": es parte de una estrategia muy bien elaborada por los comisarios culturales y la policía política para impedir que la población cubana, altamente consumidora de la gran producción cultural nacional, reciba mensajes "contaminantes" de una ideología y un pensamiento que no sea el que la "Revolución" ha impuesto hace ya más de 60 años.

Si la actual represión contra la cultura alternativa abiertamente opositora, representada por diferentes sectores del teatro, las artes plásticas, la música y la literatura, hoy legalizada mediante el criticado Decreto 349, no fuera suficiente para convencer de su error a quienes insisten en defender la "buena fe" del castrismo y sus deseos de rectificar el rumbo; y si tampoco los convenciera el hecho visible de los actos censores y represivos dirigidos a frenar la poderosa voz del joven periodismo independiente, bastaría citar ese momento casi profético, en el discurso de cierre de los análisis en 2015 de la Comisión de Educación, Cultura, Ciencia, Tecnología y Medio Ambiente de la Asamblea Nacional del Poder Popular, en que el entonces vicepresidente cubano Miguel Díaz Canel, quien era todavía solo la figura más visible para sustituir a Raúl Castro, al referirse a la nueva era de relaciones con Estados Unidos dijo que: "los adversarios del proceso cubano pretenden utilizar la cultura como plataforma de restauración capitalista", añadió que "Cuba debe aprovechar las oportunidades económicas que esa circunstancia ofrece, pero debe asumir también el desafío ideológico".

Bajo su mandato —aplaudido por el soporte silencioso de los represores históricos que manejan desde la sombra los hilos del único "presidente" que en 60 años no lleva el apellido Castro, y aupado por la complicidad oportunista de la Unión Europea y otras muchas naciones del llamado "mundo desarrollado y democrático"— el universo de la cultura insular parece empeñada en hacer un homenaje a lo narrado por Herbert George Wells en su clásica obra *La máquina del tiempo* trasladándose subrepticia y peligrosamente hacia esos años en que Fidel colocaba su arma cargada encima del podio desde el cual lanzaba aquellos encendidos discursos que hablaban de conquistas y metas..., de un mundo mejor..., de derechos y libertades..., para todos los cubanos... "dentro de la Revolución".

Fuera de ese escenario idílico, y repetidamente, como ya lo han hecho durante los últimos años comisarios culturales de la talla de Abel Prieto, Miguel Barnet, Roberto Fernández Retamar y otros amanuenses innombrables del neocastrismo, el actual "presidente puesto a dedo" Miguel Díaz Canel sigue esgrimiendo el gastado estribillo amordazador que deja establecido que "la Política Cultural de la Revolución es una sola": aquella que nació en 1961 cuando Fidel Castro anunció la famosa premisa censora "dentro de la Revolución, todo; contra la Revolución, ningún derecho".

Agradecimientos

Este libro no hubiera podido ser escrito sin las investigaciones, artículos, entrevistas concedidas y libros que sobre el tema y otros "asuntos cubanos" de la cultura han realizado, entre otros (en orden alfabetico), Abel Sierra Madero, Abilio Estévez, Alina Brower, Ambrosio Fornet, Ángel Santiesteban Prats, Antón Arrufat, Antonio José Ponte, Armando Añel, Armando de Armas, Arturo Arias Polo, Beatriz Calvo Peña, Belkis Cuza Malé, Carlos Alberto Montaner, Carlos Espinosa Domínguez, Carlos M. Luis, César López, Daniel Balderston, Desiderio Navarro, Duanel Díaz, Eduardo G. Manet, Ena Lucía Portela, Enrique Colina, Eliseo "Lichi" Alberto, Enrique del Risco, Enrique Pineda Barnet, Enrique Saínz, Ernesto Hernández Busto, Ernesto Pérez Chang, Félix Sánchez, Félix Sautié Mederos, Francis Sánchez, Gerardo Fernández Fe, Haroldo Dilla, Idalia Morejón Arnaiz, Ismael Sambra, Iván de la Nuez, Jacobo Machover, Javier L. Mora, Jesús Díaz, Jesús Hernández Cuéllar, Jesús J. Barquet, Jorge Ángel Pérez, Jorge Cabezas Miranda, Jorge Camacho, Jorge Fornet, Jorge Luis Arcos, Jorge A. Pomar, Josefina de Diego, José Manuel Martín Medem, José Manuel Prieto, Juan Antonio Blanco, Juan Antonio García Borrego, Juan Carlos Cremata, Leonardo Padura, Luis de la Paz, Manuel Ballagas, Manuel Díaz Martínez, Manuel Gayol Mecías, Manuel Vázquez Portal, Manuel Zayas, María Elena Cruz Varela, María del Carmen Ares Marrero, Marlies Pahlenberg, Mauricio Vicent, Néstor Díaz de Villegas, Norge Espinosa, Olga Connor, Orlando Jiménez Leal, Paquito D'Rivera, Pío Serrano, Rafael Alcides, Rafael Rojas, Ramiro Guerra, Raquel Egea Casas, Reina María Rodríguez, Reynaldo González, Ricardo Vega, Roberto Zurbano, Sifredo Ariel, Seymour Menton, Vicente Botín, Víctor Fowler, Waldo Fernández Cuenca, Wilfredo Cancio Isla y Zoé Valdés.

Del autor

AMIR VALLE (Guantánamo, 1967) ha obtenido premios literarios en países como Cuba, Colombia, República Dominicana, Alemania y España. Ha publicado más de una veintena de títulos, entre ellos los libros de testimonio *Jineteras* y *Habana Babilonia o prostitutas en Cuba* y las novelas *Las puertas de la noche, Si Cristo te desnuda* y *Las palabras y los muertos* (Premio Internacional de Novela 'Mario Vargas Llosa' en 2007). Es Premio de Ensayo 'Carlos Alberto Montaner' 2019 por este libro. Reside en Alemania.

www.ingramcontent.com/pod-product-compliance
Lightning Source LLC
Chambersburg PA
CBHW070751240726
48654CB00007B/37